Riccardo Campa

Mutare o perire

La sfida del transumanesimo

Seconda edizione
riveduta e corretta

Book cover image: "Bocciolo" by Magdalena Wędlikowska & Krzystzof Falkus

First edition: January 14th, 2010
Sestante Edizioni, www.sestanteedizioni.it
Printed in Italy by Stamperia Stefanoni – Bergamo

Second edition: September 30th, 2024
Digital – Orbis Idearum Press, Cracow (Poland)
Paperback – Independently Published

Orbis Idearum Press is an imprint of the Michel Kowalewicz Institute for the History of Ideas. Its scope is to publish a peer review book series dedicated to the history of ideas, as a complement to *Orbis Idearum: European Journal of the History of Ideas*, which is edited by the History of Ideas Research Centre.

Michel Kowalewicz Institute for the History of Ideas
Ul. Hutników 2,
32-050 Skawina,
Poland

History of Ideas Research Centre
Jagiellonian University
Al. Mickiewicza 22,
30-059 Krakow,
Poland.

This book has been peer reviewed. See Orbis Idearum's Peer Review Policy for more information.

ISBN: 9798340651396

Orbis Idearum Scientific Commitee

Karl Acham, University of Graz (Austria); Tatiana Artemyeva, Herzen University in St. Petersburg (Russia); Warren Breckman, University of Pennsylvania (USA); Antimo Cesaro, University of Campania Luigi Vanvitelli in Caserta (Italy); Paweł Dybel, University of Warsaw/Polish Academy of Sciences (Poland); Maria Flis, Jagiellonian University in Krakow (Poland); Fabio Grigenti, University of Padua (Italy); Jarosław Górniak, Jagiellonian University in Krakow (Poland); Victor Kaploun, European University in St. Petersburg (Russia); Marcin Król, University of Warsaw (Poland); Jens Loenhoff, Essen-Duisburg University (Germany); Giuseppe Micheli, University of Padua (Italy); Mikhail Mikeshin, St. Petersburg Center for the History of Ideas (Russia); Eric Nelson, University of Massachussets (USA); Luciano Pellicani, LUISS University in Rome (Italy); Gregorio Piaia, University of Padua (Italy); Riccardo Pozzo, National Research Council of Italy - CNR (Italy); Martina Roesner, University of Vienna (Austria); Gunther Scholtz, Ruhr-Universität Bochum (Germany); Alexander Schwarz, University of Lausanne (Switzerland); Sergio Sorrentino, University of Salerno (Italy); Carole Talon-Hugon, University of Nice (France); Irina Tunkina, Russian Academy of Sciences in St. Petersburg (Russia); Han Vermeulen, Max-Planck Institute of Anthropology (Germany); Mara Wade, University of Illinois (USA); Lech Witkowski, Pomeranian University in Słupsk (Poland); Wiesław Wydra, Adam Mickiewicz University in Poznań (Poland); Martine Yvernault, University of Limoges (France).

Indice

Prefazione (di Stefano Vaj)

Questo libro non ha paura di richiamarci apertamente all'esortazione nietzschiana a «divenire ciò che siamo», e si colloca in quello spazio prometeico, futurista ed apertamente postumanista della cultura europea che vede oggi in Riccardo Campa uno dei più impegnati ed autorevoli esponenti.

Campa è infatti un autore pienamente integrato nel movimento transumanista, ed anzi particolarmente rappresentativo dello stesso, ma in cui appunto si esprime in modo più chiaro la consapevolezza della connessione, a vari livelli, tra il superamento della dimensione umana ("postuman-ismo") e quel superamento heideggeriano dell'*umanismo* ("post-umanismo") che appare oggi al tempo stesso il presupposto e la inevitabile conseguenza della metamorfosi che la tecnoscienza ci spalanca – può spalancarci, se sapremo guardare al nostro destino negli occhi.

Giacché la reazionaria difesa dell'"antropocentrismo", nel senso in cui Roberto Marchesini utilizza questo termine ed inteso come orizzonte ultimo ed obbligato della nostra specie, rappresenta l'esatto contrario dell'Umanesimo che ricollegandosi, agli albori dell'era moderna, alle più antiche radici all'epoca conosciute incarnò il primo vagito di riscossa dall'alienazione monoteista e dualista; e costituisce il collante generale, il comune denominatore di chi tra mutare e perire (perire se non altro come "esseri storici") non ha oggi esitazioni a scegliere il secondo termine. Ma rappresenta pure una scoria ed un riflesso condizionato capace di risorgere anche dove meno te lo aspetti, laddove ad esempio l'entusiasmo più o meno naïf per la tecnoscienza rischia di colorarsi, specie oltreoceano, di determinismo, universalismo, provvidenzialismo (magari nella forma di qualche Mano Invisibile di natura economica...), quando non di tinte apertamente escatologiche – del resto facilmente suscettibili di rovesciarsi in millenarismo, vedi la recente insistenza di alcuni autori sui cosiddetti "rischi esistenziali" – che è facile decostruire come l'ennesima secolarizzazione del mito giudeocristiano.

In proposito, i saggi compresi nel presente volume costituiscono un contributo decisivo non solo alla conoscenza delle ragioni del campo faustiano e transumanista, che oggi sono accessibili ai più solo nelle polemiche dei suoi avversari, ma anche ad una definizione più *europea* e filosoficamente consapevole delle ragioni medesime – e delle loro implicazioni.

Il discorso non ha perciò paura di presentarsi nella sua forma più inadulterata e radicale, dando la priorità all'esigenza di consentire a ciascuno di «pensare sino in fondo ciò che pensa» e di confrontarsi con le vere questioni che ci stanno di fronte, presupposto di ogni vero dialogo al riguardo, anziché a velleità dirette ad inseguire un'improbabile "accettabilità" o "rispettabilità" agli occhi di un mondo, ancora largamente egemone specie nel nostro paese, che fonda le sue scelte su valori del tutto diversi.

Radicalismo, si diceva, ed esclusione perciò a priori di una visione del transumanismo come un circolo del tè in cui ritrovarsi ad applaudire educatamente ogni possibile indizio di sviluppi mirabolanti che si ritenga possano aver luogo "automagicamente", ed a prescindere dal contesto politico, economico, sociale e culturale delle società in cui viviamo, per essere felicemente condivisi e risolvere così ogni problema. Siamo perciò lontani qui dall'idea che tali sviluppi possano obbedire ad una legge necessaria capace di ignorare legislazioni proibizioniste, interdetti morali, riduzione dell'investimento nella ricerca fondamentale, declino dell'educazione tecnoscientifica, fantasie di "decrescita felice", e economie in via di disindustrializzarsi dove l'"innovazione" rischia di ridursi sempre più al progressivo affinamento di breakthrough risalenti ormai a cinquanta o cento anni fa, intanto che le promesse del secolo che va dal 1870-1970 vengono mancate una dopo l'altra. E il transumanismo radicale espresso nel libro è al contrario tale da invitare chiaramente non solo ad una contemplazione dei nostri futuri alternativi come esercizio accademico, ma ad una mobilitazione civile ed intellettuale uguale e contraria a quello dei nemici irriducibili di tutto ciò che Campa incarna; con la differenza che se mai per il transumanismo si può davvero parlare di "religione", ciò ha senso

solo nell'accezione in cui Emilio Gentile parla di "religioni della politica" nel suo omonimo libro. Giacché è ad una trasformazione in questo mondo e di questo mondo che il transumanismo si propone, e, come dice Guillaume Faye, «metamorfosi è una parola più forte di rivoluzione».

È infatti ad una siffatta metamorfosi, mentale prima ancora che fattuale, che il libro ci chiama, nel luogo di una "nuova sintesi" postnovecentesca e di una convergenza tra la sfida faustiana della tecnica moderna e quanto di più vitale ci consegna la nostra cultura filosofica e scientifica. In vista di ciò, è difficile per chi si richiama a tale tradizione non associarsi a Campa nell'annunciare ancora una volta l'emancipazione dalle pastoie di chi, oggi come ieri, vede nella rimozione freudiana del Divenire l'unica possibile redenzione dal peccato originale dell'autodeterminazione umana; e nel salutare con gioia un destino plurale di identità eternamente rinnovate e mutate che rivendichiamo come nostro.

Nota alla seconda edizione

Da più parti, ripetutamente, mi è stato chiesto di ristampare *Mutare o perire*. Le copie cartacee della prima edizione sono andate presto esaurite e, da molti anni, circola soltanto una copia digitale. Per qualche tempo, ho esitato ad accogliere la richiesta. Mi sono chiesto se avesse senso proporne una seconda edizione, considerando che sono passati quasi tre lustri dalla prima stampa e due decenni dalla pubblicazione dell'articolo più "stagionato" incluso nella raccolta di saggi. Non bisogna, infatti, dimenticare che il volume è una collezione di scritti vergati tra il 2005 e il 2009. Da allora, molta acqua è passata sotto i ponti, molte cose sono cambiate. È giusto chiedersi se il libro sia ancora attuale, considerando che parla anche di scienza e tecnologia. Vent'anni, nel campo dell'ingegneria, equivalgono a un'era geologica. C'erano robot con una mobilità discreta, ma non macchine umanoidi capaci di correre e saltare meglio degli umani. C'erano studi teorici sul calcolo quantistico, ma il primo quantum computer è stato costruito e venduto alla NASA soltanto nel 2012. C'era già l'intelligenza artificiale interattiva, ma nulla di paragonabile ai nuovi modelli di ChatGPT. C'era già il sistema d'impianto cerebrale *BrainGate*, ma ancora lontane erano le interfacce neurali impiantabili di Neuralink. La transgenesi è stata concepita nel secolo scorso, ma soltanto nel 2012 è stato depositato il brevetto del metodo di editing genomico CRISPR/Cas9. E potremmo continuare con altri esempi.

Il libro era nato, soprattutto, per dare al movimento transumanista italiano una guida teorica e ai critici del transumanesimo spunti per un confronto franco e aperto. Stampato in sole cinquanta copie da Sestante Edizioni, per mia sorpresa ha avuto ugualmente una notevole diffusione grazie alla versione digitale. È stato recensito e citato un discreto numero di volte, in pubblicazioni scientifiche e divulgative. È stato adottato come libro di testo in alcuni corsi universitari. Sono state scritte tesi di laurea e dottorato, soprattutto di teologia e bioetica, che rispondono alla sfida lanciata dal volume. C'è persino chi ha scritto un'intera monografia sulla mia monografia.[1] Dopo questo libro, ho pubblicato più di venti volumi e duecento tra articoli scientifici e capitoli in collettanee, eppure, capita ancora che nel corso di conferenze io sia indicato da un relatore o da un astante come "l'autore di *Mutare o perire*".

Per farla breve, recentemente ho vinto la mia riluttanza e ho riletto il libro. Ho iniziato a sfogliarlo con il tipico retropensiero di chi teme di incontrare uno sconosciuto: «Oddio, chissà che cosa ho scritto?». Per mia sorpresa, non vi ho trovato nulla di particolarmente imbarazzante. Mi sono anzi ritrovato d'accordo con quasi tutto ciò che la mia penna ha messo nero su bianco allora. Inoltre, mi sono reso conto che il testo è più che mai attuale. Il fatto che il libro cita ricerche scientifiche ormai datate è un problema di scarso rilievo, perché questo non è un libro sullo stato dell'arte dell'ingegneria, ma un libro di futurologia, sociologia e filosofia. L'attualità è evidente a proposito di queste tre dimensioni disciplinari.

Nella sua dimensione futurologica, *Mutare o perire* guarda avanti. Il libro discute le opportunità e i rischi che possono sorgere se una certa tecnologia, oggi allo stato embrionale, dovesse svilupparsi ulteriormente. Perciò, semmai, diventa *sempre più attuale* con il passare del tempo, anche perché alcuni filoni di ricerca iniziano a manifestare tutto il loro potenziale solo oggi. Chi, vent'anni fa, rimaneva perplesso di fronte ad alcune mie affermazioni e le liquidava come pura fantascienza, oggi deve ricredersi. E dovrà ricredersi ancora di più in futuro. Certamente, non tutti gli scenari pronosticati dai transumanisti diverranno realtà, ma solo un cieco potrebbe dire che nulla di quanto è stato predetto sia avvenuto.

Nella sua dimensione sociologica, *Mutare o perire* propone un'anatomia del movimento transumanista, avvalendosi di una metodologia mista: l'osservazione partecipante, il racconto autobiografico, il sondaggio d'opinione e l'analisi del discorso. Nel

---

[1] G. Zullo, *Mutare o perire? Un'analisi critica del pensiero transumanista di Riccardo Campa*, Istituto Superiore di Scienze Religiose, Torino 2018.

contempo, il volume offre un'analisi dettagliata del movimento bioconservatore. Chi ritiene che un sociologo, nella posizione di *insider*, non dovrebbe produrre studi del gruppo a cui appartiene e, nella posizione di *outsider*, non dovrebbe produrre analisi dei gruppi ostili, è invitato a leggere (o rileggere) il saggio *Insiders and Outsiders* di Robert K. Merton.[2] Il prezzo da pagare per un tale tipo di neutralità sarebbe scrivere di temi dei quali non ci interessa assolutamente nulla. Chi pensa inoltre che uno studio sociologico non dovrebbe contenere scivolamenti nel racconto autobiografico – circostanza quasi inevitabile per gli *insiders* – è invece invitato a confrontarsi con l'articolo *Autobiographical Sociology* di Norman L. Friedman.[3]

Infine, nella sua dimensione filosofica, *Mutare o perire* discute problemi fondamentali che accompagnano l'uomo da quando ha iniziato a riflettere sulla propria esistenza e che sono, forse, irrisolvibili. I problemi etici, gnoseologici, metafisici e antropologici qui discussi sono in gran parte gli stessi che animavano le discussioni dei filosofi antichi. Pertanto, difficilmente se ne può mettere in dubbio l'attualità. Quand'anche lo spunto di riflessione venisse da un brevetto depositato oggi, e non tre lustri orsono, le argomentazioni sarebbero più o meno le stesse.

Per tutte queste ragioni, ho infine deciso di procedere alla ristampa del libro o, più precisamente, alla pubblicazione di una nuova edizione, come si usa dire, riveduta e corretta. Qualcosa da rivedere, infatti, c'era, anche se più sul piano della forma che dei contenuti. Negli ultimi due decenni, il mio stile di scrittura è cambiato, sperabilmente in meglio. Nel percorso di lettura sono incappato in alcuni "spigoli stilistici" e ho avvertito la necessità di smussarli. Li elenco.

a) Innanzitutto, essendo il libro in lingua italiana, in questa edizione ho adottato le norme editoriali italiane, mentre nella

---

[2] R. K. Merton, *Insiders and Outsiders: A Chapter in the Sociology of Knowledge*, «American Journal of Sociology», Volume 78, No. 1, July, 1972, pp. 9-47.

[3] N. L. Friedman, *Autobiographical Sociology*, «The American Sociologist», Volume 21, No. 1, Spring 1990.

prima mi ero inspiegabilmente affidato a quelle anglosassoni, generando un curioso ibrido.

b) Ho trovato e corretto diversi refusi che nel 2010 erano sfuggiti sia a me sia ai correttori di bozze e ho pure proceduto a una profonda "ripulitura" del testo, eliminando virgolette e corsivi dove non risultavano strettamente necessari.

c) Ho riformulato la struttura o il lessico di qualche frase, per ragioni estetiche o semantiche. Gli interventi cosmetici riguardano soprattutto quelle espressioni che, a distanza di anni, mi sono apparse sgraziate o criptiche.

d) Alcune citazioni, inserite nel corpo del testo o in blocco separato, erano eccessivamente lunghe. Le ho spezzate e in parte parafrasate.

e) Trattandosi di una raccolta di saggi concepiti autonomamente, è inevitabile che nel libro vi siano ripetizioni. In particolare, vi sono citazioni che ritornano in diversi capitoli. Nella prima edizione avevo deciso di rispettare alla lettera i saggi inclusi. Stavolta, ho invece deciso di eliminare le ripetizioni più evidenti, sostituendole con citazioni equivalenti o parafrasandole. Quando ho operato una sostituzione completa, l'ho segnalato nelle note a piè di pagina.

f) Non so se, invecchiando, sono diventato troppo pedante, ma l'apparato delle fonti mi è parso piuttosto approssimativo. Perciò, ho ritenuto necessario aggiungere qualche dettaglio alle note presenti e, soprattutto, una bibliografia finale che mancava nella prima edizione. Ho modificato alcune posizioni bibliografiche perché i link non funzionavano più. Ho anche aggiunto riferimenti nuovi. Inizialmente, avevo pensato di segnalare i cambiamenti con la dicitura "nota aggiunta", ma il testo si stava appesantendo troppo. In fondo, *ça va sans dire*, tutte le fonti che portano una data successiva al 14 gennaio 2010, data di pubblicazione della prima edizione, sono state aggiunge nella seconda.

g) I capitoli sono piuttosto lunghi. Per migliorarne la leggibilità e rendere più semplice la ricerca di contenuti specifici, li ho divisi in sezioni, assegnando a ognuna di esse un titoletto. Ora i lettori possono scorrere l'indice e andare direttamente al punto che interessa.

h) Nella prima edizione del libro, l'indice era piuttosto stringato e collocato alla fine del libro. Ora che è ricco di contenuti e può servire a orientare la lettura è stato spostato all'inizio.

Veniamo ora alle modifiche "di sostanza". Come ho detto sopra, trovandomi ancora generalmente d'accordo con quello che ho scritto, non ho tagliato nulla. Tuttavia, ho ritenuto opportuno aggiungere alcune note, per colmare soprattutto una lacuna. Ciò che talvolta ha generato incomprensioni è stato, infatti, il "non detto", più che il "detto". Nel libro spiego che esistono diverse varianti di transumanesimo, i cui postulati divergenti possono essere ricondotti a diverse posizioni in materia politica o religiosa. Riguardo alla religione, i sondaggi d'opinione mostrano che nel movimento transumanista c'è una maggioranza ateo-materialista e una minoranza di orientamento mistico-spirituale.[4] Ebbene, nella prima edizione di *Mutare o perire*, la componente irreligiosa è sovrarappresentata, per via del clima culturale in cui è nato il libro. All'epoca, tra i "laici" e i "cattolici", imperversavano furiose battaglie bioetiche pro o contro la procreazione assistita, le terapie a base di cellule staminali, il testamento biologico e l'eutanasia. I transumanisti, pur avendo una propria visione bioetica, si schierarono con i primi e furono duramente attaccati dai secondi.

Dovendo dare conto delle posizioni transumaniste nel contesto di quegli scontri e sentendomi in dovere di rappresentare la parte maggioritaria del movimento, in quanto presidente della prima associazione transumanista sorta in Italia, ho finito per dare minore risalto alle ragioni di chi, pur condividendo le stesse battaglie, non sottoscriveva il postulato del materialismo ateo.

---

[4] Cfr. J. Hughes (a cura di), *Report on the 2007 Interests and Beliefs Survey of the Members of the World Transhumanist Association*, academia.edu, January 2008; J. Hughes, *The Compatibility of Religious and Transhumanist Views of Metaphysics, Suffering, Virtue and Transcendence in an Enhanced Future*, researchgate.net, 5 August 2007, pp. 1-39; H. Pellissier H., T. Dal Santo, *Transhumanists: Who are They, What do They Want, Believe and Predict?* «Journal of Personal Cyberconsciousness», Volume 8, Issue 1, 2013, pp. 20-29.

Per essere più chiari, quando scrivo «i transumanisti sono la testimonianza più viva della fede nella scienza e, nel contempo, della sfiducia nelle religioni, nei miti, nelle filosofie consolatorie»,[5] parlo della maggioranza del movimento, escludendo tra l'altro me stesso, che appartengo alla componente minoritaria. Un altro esempio: quando scrivo che nel dibattito bioetico «bisogna innanzitutto fare piazza pulita delle tossine metafisiche e religiose»,[6] non sto affermando che la religione e la metafisica siano di per sé prodotti tossici. Lungi da me l'idea di resuscitare questo vecchio dogma positivista! Come del resto dico in altre parti del libro, credo sia perfettamente legittimo avere credenze metafisiche o religiose. Ciò che ho inteso dire con questa frase è che i postulati metafisici, di cui io stesso sono portatore, non hanno diritto di cittadinanza in un dibattito che si prefigge di stabilire norme etiche e giuridiche valide *erga omnes,* ossia per credenti, non credenti e diversamente credenti. Il rischio è appunto che gli argomenti religiosi intossichino il dibattito bioetico, rendendo impossibile trovare una posizione condivisa da tutta la comunità. Naturalmente, è anche doveroso chiedere alla controparte di non mettere sul piatto della bilancia il materialismo ateo come se fosse una teoria scientifica.

Come ho rimediato alle lacune, senza sconvolgere troppo il libro? Per esempio, nella prima frase che ho riportato sopra, mi sono limitato a interpolare la precisazione: «perlomeno, quelli di orientamento ateo-materialista». Nel secondo caso, invece, ho aggiunto una nota chiarificatrice a piè di pagina, al fine di rinforzare con parole diverse un concetto che, pur essendo già presente nel testo, evidentemente non emerge da esso in modo cristallino. Si tratta, come si può vedere, di interventi chirurgici non troppo invasivi.

De resto, non c'era bisogno di intervenire profondamente, anche perché ho già rimediato alla sovrarappresentazione della componente ateo-materialistica del transumanesimo, scrivendo

---

[5] R. Campa, *Mutare o perire. La sfida del transumanesimo*, prima edizione, Sestante Edizioni, Bergamo 2010, p. 187.
[6] Ivi, p. 203.

un libro interamente dedicato alla componente mistico-spirituale. Chi vuole accedere a una visione più completa del movimento e della sua filosofia, è invitato a leggere: *Credere nel futuro. Il lato mistico del transumanesimo.*[7]

Ho ritenuto importante introdurre chiarimenti in questo libro e scriverne un altro complementare, perché il clima culturale è notevolmente cambiato. Con il pontificato di Francesco, la Chiesa cattolica sembra aver scelto la via della cautela nelle questioni bioetiche. Una delle conseguenze più visibili del cambio di rotta è che i temi bioetici non occupano più le prime pagine dei giornali. Il Pontefice ha anche denunciato i mali del clericalismo autoreferenziale con parole ben più dure di quelle che ho usato io in questo libro.[8] Inoltre, nel 2014, poco dopo essere stato nominato segretario generale della Conferenza Episcopale Italiana, monsignor Nunzio Galantino ha persino evidenziato i limiti dell'umanismo, affermando che «la sfida del postumanesimo contemporaneo mette in guardia la Chiesa dal pericolo di una riduzione umanistica della fede, che al contrario indica un uomo trascendente e chiamato a superarsi nella propria storia e oltre essa».[9] E, ancora, il vescovo ha invitato i suoi correligionari a smettere di «denigrare il nostro tempo, le sue istanze e le sue stesse provocazioni, fra cui quella del postumanesimo o del transumanesimo».[10] Se son rose, fioriranno.

Sia chiaro che, non per questo, sono cessati gli attacchi al transumanesimo provenienti dal mondo cattolico. Posso insom-

---

[7] R. Campa, *Credere nel futuro. Il lato mistico del transumanesimo*, Orbis Idearum Press, Krakow 2019.

[8] Si vedano i seguenti articoli a stampa: E. Scalfari, *Papa Francesco a Scalfari: così cambierò la Chiesa. "Giovani senza lavoro, uno dei mali del mondo"*, «la Repubblica», 1 ottobre 2013; A. Lebra, *Clericalismo*, «Settimana News», 24 settembre 2020; *Il Papa: "Sogno una chiesa in mezzo alla gente e senza clericalismo"*, «Agenzia Giornalistica Italia», 12 marzo 2023; M. M. Nicolais, *Papa Francesco: "autoreferenzialità malattia della Chiesa", no a "neoclericalismo di difesa". "Quando il clericalismo entra nei laici è pericoloso"*, «Agenzia Sir», 25 maggio 2023.

[9] Cfr. F. Ognibene, *Galantino (Cei). "La Chiesa? Sia esperta in postumanesimo"*, «Avvenire», 28 agosto 2014.

[10] *Ibidem.*

ma dire, a ragion veduta, che quanto trovate scritto nella seconda parte del libro è ancora istruttivo. Tuttavia, oggi, a lanciare gli anatemi non sono più i rappresentanti delle alte gerarchie ecclesiastiche, ma esponenti di uno zoccolo duro conservatore che, oltre a essere refrattari a qualsiasi rinnovamento della Chiesa, sono arrivati ad accusare di eresia lo stesso Papa. Dal canto suo, Francesco risponde a suon di scomuniche. Per un'ironia della storia, gli inquisitori sono diventati eresiarchi.

Con quest'osservazione mi congedo e vi lascio alla lettura di *Mutare o perire 2.0*. È tempo che questo vecchio arnese torni sulla scena tirato a lucido.

Riccardo Campa,
30 settembre 2024

Introduzione

Mutare *e* perire sono due implacabili leggi di natura, alle quali nulla sembra sfuggire. Tutto scorre, diceva Eraclito. Nulla si crea, nulla si distrugge, tutto si trasforma, sentenziava Lavoisier un paio di millenni più tardi. Ecco: tutto muta, tutto si trasforma. E perisce. Ovvero, muta a tal punto da rendere insensato l'uso della stessa parola per indicare *quella stessa cosa*. In fondo, se è vero ciò che dice Lavoisier, la differenza tra mutare e perire, è dovuta solo ai limiti del nostro linguaggio. Così, potrebbe essere soltanto un pregiudizio antropomorfico che ci porta a dire che è morto un animale, un bosco, un pianeta, una stella, una galassia. D'altronde, già Parmenide, nel suo *Poema sulla natura*, aveva avvertito «che l'essere è ingenerato e imperituro, infatti è un intero nel suo insieme, immobile e senza fine» e che per l'essere «saranno nomi tutte quelle cose che hanno stabilito i mortali, convinti che fossero vere: nascere e perire, essere e non-essere, cambiare luogo e mutare luminoso colore».[11] Ciò che è soggetto a nascita, morte, divenire è solo l'apparenza.

Eppure, queste sagge parole non riescono a consolare. L'uomo continua ad avvertire la morte come un evento decisivo, cruciale, tragico che ne segna tutta l'esistenza. Di qui la sua strenua lotta per esorcizzarla con miti e riti religiosi o per allontanarla nel futuro con rimedi pratici.

Con lo sviluppo delle civiltà post-neolitiche, abbiamo osservato una lenta ma inesorabile crescita d'importanza dei rimedi pratici rispetto alle dottrine consolatrici. E l'avvento della modernità ha rappresentato il trionfo dell'*homo faber* e, nel contempo, la rinascita dell'*homo naturalis* pagano, tornato in vita nel Rinascimento, dopo il sonno millenario a cui l'aveva costretto la teologia medievale. Come osserva acutamente Luciano Pellicani, «al centro della società di mercato c'è il soggetto che progetta la sua esistenza futura: ciò che egli sarà, non sarà altro che il frutto delle sue scelte e del suo lavoro; il suo essere quindi coincide con il suo fare».[12]

Questo processo di libera creazione del futuro e di se stessi, spinto alle estreme conseguenze, ha generato un nuovo dilemma: mutare *o* perire? Un dilemma senza precedenti, prodotto dall'affacciarsi e dal perfezionarsi delle tecnologie della vita. La medicina ha consentito all'uomo di allontanare il momento della propria morte con modalità inimmaginabili nell'era prescientifica. Per ottenere il risultato si è però resa necessaria un'azione volta a modificare, mutare, trasformare l'uomo o alcuni processi biologici attraverso terapie farmacologiche o interventi chirurgici. Ora si è aggiunta la possibilità delle terapie geniche, ovvero di rimedi biotecnologici più radicali che fanno presagire un mutamento

---

[11] Parmenide, *Sulla natura*, Bompiani, Milano 2001, pp. 51-53.
[12] L. Pellicani, *Le radici pagane dell'Europa*, Rubbettino, Soveria Mannelli 2007.

non solo dell'individuo, ma – se ereditabili – dell'intera specie. Di qui il grido d'allarme di Francis Fukuyama che, dopo aver annunciato con soddisfazione la fine della storia, annuncia ora con orrore la fine dell'uomo, indicando nel transumanesimo l'idea più pericolosa del mondo, proprio perché è una filosofia che promuove l'evoluzione autodiretta – ovvero il graduale superamento dell'uomo per via tecnologica.

Il transumanesimo balza dunque agli onori della cronaca anche grazie a quest'anatema che gli viene lanciato da Fukuyama, poi ripreso con maggiore veemenza dalle gerarchie vaticane e da altri movimenti politici di destra e di sinistra, di matrice religiosa o ecologista.

Questi pochi cenni consentono già di intuire il nucleo centrale della filosofia transumanista e, per negazione, di quella contrapposta – che chiameremo bioconservatrice. In estrema sintesi, di fronte al dilemma *mutare o perire*, il transumanista è convinto che sia preferibile *mutare*, mentre il bioconservatore, ancora tutto all'interno di una logica predarwiniana che considera l'essenza umana come un dato fisso e immutabile, aborre l'idea stessa di mutazione e preferisce *perire*.

Non stupisce allora che, quando la cultura transumanista ha iniziato a diffondersi anche fuori dai laboratori scientifici e dai salotti filosofici, dov'era prima confinata, innescando una nuova *Kulturkampf*, si sia scatenato un vero e proprio scontro tra favorevoli e contrari. Una battaglia mediatica che ha coinvolto nomi noti del mondo intellettuale e accademico come Giuliano Ferrara, Dario Antiseri, Marcello Veneziani, Roberto Marchesini, Aldo Schiavone, Lucetta Scaraffia, Paolo Rossi e Angelo Maria Petroni – solo per citarne alcuni.

Alla *Kulturkampf* ho partecipato attivamente anch'io, prendendo le difese del transumanesimo. Negli ultimi anni, ho scritto numerosi saggi e articoli sull'argomento, esponendo e sostenendo questo approccio prometeico alle nuove tecnologie. Mi rendo ora conto che, alcuni saggi che ho scritto, riuniti in un libro e opportunamente integrati da capitoli inediti, possono ben servire come introduzione al transumanesimo – un tema al quale non è ancora stata dedicata una monografia in italiano,[13] pur non mancando libri su tematiche molto vicine, come quella del postumano o dell'immortalità biotecnologica.[14] I saggi si prestano bene a questo compito introduttivo anche perché, forse in ragione della mia forma mentis di giornalista e accademico – pur essendo decisamente schierato a favore dell'idea – non ho mai mancato di *informare* e *insegnare*, più che scadere nell'invettiva.

La vis polemica non è mancata, da parte mia, ma si è dispiegata più nelle interviste che nei saggi. Le interviste, insieme alle risposte dei critici, sono state riunite nel libro *Il Transumanesimo. Cronaca di una rivoluzione annunciata*,[15] che può ben servire da complemento a questo volume, per chi volesse approfondire ulteriormente il tema.

I saggi che ho incluso in questo libro non sono presentati in ordine cronologico di apparizione, ma secondo uno schema preciso. Il volume è stato diviso in tre parti. La prima parte – I fondamenti del transumanesimo – include cinque saggi che presen-

---

[13] La prima edizione di *Mutare o perire* è stata concepita nel 2009, sulla base di scritti pubblicati nei cinque anni precedenti, e data alle stampe il 14 gennaio 2010. All'epoca, non c'era ancora in libreria una monografia che recasse nel titolo la parola "transumanesimo". Oggi, invece, i titoli in italiano su questo tema sono legione. Qui mi limito a segnalare un testo pubblicato successivamente, in italiano e in inglese, che offre una panoramica sulle idee e le associazioni transumaniste: R. Manzocco, *Esseri Umani 2.0: Transumanismo, il pensiero dopo l'uomo*, Springer, Milano 2013. Trad. in. *Transhumanism: Engineering the Human Condition*, Springer, Cham 2019.

[14] La bibliografia in italiano è meno ampia di quella in inglese, ma contiene alcuni titoli interessanti, per esempio: E. Boncinelli e G. Sciaretta, *Verso l'immortalità? La scienza e il sogno di vincere il tempo*, Raffaello Cortina, Milano 2005; A. Caronia, *Il cyborg. Saggio sull'uomo artificiale*, Theoria, Roma-Napoli 1985; R. Terrosi, *La filosofia del postumano*, Costa & Nolan, Milano 1997; R. Braidotti, *In metamorfosi. Verso una teoria materialistica del divenire*, Feltrinelli, Milano 2003; S. Vaj, *Biopolitica. Il nuovo paradigma*, SEB, Milano 2005; R. Marchesini, *Post-human. Verso nuovi modelli di esistenza*, Bollati Boringhieri, Torino 2002; R. Marchesini, *Il tramonto dell'uomo. La prospettiva postumanista*, Edizioni Dedalo, Bari 2009; G. Granieri, *Umanità accresciuta. Come la tecnologia ci sta cambiando*, Laterza, Roma-Bari 2009.

[15] Associazione Italiana Transumanisti (a cura di), *Il Transumanismo. Cronaca di una rivoluzione annunciata*, Lampi di Stampa, Milano 2008.

tano e spiegano in positivo il concetto di transumanesimo, approfondendo il suo legame con l'umanesimo, la politica, l'etica, la tecnologia e la scienza.

Più precisamente, il primo capitolo di questa sezione (*Dall'umanesimo al transumanesimo*) rappresenta un tentativo di distillare gli elementi essenziali del concetto di transumanesimo, con riferimenti anche alla storia del termine. Si tratta di un saggio ancora inedito. Il secondo capitolo (*Transumanesimo e politica*) è invece apparso in forma di saggio nella sezione "Enciclopedia" della rivista *MondOperaio*, con un titolo diverso,[16] ed è piuttosto incentrato sugli aspetti sociali del transumanesimo e sulle diverse correnti politiche che caratterizzano il movimento. Nel terzo capitolo (*I principi etici del transumanesimo*), anch'esso inedito, ricostruisco i capisaldi morali e filosofici su cui si fonda questo approccio alle tecnologie, facendo riferimento soprattutto ai documenti ufficiali della *World Transhumanist Association*, successivamente rinominata *Humanity Plus* – la più grande associazione transumanista mondiale. Nel quarto capitolo (*Le tecnologie convergenti e l'orizzonte postumano*) discuto alcuni dettagli tecnico-scientifici del transumanesimo, ovvero come funzionano o potrebbero funzionare la rigenerazione cellulare, gli impianti cibernetici sottopelle, le mutazioni genetiche controllate, gli ibridi macchina-animale e uomo-macchina, la sospensione crionica, il *mind uploading*, la nanotecnologia, le superintelligenze artificiali, i robosapiens, e tutte le fantastiche invenzioni cui fanno riferimento i teorici del transumanesimo. Infine, il quinto capitolo della prima parte (*La scienza pura e l'orizzonte postumano*) è apparso inizialmente nella rivista online *Ulisse*, poi come paragrafo del mio libro *Etica della scienza pura* e, infine, in inglese, nel *Journal of Evolution and Technology*.[17] Come indica il titolo, l'indagine è centrata sui rapporti fra

---

[16] R. Campa, *Transumanesimo*, «Mondoperaio», № 4-5, Luglio-Ottobre 2006, Roma.

[17] R. Campa, *La scienza pura e l'orizzonte postumano*, «Ulisse: nella rete della scienza», ulisse.sissa.it, 9 marzo 2007; R. Campa, *Pure science and the Posthuman future*, in: S. Marsen (a cura di), *Becoming More than Human: Technology and the Post-Human Condition*, special issue of the «Journal of

transumanesimo e scienza intesa come sapere teorico, ossia come sforzo di conoscere il mondo, al di là delle possibili applicazioni pratiche della conoscenza.

La seconda parte del libro – *Il transumanesimo e i suoi nemici* – raccoglie le analisi degli attacchi al transumanesimo, verbali e non verbali. Le critiche al progetto transumanista non sono infatti mancate. Critiche aspre, dure. E non poteva essere altrimenti, data la radicalità di questo pensiero.

Ma chi ha paura del transumanesimo? Alcuni lo avversano perché lo ritengono credibile e pericoloso, altri perché lo reputano implausibile. Alcuni lo chiamano per nome, altri no. Alcuni si limitano alla critica intellettuale, altri passano alle vie di fatto, assumendo atteggiamenti violenti e intimidatori. Oltre che ricostruire con cura i diversi attacchi, ho ritenuto opportuno mostrare il lato debole di certe critiche, soprattutto quando mi è parso che alla base della critica ci fosse disinformazione o incomprensione. L'approccio è esemplificativo piuttosto che esaustivo, nel senso che si mostrano esempi paradigmatici di critica, legati a certe specifiche ideologie, senza l'ambizione di riportare tutti gli attacchi.

S'inizia, nel capitolo sesto (*Il caso Unabomber*), con la ricostruzione delle idee e delle azioni dell'ecoterrorista Ted Kaczynski, non tanto perché si vogliano mettere in cattiva compagnia i critici del transumanesimo, ma perché, come poi si vedrà, molte delle critiche che verranno elaborate successivamente sono già presenti nel manifesto di questo folle e lucido nemico del progresso. Il manifesto di Kaczynski, *La società industriale e il suo futuro,* è un documento che esemplifica la critica di tipo ecologista e primitivista, anche se chi la elabora è un ex matematico brillante, ovvero un ex figlio della società industriale, sedotto sulla via di Damasco dall'idea del ritorno alla natura.

Il capitolo settimo (*L'allarme di Bill Joy*) è significativo perché analizza le critiche di uno scienziato impegnato sul fronte più avanzato dell'intelligenza artificiale, che inizia a nutrire dubbi sull'opportunità del proprio lavoro e propone un bando o una

---

Evolution and Technology», Volume 19, Issue 1, September 2008.

moratoria di certe tecnologie GNR (genetica, nanotecnologia, robotica) che reputa pericolose. Si tratta, dunque, di una critica *dall'interno* del mondo scientifico.

Il capitolo ottavo (*Il j'accuse di Francis Fukuyama e l'offensiva dei bioconservatori*) affronta invece la critica forse più nota al transumanesimo, proveniente da un umanista laico di orientamento conservatore. Non si tratta né di un ecologista radicale, né di uno scienziato pentito, né di un integralista religioso. Tuttavia, egli ritiene abominevole l'idea di modificare consapevolmente la natura umana, perché teme che ciò possa mettere in crisi l'idea di uguaglianza, la libertà individuale, la democrazia. Si tratta, dunque, di un attacco di matrice politica che apre la porta ad analoghe critiche di ideologi similmente orientati, come Giuliano Ferrara e Marcello Veneziani. Nel capitolo si fa, infatti, riferimento anche alle numerose invettive provenienti da esponenti del centrodestra italiano, prodotte sulla scia dell'articolo di Fukuyama o in relazione al referendum sulla procreazione assistita.

Il capitolo nono (*L'anatema della Chiesa cattolica*) concentra invece l'attenzione sulle dure critiche provenienti dalle gerarchie ecclesiastiche e dai giornali legati alla Chiesa, come *Avvenire* e *L'Osservatore Romano*. Sono gli attacchi più documentati e persistenti, segno che rispondono a una precisa strategia e sono affidati a prelati e intellettuali di spicco della cultura cattolica.

Infine il capitolo decimo (*Le speranze minime di Paolo Rossi*) rappresenta una ricostruzione delle critiche al transumanesimo elaborate dal filosofo e storico della scienza Paolo Rossi nel suo libro *Speranze*. In questo caso abbiamo una critica proveniente da un sostenitore del progresso tecnico e scientifico, nonché accademico di fama. Dunque, si tratta di una posizione particolarmente importante e significativa, alla quale abbiamo ritenuto opportuno rispondere punto per punto, giacché ci pare fondata su alcuni fraintendimenti.

Nella parte terza – *Apologia del transumanesimo* – ho riunito tre saggi dal sapore più "pamphlettistico" che possono ben fungere da risposta a molte delle critiche precedenti. Spesso i transumanisti rispondono alle critiche mostrando che ciò che accade non è nulla di nuovo sotto il sole. Sostengono che il transumanesimo è semplicemente una continuazione dell'umanesimo e, dunque, del processo di civilizzazione. Ciò sarebbe confermato dallo studio dei trend, delle tendenze, per esempio sull'allungamento della vita media, sulla graduale minore incidenza delle malattie, sul perfezionamento delle macchine, sulla crescita della conoscenza scientifica e del numero dei brevetti tecnologici, sullo sviluppo dell'industria, nonché sull'addomesticamento delle altre forme di vita. Questo tipo di argomento è in buona parte corretto, ma non del tutto soddisfacente, perché nulla assicura la stabilità dei trend in futuro. In altre parole, è necessario un impegno concreto delle persone empiricamente esistenti, affinché il futuro sia effettivamente quello che si sogna e non un incubo. Questi saggi s'inquadrano proprio nella prospettiva dell'impegno.

Il capitolo undicesimo (*In difesa del transumanesimo*) è un "documento storico", perché da esso sono state tratte due pubblicazioni piuttosto importanti per il movimento transumanista: la prima intervista in risposta a Fukuyama apparsa sulla stampa italiana (su *Libero* del 18 febbraio 2005) e il testo del documentario *Nascita del superuomo*, girato da RAI 3 e trasmesso il 15 novembre 2006.

Il capitolo dodicesimo (*Manifesto dei transumanisti italiani*) rappresenta un tentativo di sintesi ideologica tra i diversi modi di intendere il transumanesimo. Si tratta di un documento culturale e politico che testimonia la volontà di andare oltre la destra e la sinistra tradizionali, oltre i miti dell'Ottocento e del Novecento – lo Stato, il mercato, la razza – per mettere al centro del discorso l'evoluzione autodiretta e salvando del passato solo ciò che può essere funzionale a questo progetto. Si tratta di uno scritto che approfondisce gli aspetti politici, religiosi ed epistemologici del transumanesimo, e ambisce a smontare uno a uno i tanti pregiudizi degli avversari.[18]

---

[18] R. Campa, *Manifesto dei transumanisti italiani*, «H+ Webzine», 11 febbraio 2008. Il manifesto è stato poi ripubblicato in forma cartacea sulla rivista

L'ultimo capitolo, il tredicesimo (*La nostra bioetica e la loro*), è invece una risposta puntuale agli attacchi provenienti dalle gerarchie vaticane e alle critiche di tipo religioso, anche quando sono formulate da laici come Giuliano Ferrara. Si fa riferimento a diversi temi bioetici riguardanti la durata ottimale della vita, dall'eutanasia alle terapie di ringiovanimento, mettendo in luce ragioni non sempre esplicite che sono dietro le diverse posizioni. Lo stesso titolo è indicativo di una posizione relativistica, che non assume ingenuamente o arrogantemente l'esistenza di una sola bioetica.

Il relativismo etico è un po' il marchio di tutto il libro. Ma questo approccio non diventa veicolo di lassismo morale o di debolezza, quanto motore di un impegno morale che resta sempre consapevole della propria diversità e specificità. Il relativismo non è nichilismo, ma un approccio che apre la strada a tre possibili linee d'azione: confronto, pluralismo, scontro.

Il *confronto* si realizza nel tentativo di conoscere e persuadere gli avversari (non alla verità, ma a un'idea alternativa di vita buona), chiarendo le proprie ragioni e magari mostrando che certe paure relative agli effetti di specifici comportamenti sono immotivate. Anche un'organizzazione dogmatica come la Chiesa cattolica ha cambiato posizione nei confronti della scienza, della rivoluzione industriale, della democrazia liberale, segno che il confronto etico-politico non è necessariamente sterile.

Il *pluralismo* si realizza in un patto di non aggressione, affinché ognuno possa dedicarsi alla propria vita buona, quando i tentativi di persuasione non danno esiti positivi. L'idea che il progresso sia imposto a tutti è vera fino a un certo punto, perché nessuno impedisce a gruppi di esseri umani "passatisti" di vivere a un livello tecnologico più arretrato. Gli Amish, negli USA, hanno deciso di vivere senza elettricità e motori a scoppio e nessuno li obbliga a cambiare stile di vita. Ci sono paesi fantasma anche in Italia che potrebbero essere abitati dai luddisti che rifiu-

---

Letteratura Tradizione, № 43, Heliopolis Edizioni, Pesaro 2008, e in R. Campa (a cura di), *Divenire: Rassegna di studi interdisciplinari sulla tecnica e il postumano,* Volume 2, Sestante Edizioni, Bergamo 2009.

tano le tecnologie più avanzate. La verità è che l'italiano passatista, in genere, si lamenta del progresso, ma poi non agisce in coerenza con le proprie idee.

I problemi nascono proprio quando qualcuno non si accontenta di vivere secondo la propria coscienza, a costo di separarsi da altri che seguono una strada diversa, ma pretende dagli altri il comportamento che egli preferisce. Quando gli individui e le comunità diversamente orientate non vogliono o non possono separarsi in senso spaziale, le due volontà che si fronteggiano non riescono a dare corso alle prime due opzioni e allora non resta che lo *scontro* (politico e talvolta persino militare). Questo ci insegna la storia.

In conclusione, il fatto che si è relativisti non significa che si è deboli e che si è pronti ad accettare passivamente imposizioni morali di altri partiti e movimenti. Significa solo che, a differenza di quanto fanno i dogmatici e gli assolutisti morali, si considera lo scontro politico e dunque l'uso della violenza (perché è violenza anche l'uso istituzionale della legge, della magistratura, della polizia, delle carceri) come estrema ratio. Mentre il dogmatico morale minaccia compulsivamente il bando, il divieto, la moratoria dei comportamenti di chi ha un'idea diversa di buona vita (nel nostro caso, chi vorrebbe utilizzare nuove tecnologie come la fecondazione in vitro, le cellule staminali, la clonazione, le ibridazioni genetiche, ecc.), il relativista morale preferisce prima percorrere la strada del confronto e della reciproca tolleranza, proprio perché è convinto che le categorie della verità e della bontà stanno su piani distinti e, di conseguenza, un discorso autenticamente etico comincia dall'empatia, dalla comprensione profonda delle ragioni e dei sentimenti dell'altro (anche se avversario) e non dalla violenta minaccia della legge e del carcere o di una punizione divina in questo o in un altro mondo.

Non so se quest'opera potrà rassicurare i bioconservatori, persuaderli ad aprire il cuore alla tecnica e al futuro, spingerli ad accettare l'idea di un futuro diverso, o se, al contrario, sortirà l'effetto contrario (e indesiderato) di rafforzare la loro avversità al transumanesimo. Tuttavia, un tentativo di chiarire le posizioni andava fatto. Sarà proprio il futuro a dare la risposta alle nostre inquietudini e alle nostre speranze.

Parte prima:
I fondamenti del transumanesimo

1. Dall'umanesimo al transumanesimo

> *La razza umana può, se lo desidera, trascendere se stessa, non in maniera sporadica, un individuo qui, in un modo, un individuo là, in un altro modo, ma nella sua totalità, come umanità. Abbiamo bisogno di un nome per questa nuova consapevolezza. Forse il termine transumanesimo andrà bene: l'uomo che rimane uomo, ma che trascende se stesso, realizzando le nuove potenzialità della sua natura umana, per la sua natura umana. «Io credo nel transumanesimo»: quando saremo in numero sufficiente ad affermare ciò con convinzione, la specie umana sarà sulla soglia di nuovo genere di esistenza, tanto diverso dal nostro quanto il nostro è diverso da quello dell'Uomo di Pechino. È allora che vedremo la cosciente realizzazione del nostro reale destino.*
>
> JULIAN HUXLEY

"Transumanesimo" è un termine ampiamente utilizzato da quotidiani, riviste, libri, televisioni e siti Internet. Il suo equivalente inglese (*transhumanism*) ha già fatto il suo ingresso nell'*Oxford English Dictionary*, precisamente in data 11 dicembre 2008, a mezzo secolo di distanza dalla sua coniazione da parte di Julian Huxley. Mentre, non ci risulta che sia già stato incluso nei dizionari italiani.

Nei dizionari italiani è però entrato un parente stretto di questo termine, il verbo intransitivo "transumanare", coniato nientemeno che dal padre della lingua italiana: Dante Alighieri. Leggiamo sul De Mauro: «Tra|su|ma|nà|re. v.intr. (essere) LE trascendere i limiti della natura umana: trasumanar significar per verba | non si poria (Dante). Varianti: transumanare». Trascendere i limiti della natura umana è esattamente l'obiettivo dei transumanisti, anche se Dante non stava certamente pensando all'ingegneria genetica o all'intelligenza artificiale come mezzi per raggiungere il fine.

Come nota Natasha Vita-More, il termine dantesco non è rimasto confinato all'uso documentato dal "Paradiso" della *Divina Commedia*. T. S. Eliot, Premio Nobel per la letteratura nel 1948, parlando dell'isolamento della condizione umana, scrisse: «Tu ed io non conosciamo il processo attraverso il quale l'essere umano è transumanato: che cosa sappiamo del tipo di sofferenza cui essi devono sottoporsi sulla via dell'illuminazione?».[19]

Il termine "transhumanism" appare invece per la prima volta nel 1957. Lo introduce appunto Huxley, in un manifesto volto a esaltare le possibilità aperte dalle nuove frontiere della scienza e della tecnica che porterebbero l'uomo a superare i propri limiti biologici.[20] Per tale ragione, Huxley è visto come il padre putativo del movimento transumanista. Trattandosi di un termine straniero, sebbene di chiara derivazione latina, è nato subito un problema con la traduzione. Il *Corriere della sera* e *Il Foglio* lo hanno tradotto con "transumanismo", mentre altre testate, per esempio *Panorama* e *Linus*, hanno utilizzato il termine "transumanesimo" – aggiungendo il prefisso trans (inteso come attraversamento, passaggio da una condizione a un'altra) al ben noto termine "umanesimo". Anch'io, in genere, adotto questo secondo termine, per una ragione piuttosto semplice: in tutti i dizionari italiani si trova la parola "umanesimo", seppure con diversi significati. Lo stesso non si può dire del termine "umanismo".[21]

---

[19] Cfr. N. Vita-More, *Introduction to "H+: Transhumanism Answers Its Critics*, metanexus.net, 5 febbraio 2009.

[20] J. Huxley, *Transhumanism,* in Id., *New Bottles for New Wine*, Chatto & Windus, Londra 1957, pp. 13-17. Trad. it. *Transumanesimo*, estropico.com, 19 settembre 2024 (data di accesso).

[21] Sul De Mauro, nella Treccani o nel Grande Dizionario Italiano di Sapere.it, per fare solo qualche esempio, non c'è traccia del termine "umanismo". Questo termine viene in genere utilizzato dai filosofi di formazione heideggeriana, con un significato non sempre chiaro e univoco. Esso compare, infatti, nell'opera di Martin Heidegger *Brief über den «Humanismus»*, tradotta in ita-

Tuttavia, il fatto che certe testate autorevoli abbiano preferito adottare il termine "transumanismo" invita a non farne un caso e ad accettare l'esistenza di una sinonimia, almeno fino a quando una convenzione non sarà universalmente accettata. Si muove su questa strada *Avvenire* che utilizza entrambi i termini indistintamente. Mario Iannaccone, nel presentare i tratti essenziali del movimento scrive infatti: «Parla di mutanti, chimere, commistioni fra umano ed elettronico. Perora la causa della clonazione, terapeutica e non. Sogna applicazioni tecnologiche per l'aumento artificiale delle potenzialità cognitive. È il transumanismo (o transumanesimo), un movimento libertario radicale formato da scienziati, giuristi, filosofi e attivisti dei diritti civili che intende preparare l'opinione pubblica all'"inevitabile" applicazione all'uomo di tecniche capaci di modificare le caratteristiche che associamo all'umanità».[22]

Aggiungiamo che non tutto il male viene per nuocere. Alla parola sono stati infatti assegnati significati diversi. *Transhumanism* è tanto la filosofia che *studia* la transizione umana, quanto l'ideologia che la *guida*. Di conseguenza, chi adotta la lingua inglese è costretto ad aggiungere un trattino per distinguere il *trans-humanism* (la filosofia) dal *transhuman-ism* (l'ideologia). Noi italiani potremmo utilizzare due termini distinti – per esempio, transumanesimo per *transhuman-ism* e transumanismo per *trans-humanism* (o viceversa) – con l'ulteriore vantaggio che la differenza apparirebbe anche nella lingua parlata e non solo scritta. Deve però essere chiaro che questo non è l'uso dei termini che si fa in questo volume. Sebbene io utilizzi più volentieri "transumanesimo", i vari autori citati usano i due termini indistintamente. La convenzione non può venire che dopo un'approfondita analisi semantica e un dibattito in tal senso non è ancora stato avviato.

---

liano con il titolo *Lettera sull'«Umanismo»*, Adelphi, Milano 1995.

[22] M. Iannaccone, *Transumanismo: il nuovo incubo*, «Avvenire», 11 luglio 2007.

1.1. Il rapporto con l'umanesimo

Se Huxley ha coniato il termine, va anche evidenziato che il concetto che associamo alla parola "transumanesimo" è stato espresso da altri pensatori *prima* del pensatore inglese, pur senza utilizzare il termine. Inoltre, altri pensatori hanno *successivamente* elaborato il concetto in termini più radicali. Si noti infatti che, nell'accezione huxleyana, la parola indica quel processo attraverso il quale l'uomo trascende se stesso, realizzando nuove possibilità della e per la specie umana, *pur restando uomo* (nel senso di unità biologica a base carbonio). Huxley continua a definirsi un umanista e non preconizza ancora l'avvento del postumano non biologico, come fanno altri specialisti di robotica o intelligenza artificiale.

Un paio di decenni più tardi è il futurologo iraniano Fereidoun M. Esfandiary (alias FM-2030) che rompe gli indugi e lancia il concetto di "transumano",[23] definendolo come la prima manifestazione di un essere nuovo nella scala evolutiva.[24] Una definizione ancora più orientata in senso postumano è elaborata negli anni novanta da Max More: «Il Transumanesimo è una classe di filosofie che cercano di guidarci verso una condizione postumana. Il Transumanesimo condivide molti elementi con l'Umanesimo, inclusi il rispetto per la ragione e le scienze, l'impegno per il progresso ed il dare valore all'esistenza umana (o transumana) in questa vita. [...] Il Transumanesimo differisce dall'Umanesimo nel riconoscere ed anticipare i radicali cambiamenti e alterazioni sia nella natura che nelle possibilità delle nostre vite, che saranno il risultato del progresso nelle varie scienze e tecnologie».[25]

Il rapporto con l'umanesimo è ribadito anche in un opuscolo stampato dalla World Transhumanist Association, associazione

---

[23] In realtà, il termine era già stato utilizzato (e forse coniato) dal prete paleontologo Pierre Teilhard de Chardin, il 27 aprile 1950. Cfr. P. Teilhard de Chardin, *L'avvenire dell'uomo*, Il Saggiatore, Milano 1975, p. 298.

[24] FM-2030, *Are you a Transhuman?*, Warner Books, London 1989.

[25] M. More, *Transhumanism: Toward a Futurist Philosophy*, extropy.org, 1990.

nata come "alternativa" all'Extropy Institute di Max More, con l'intento di aprire il movimento a individui e gruppi di orientamento politico diverso dall'anarco-capitalismo che caratterizzava l'estropismo californiano:

Il transumanesimo può essere visto come un'estensione dell'umanesimo, da cui è parzialmente derivato. Gli umanisti credono che gli esseri umani siano importanti, che gli individui siano importanti. Potremmo non essere perfetti, ma possiamo migliorare le cose promuovendo il pensiero razionale, la libertà, la tolleranza, la democrazia e la preoccupazione per i nostri simili. I transumanisti sono d'accordo con tutto questo, ma sottolineano che abbiamo il potenziale per andare oltre. Proprio come utilizziamo mezzi razionali per migliorare la condizione umana e il mondo esterno, possiamo anche utilizzare tali mezzi per migliorare noi stessi, l'organismo umano. Nel farlo, non siamo limitati ai metodi umanistici tradizionali, come l'istruzione e lo sviluppo culturale. Possiamo anche utilizzare mezzi tecnologici che alla fine ci consentiranno di andare oltre ciò che alcuni considererebbero "umano".[26]

A prescindere dall'orientamento politico, i transumanisti cercano dunque sin dall'inizio di evitare l'accusa di anti-umanesimo. Anzi, si presentano come il naturale sviluppo e il

---

[26] World Transhumanist Association, *The Transhumanist FAQ: A General Introduction*, Version 2.1, nickbostrom.com, Oxford 2003. Si badi che il documento citato è soltanto una delle tante versioni esistenti. Originariamente concepito negli anni novanta, grazie alla collaborazione di un folto gruppo di transumanisti, il testo è poi passato attraverso diverse rielaborazioni. La traduzione italiana della versione del 1999 è disponibile sul sito dell'Associazione Italiana Transumanisti (transumanisti.it), sotto il titolo "FAQ WTA 1999". Nel 2003, il testo è stato modificato e stampato nella forma di un opuscolo cartaceo di centosedici pagine. L'opuscolo è nelle mie mani ma, per quanto ne so, non è acquistabile né facilmente reperibile in biblioteche. Per tale ragione, ho deciso di citare la versione 2.1 digitale, reperibile sul sito personale del filosofo oxoniense Nick Bostrom, fondatore della WTA insieme a David Pearce e tra i principali autori del documento. Ne esiste anche una versione 3.0 sul sito di Humanity Plus (humanityplus.org), che traccia brevemente la storia di *Transhumanist FAQ* e ricorda tutti i nomi dei contributori.

compimento (piuttosto che la negazione) dell'umanesimo tradizionale.

Sul rapporto con l'umanesimo è opportuno aprire una parentesi. Esso appare, in effetti, ambiguo. Ma l'ambiguità è dovuta in gran parte al fatto che il termine "umanesimo" rimanda a significati diversi. Intanto, l'aggettivo "umanistico/a" indica una tipologia di discipline accademiche. Si tende infatti a contrapporre una cultura umanistica a una cultura scientifica, identificando per ragioni storiche l'umanesimo con la cultura retorico-letteraria.[27] Il movimento transumanista è anni luce oltre le sterili scaramucce accademiche sulla superiorità della cultura tecnico-scientifica o di quella retorico-letteraria. I transumanisti sono animali anfibi. Si sentono altrettanto bene nell'aria della filosofia, come nell'acqua delle realizzazioni tecniche. Sono sostenitori di quella che ormai si chiama "terza cultura".[28] Un approccio culturale che ha come capostipiti gli artisti futuristi e gli scrittori di fantascienza, oltreché i cultori di materie come l'epistemologia e la filosofia della scienza che si trovano esattamente sulla linea di confine tra le discipline umanistiche e scientifiche. In questo senso, il transumanesimo è luogo d'incontro tra diverse culture ed esperienze. È il luogo in cui l'ingegnere parla col poeta, il filosofo con lo scienziato. È il luogo della terza cultura. La terza cultura, proprio perché si fa promotrice di un umanesimo tecnologico e scientifico, un umanesimo in transizione, non è anti-umanista, ma appunto trans-umanista.

Il termine umanesimo indica anche quel movimento culturale che, tra XIV e il XVI secolo, ha recuperato all'Europa la cultura pagana, o più precisamente greco-romana, rivalutando così la dimensione umana e terrestre dell'esistenza, prima soffocata dalla dimensione religiosa e oltremondana propria del Medioevo. Ora, se questa è l'accezione, il transumanesimo ha le proprie ra-

---

[27] Su questo tema non si può non rimandare a quello che, per la sua attualità nonostante il mezzo secolo che ci separa dalla prima pubblicazione, è ormai diventato un classico: C. P. Snow, *Le due culture*, Marsilio, Vicenza 2005.

[28] J. Brockman, *La terza Cultura. Oltre la rivoluzione scientifica*, trad. it. di L. Carra, Garzanti, Milano 1995.

dici proprio in questa tradizione umanistica, e dunque non può essere visto come anti-umanista.

Come segnala il De Mauro, il termine può pure indicare «qualsiasi concezione che riconosce la centralità dell'uomo o che intende rivendicarne i diritti, l'esigenza di libertà e la dignità individuale».[29] Questa è la concezione anglosassone del termine *humanism* che, affermando la preminenza dell'uomo su tutte le entità soprannaturali da egli "inventate" nel corso della storia, diventa quasi sinonimo di ateismo o laicismo. È l'accezione cui fa riferimento Max More nella citazione sopra riportata. Anche se il movimento transumanista non ha statutariamente una posizione contro le religioni, tanto che riconosce tra i precursori anche il filosofo cristiano Francesco Bacone, è comunque composto in prevalenza da atei e agnostici. La conseguenza è che, ancora una volta, pure prendendo questa accezione, sarebbe errato scambiare il trans-umanesimo per anti-umanesimo.

Tuttavia, vi è anche chi utilizza il termine umanesimo per indicare un'ideologia *specista*, ovvero per indicare quella dottrina antropocentrica che vede nell'uomo un essere morale diverso e superiore a tutte le altre forme di vita. Tale concezione arriva a indicare in una non meglio precisata "natura umana" o "vita umana" il senso stesso dell'universo, svalutando così non tanto le entità soprannaturali, vere o immaginarie che siano, ma tutte le altre forme di vita intelligente conosciute (animali) o ipotetiche (future forme dell'evoluzione biologica, o – se vogliamo lavorare di fantasia – alieni e macchine coscienti). Corollario di questa visione è che gli uomini dovrebbero restare uniti contro tutto il resto, essendo appunto l'umanità il primo fattore identitario. Questo tipo di umanesimo, ma forse sarebbe meglio chiamarlo *umanismo*, è una forma di "razzismo umano". Se la sacralità dell'uomo è poi derivata da concezioni antropologiche predarwiniane, ovvero da ideologie religiose che riconducono la superiorità alla presunta somiglianza dell'uomo al suo ipotetico creatore, ecco che l'umanismo si risolve nell'esatto contrario dell'uma-

---

[29] Dizionario italiano De Mauro, *Umanesimo*, internazionale.it, 18 settembre 2024 (data di accesso).

nesimo che abbiamo discusso sopra. In questa precisa prospettiva, non esito a dire che il trans-umanista e anche anti-umanista.

Se, infine, per umanesimo intendiamo un sentimento di fratellanza "terrestre", l'idea del superamento delle nazioni, il sentirsi uniti in un destino comune, il sentirsi uniti dalla medesima condizione esistenziale, il discorso si fa leggermente più complesso. Abbiamo visto che Julian Huxley auspica che il passo verso la postumanità sia compiuto dall'umanità intera e non da individui o gruppi isolati. Pensatori transumanisti della seconda generazione hanno espresso anche l'auspicio che il salto venga compiuto anche da altri vertebrati opportunamente potenziati o da ibridi meccanico-biologici. Si vorrebbe insomma che l'autoevoluzione cosciente fosse destino comune dell'essere senziente, della vita intelligente, non necessariamente umana. Ma questa potrebbe restare solo una buona intenzione. Anche se riuscissimo, con uno sforzo colossale, a permettere l'evoluzione a *tutti coloro che la vogliono* (questo è il programma transumanista massimo), resterebbero sul campo milioni o miliardi di esseri umani che, legittimamente, decideranno di restare tali. Queste scelte, queste decisioni, potrebbero mettere fine al destino comune. La scelta di avviarsi verso diversi destini potrebbe generare due grandi sentimenti di appartenenza, o sentimenti identitari, uno propriamente umanista e l'altro postumanista. Sarà anche interessante vedere se la divaricazione di destini avverrà a livello di individui, gruppi sociali o interi popoli, se vi saranno lotte o pacifica convivenza, se vi saranno divisioni territoriali o società inter-specie, e non solo inter-etniche. Tutto questo è impossibile da prevedere.

1.2. Contro l'umano o più che umano?

Nonostante il richiamo esplicito all'umanesimo come padre nobile del transumanesimo, sono frequenti le invettive dei bioconservatori volte a stigmatizzare il transumanesimo come un movimento "contro l'umanità", "anti-umano", "inumano" o "disumano". Lucetta Scaraffia, intellettuale di spicco del mondo cattolico, sostiene per esempio che il transumanesimo è una ideologia «falsa e pericolosa» più del socialismo perché «questa nuova utopia agisce sull'essenza dell'essere umano, sulla profonda identità di ciascuno, proponendo mutazioni irreversibili e, per molti versi, spaventose».[30] Dunque, i transumanisti sono anti-umanisti perché mettono in dubbio e in pericolo una fantomatica *essenza dell'uomo*. Ma l'idea che le nuove tecnologie siano "contro l'uomo" è presente anche in ambienti culturali del tutto diversi da quello cattolico e conservatore.

Il filosofo del diritto Pietro Barcellona denuncia il radicale «attacco dell'assetto attuale del mondo all'essenza-uomo».[31] Si tratta di un attacco da sinistra al transumanesimo, visto come il momento culminate dell'ideologia capitalistica occidentale. Il dibattito a sinistra si è arricchito dell'immediata risposta su *Liberazione* di Antonio Caronia, Mario Pireddu e Antonio Tursi, i quali criticano l'approccio luddista di Barcellona, sostenendo che

> di fronte a processi di tale portata lo sgomento e lo sconcerto possono essere reazioni comprensibili, ma impediscono di valutare con chiarezza la situazione, e soprattutto suggeriscono interventi di rifiuto e di ritorno a uno statu quo ante che, oltre a essere impossibili, ci lasciano disarmati di fronte alle conseguenze più negative dei processi stessi. L'atteggiamento più giusto, di fronte alle tematiche del post-umano, ci pare quello che Karl Marx propose di fronte al capitalismo: non rifugiarsi in un impossibile "ritorno al passato", ma assumere coraggiosamente la nuova situazione economica, sociale e culturale per fare emergere al suo interno le possibilità di liberazione dell'umanità dallo sfruttamento e dal dominio, un obiettivo che solo le nuove condizioni, e non le antiche, permettevano. Così oggi affrontare i problemi del post-umano significa lavorare perché le nuove possibilità dispiegate dalla tecnologia significhino possibilità di emancipazione e di sviluppo di nuove soggettività.[32]

---

[30] L. Scaraffia, *Transumanisti, la nuova utopia dei "mutanti"*, «Avvenire», 12 luglio 2007.

[31] P. Barcellona, *L'epoca del postumano. Lezione magistrale per il compleanno di Pietro Ingrao*, Città Aperta, Troina 2007.

[32] A. Caronia, M. Pireddu, A. Tursi, *La filosofia del post-umano: nuova frontiera del soggetto*, «Liberazione», 21 aprile 2007.

Gli autori, pur essendo sostenitori del postumano, non mancano però di prendere le distanze dal movimento transumanista propriamente detto, considerato troppo compromesso con il liberalismo e il capitalismo, ovvero – questo è interessante – come una «tardiva e iperbolica esaltazione» dell'umanesimo e dell'antropocentrismo della tradizione occidentale.[33] In altre parole, si denuncia una contraddizione proprio in questo richiamarsi all'umanesimo, da un lato, e all'avvento di una "nuova specie", dall'altro.

La mia impressione è che il problema filosofico sia causato dai limiti del linguaggio, più che da una vera e propria contraddizione. L'antinomia svanisce se ci rendiamo conto che la situazione non è dicotomica (umano/postumano), che non c'è soluzione di continuità, salto discreto da umano a postumano, proprio perché è difficile se non impossibile definire le essenze. Il salto è generato dal linguaggio, in particolare da quello giornalistico e ideologico, che deve fare presa immediata sull'immaginario collettivo.

Poiché gli autori si richiamano a Marx, è bene ricordare che anche le classi sociali sono in buona misura astrazioni evocate per mobilitare le masse, per spingerle all'azione. È vero che esistono differenze di reddito in varie fasce della popolazione, ma le classi possono essere "costruite" in diversi modi. Non ci sono il proletario o il borghese come *essenza*, o come idea chiara e distinta. Proprio perché il transumanesimo si è fatto movimento, come nell'Ottocento il liberalismo o il socialismo, deve utilizzare due linguaggi diversi nelle analisi scientifiche e nei proclami. Questi ultimi devono essere semplici, diretti, *essenziali*.

---

[33] «A differenza di questi ultimi (come Hans Moravec, o i redattori della Dichiarazione transumanista del 1999, Max More e altri), non riteniamo che il punto sia quello della nascita – desiderabile secondo loro, da esorcizzare o da respingere secondo altri – di una nuova specie che si appresti a sostituire l'Homo sapiens a seguito di una serie di ibridazioni con le tecnologie: queste posizioni le consideriamo deboli, intrinsecamente contraddittorie, e pensiamo anche, come ha osservato il biologo Roberto Marchesini, che esse non superino affatto l'umanesimo e l'antropocentrismo della tradizione occidentale, ma al contrario ne rappresentino una tardiva e iperbolica esaltazione». Ibidem.

In realtà, il transumanesimo non è, né può essere contro l'umanità, se non altro perché i transumanisti sono esseri umani. L'idea di fondo è che l'uomo può certamente essere fiero di sé stesso, per quello che ha fatto e può ancora fare, ma serve anche consapevolezza del fatto che la condizione umana non è poi così invidiabile. Come diceva il personaggio di un racconto di Dino Buzzati,[34] sorge quasi il sospetto che l'uomo sia un errore di natura, perché è un essere mortale e nel contempo cosciente della propria mortalità, dunque, destinato all'infelicità. Per dirla con una battuta, ci vuole un tragico errore o una mente perversa per concepire qualcosa di simile. Ora, non neghiamo che il passaggio dall'umano al postumano possa essere concepito come un "salto di specie". Tuttavia, si rischia così di banalizzare il problema. Altri aspetti vanno tenuti in considerazione.

Intanto, parlare di "specie" in futuro potrebbe avere poco senso, giacché il biologico potrebbe essere solo una minima parte della vita intelligente e, inoltre, ogni individuo potrebbe essere una specie a se stante. Ma anche restando ora vincolati alla presente situazione "bio" (o "wet", come si dice nel mondo anglosassone), si possono considerare diversi scenari. Se prendiamo tutti i geni umani che consideriamo soggettivamente migliori e costruiamo un nuovo tipo di uomo (massimo dell'intelligenza, della memoria, della potenza fisica, della velocità, della longevità, della resistenza agli agenti patogeni, ecc.), quello che abbiamo creato non è ancora un transumano o un oltreuomo. È ancora un membro della specie homo sapiens. Al limite, abbiamo creato una nuova etnia o razza, ma non certo una nuova specie, perché abbiamo usato solo il materiale genetico che era già a portata di mano.

La situazione cambia se "miglioriamo" (sempre soggettivamente) questo essere, aggiungendo altri geni che gli danno nuove possibilità. Per esempio una sorta di sonar o radar innestando geni del delfino o del pipistrello, oppure la visione notturna, innestando geni di gatto. Ma le ibridazioni saranno forse possibili

---

[34] Cfr. D. Buzzati, *Che accadrà il 12 ottobre?*, in Id., *Le notti difficili*, Mondadori, Milano 1971.

anche con i rettili. Alcuni topi sono stati modificati geneticamente e hanno assunto caratteristiche proprie della salamandra: hanno arti che ricrescono se amputati e trasmettono questa capacità alla prole. Anche questa capacità potrebbe essere donata dalla scienza a umani disabili, permettendo agli arti di ricrescere, e la caratteristica verrebbe poi ereditata dai figli. Ebbene, in questo caso avremmo un nuovo essere che possiamo convenzionalmente chiamare transumano o oltreuomo.

Non farebbe più parte della specie homo sapiens, ma potrebbe comunque essere incluso nel genere umano. I critici spesso dimenticano che a livello tassonomico non c'è solo la specie. C'è la classe, l'ordine, la famiglia, il genere. Dunque, il transumano non è necessariamente *contrapposto* al genere umano. Anche se si genera una nuova specie (ma potrebbe addirittura essere solo una sottospecie), il transumano farà comunque parte del genere umano. Perciò, non è assolutamente contraddittorio dire che il transumanista è un umanista o che il transumanesimo è la *continuazione* dell'umanesimo.

Ma anche ammettendo che le differenze saranno tali per cui non si potrà nemmeno parlare di appartenenza al genere umano (es. avremo un tale numero di impianti cibernetici in corpo che il silicio sarà quantitativamente superiore al carbonio), comunque potremo ancora fare parte degli *Hominidae*, a livello di famiglia. Ora, basta definire l'umanità come la famiglia degli ominidi, invece che limitarla al solo genere umano, per vedere tutto in una luce diversa. Dipende dalle definizioni, dalle classificazioni, dal linguaggio, dalle parole. Inoltre, se anche i nuovi esseri senzienti non avessero più nulla di umano, non si vede perché li si dovrebbe considerare a priori migliori o peggiori. C'è, insomma, una complessità del problema della transizione e dell'evoluzione che non può essere resa da un'espressione come "fine dell'uomo".

1.3. Il concetto di transumanesimo

Negli anni novanta, sono state suggerite diverse definizioni di transumanesimo, come quella di Anders Sandberg («Il Transumanesimo è la filosofia che afferma che noi possiamo e dobbiamo svilupparci a livelli fisicamente, mentalmente e socialmente superiori, utilizzando metodi razionali») o quella di Robin Hanson («Il Transumanesimo è l'idea secondo cui le nuove tecnologie probabilmente cambieranno il mondo nel prossimo secolo o due a tal punto che i nostri discendenti non saranno per molti aspetti "umani"»).

Una definizione piuttosto nota è quella "collettiva" della World Transhumanist Association, elaborata negli anni novanta e modificata nel 2003. Merita di essere riportata nella sua interezza, se non altro perché è quella accettata dalla più grande associazione transumanista esistente.

> Il transumanesimo è un modo di pensare al futuro basato sul presupposto che la specie umana nella sua forma attuale non rappresenti il culmine del nostro sviluppo, ma piuttosto una fase relativamente precoce. Lo definiamo formalmente come segue:
> (1) Il movimento intellettuale e culturale che afferma la possibilità e la desiderabilità di migliorare in modo fondamentale la condizione umana attraverso la ragione applicata, in particolare sviluppando e rendendo ampiamente disponibili tecnologie per eliminare l'invecchiamento e migliorare notevolmente le capacità intellettuali, fisiche e psicologiche dell'essere umano.
> (2) Lo studio delle implicazioni, delle promesse e dei potenziali pericoli delle tecnologie che ci permetteranno di superare le limitazioni umane fondamentali, e lo studio correlato delle questioni etiche legate allo sviluppo e all'uso di tali tecnologie.[35]

Il transumanesimo ha dunque una dimensione sia normativa che descrittiva. In termini normativi, è *una dottrina* (incarnata da un movimento) che sostiene il miglioramento della condizione umana attraverso le nuove tecnologie, in particolare, quelle nate per eliminare l'invecchiamento e potenziare le capacità intellettuali, fisiche e psicologiche dell'uomo. In termini descrittivi, è *lo*

---

[35] World Transhumanist Association, *The Transhumanist FAQ: A General Introduction*, cit., p. 4.

studio delle tecnologie dell'ultima generazione in una prospettiva non solo tecnica, ma anche etica, politica e sociale.

Se il termine "transumanesimo" è relativamente recente (fatta eccezione per la straordinaria intuizione dantesca), è pure vero che, quando la parola non era ancora in uso, esistevano linee di pensiero e di azione che a posteriori possono tranquillamente essere definite transumaniste. In altre parole, anche se il nome e la cosa nascono nel XX secolo, andando indietro nel tempo, si trovano non pochi precursori della dottrina.[36] Inoltre, data una certa definizione di transumanesimo, risulta evidente che vi sono nella società attuale molti scienziati, ingegneri, intellettuali, cittadini che sostengono le idee e le iniziative del transumanesimo, senza appartenere al movimento propriamente detto. Non a caso, Francis Fukuyama rileva che «un certo transumanismo è implicito in molti dei programmi di ricerca della biomedicina contemporanea. Le nuove procedure e tecnologie che emergono dai laboratori e dagli ospedali, che si tratti di farmaci per modificare l'umore, di sostanze per incrementare la massa muscolare o cancellare selettivamente la memoria, di screening genetico prenatale o di terapia genetica, possono essere facilmente usate tanto per "migliorare" la specie quanto per alleviare le malattie».[37]

Ma decidere chi è transumanista, al di là di una dichiarazione di appartenenza, non è operazione facile, perché il movimento stesso non è un monolite. Esistono modi diversi di interpretare e realizzare il transumanesimo. Dunque, dobbiamo davvero cogliere i tratti essenziali e comuni di questa idea, per decidere se un

---

[36] Dei transumanisti ante litteram ci siamo occupati in altre pubblicazioni. Per esempio, nel libro *Etica della scienza pura* (Sestante Edizioni, Bergamo 2007) e in particolar modo nei paragrafi dedicati a Ruggero Bacone, Francesco Bacone, Marquis de Condorcet, Friedrich Nietzsche e Jean Francois Lyotard. Oppure nel saggio *L'utopia di Trotsky: un socialismo dal volto postumano*, in R. Campa (a cura di), *Divenire. Rassegna di studi interdisciplinari sulla tecnica e il postumano*, Volume 1, Sestante Edizioni, Bergamo 2008; e nel saggio *Il superuomo del futurismo. Tra immaginario tecnologico e socialismo rivoluzionario*, in R. Campa (a cura di), *Divenire, Rassegna di studi interdisciplinari sulla tecnica e il postumano*, Volume 3, Sestante Edizioni, Bergamo 2009.

[37] F. Fukuyama, *Biotecnologie, la fine dell'uomo*, «Corriere della sera», 10 febbraio 2005.

intellettuale possa a ragion veduta essere definito un transumanista ante litteram o un transumanista implicito.[38] Facendo riferimento alle definizioni sopra riportate, abbiamo allora distillato gli ingredienti essenziali del transumanesimo. A noi paiono quattro.

Innanzitutto, si deve concepire come sensata e desiderabile la lotta contro i limiti biologici umani – e in particolare contro la malattia, la debolezza (fisica e psichica), l'invecchiamento e la morte – o più in generale lo sforzo teso a ottenere più potere sui nostri corpi e sul mondo che ci circonda. Quella che Nietzsche chiamava "volontà di potenza" è dunque il primo ingrediente dello spirito transumanista.

Ma ciò non basta, perché molti, forse i più, hanno individuato nella magia o nella benevolenza di esseri soprannaturali il mezzo per raggiungere lo scopo. Con questa scelta si sono posti *ipso facto* al di fuori della prospettiva transumanista, poiché essa individua nella ragione e nella scienza gli strumenti adeguati per modificare la condizione umana. È dunque necessario un secondo ingrediente: una concezione scientifica del mondo.

Tuttavia, anche questa condizione è necessaria, ma non sufficiente. Un terzo elemento fondamentale è la consapevolezza che, adottando questi mezzi, si sta modificando il proprio essere. La consapevolezza massima si ha quando ci si rende conto che tale modifica s'inquadra in un processo di autoevoluzione. Chi modifica il proprio sistema immunitario o quello della propria prole con un vaccino, potenziando le difese contro gli attacchi virali, ma lo fa semplicemente perché gli hanno detto di farlo, o addirit-

---

[38] Mi si conceda una metafora culinaria, per chiarire meglio il concetto. Per preparare una pizza servono alcuni ingredienti fondamentali, ai quali poi ognuno può aggiungere le spezie o i condimenti che preferisce, al fine di confezionare uno specifico tipo di pizza. Il condimento è facoltativo, ma gli ingredienti di base, ovvero acqua, farina di frumento, lievito, pomodoro e mozzarella non possono mai mancare. Altrimenti quello che abbiamo non è una pizza. Perciò, il termine transumanista è spesso affiancato da un aggettivo che né qualifica meglio le idee. In inglese: left-wing, right-wing, up-wing, democratic, libertarian, ecc. Allo stesso modo in un menu non troviamo mai semplicemente scritto: "pizza".

tura lo hanno obbligato per legge, senza porsi domande su cosa si fa e perché lo si fa, non è un transumanista. È semplicemente un transumano, un umano in transizione. Questa è la condizione di milioni di persone.

Infine, il quarto e ultimo ingrediente necessario è l'idea che il modello cui si aspira tramite la modifica del sé è "un essere migliore" – lasciando comunque aperta la discussione sul significato di questa espressione. In altre parole, non basta una generica modifica. Creare mostri, esseri deformi, creature infelici non è un sogno transumanista. Qualcuno ritiene che sia in sé abominevole l'idea della modifica artificiale degli stati fisici o degli stati di coscienza dell'essere umano, ma questo accade in ogni momento anche con la semplice assunzione di cibo. Quando beviamo un paio di bicchieri di vino alteriamo consapevolmente il nostro stato di coscienza. Proprio per il punto quarto, non basta essere ubriaconi per essere transumanisti. Bere una bottiglia di vino produce una modifica temporanea della propria personalità. Bere abitualmente produce una modifica permanente. Se l'assunzione della bevanda è volontaria e c'è l'aspettativa degli effetti finali, il requisito della modifica consapevole è rispettato. Però, l'alcol non ci potenzia. Potrà regalarci un momento di euforia o di relax, o un forte mal di testa, ma la modifica dell'essere non è di tipo transumanista. Se invece facciamo un'iniezione di cellule staminali nel nostro cervello, potenziando la memoria, l'attenzione, la longevità, la forza, la resistenza allo stress (ammesso che la terapia non produca effetti collaterali che poi ci indeboliscono), abbiamo compiuto un atto transumanista.

1.4. Immortalità terrena o longevità estrema?

Passando al vaglio gli scritti degli intellettuali transumanisti si evince che il termine "miglioramento" è inteso soprattutto come una tensione ideale verso la massima longevità, la massima sapienza e la massima potenza, ovvero, verso un perfezionamento che assume il "divino" come modello. Gli ideali del transumanesimo sono in ultima istanza le caratteristiche attribuite alla divinità dai filosofi e dai teologi: eternità, onniscienza, onnipotenza.

Anche Aldo Schiavone in *Storia e destino* (l'esempio forse più lampante di transumanesimo implicito) sottolinea che noi umani siamo una «instabile struttura di transizione» in cammino verso una forma di vera e propria somiglianza con Dio e che questo è in fondo «il compimento del nostro futuro, perché rappresenta l'ingresso e l'installarsi dell'infinito entro la storicità del finito».[39]

Paolo Rossi, commentando queste parole, contesta a Schiavone il fatto che non prende in esame la problematica dell'esclusione. «Di fronte al tema dell'immortalità dei singoli, confesso che non mi viene in mente l'installarsi dell'infinito... entro le prospettive del Transumanesimo c'è chi ha affermato che, almeno idealmente, chiunque dovrebbe avere l'opportunità di diventare un postumano. Questa, del superomismo o Transumanesimo per tutti, sembra davvero una leggenda metropolitana. Potremmo forse chiederci: come sarebbe un mondo e come si vivrebbe in un mondo nel quale pochi privilegiati avrebbero potuto comprarsi l'immortalità?».[40]

A risposta, va detto a chiare lettere che la stragrande maggioranza dei transumanisti ha una visione molto più sobria dell'evoluzione autodiretta ed è convinta che l'ideale dell'immortalità terrena sia in realtà irraggiungibile. Si tratta di una direzione verso la quale si marcia, mentre gli obiettivi raggiungibili sono più modestamente l'estensione radicale della vita media, la crescita dell'intelligenza e della memoria, un sempre maggiore potere sui corpi e sul mondo fisico. Inoltre, soprattutto nell'ambito del cosiddetto "transumanesimo sociale", l'attenzione al problema dell'accesso ampio e generalizzato alle tecnologie potenzianti e alla possibile esclusione di certe categorie sociali è costante.

Soltanto una minoranza ristretta di transumanisti è convinta che sia plausibile l'ipotesi futurologica di una fusione di tutti gli esseri senzienti in un'unica superintelligenza artificiale, proprio per raggiungere lo scopo dell'immortalità fisica autentica. E non si preoccupa molto del problema dell'esclusione, perché una

---

[39] A. Schiavone, *Storia e destino*, Einaudi, Torino 2007.
[40] P. Rossi, *Speranze*, Il Mulino, Bologna 2008, p. 88.

macchina di tal fatta è ritenuta in grado di ricostruire (resuscitare) anche gli avatar delle persone già scomparse. È un mito antico quello dell'apoteosi, che viene fatto rivivere nel segno della tecnoscienza. Il caso più emblematico di questo approccio è la futurologia del fisico cristiano Frank Tipler.[41]

1.5. Le sette forze vitali del divenire postumano

Per concludere, se si è d'accordo sul fatto che la storia non si fa da sola, ossia senza l'apporto delle volontà e delle azioni individuali, dobbiamo convenire che, se c'è sviluppo delle tecnologie potenzianti, è perché il transumanesimo è già nella mentalità di moltissimi soggetti operanti nelle società tecnologicamente avanzate, anche quando i soggetti coinvolti non fanno uso di questo termine.

Vi sono, infatti, almeno sette forze vitali nelle società industriali che trascinano *volontariamente* la cultura dall'umanesimo al transumanesimo e la società umana verso la trasformazione postumana: 1) scienziati naturali e ingegneri che, nelle università o nelle aziende private, svolgono ricerche nel campo delle biotecnologie, della robotica, dell'intelligenza artificiale, della farmacologia, della nanotecnologia, ecc.; 2) politici e statisti che contribuiscono concretamente allo sviluppo delle nuove tecnologie potenzianti, attraverso finanziamenti pubblici diretti o indiretti (es. a scuole, ospedali, università, centri di ricerca) o rimuovendo divieti alla ricerca scientifica; 3) imprenditori privati che investono a fini di profitto nei sopra menzionati settori chiave del transumanesimo; 4) intellettuali, filosofi, giuristi, sociologi, giornalisti che portano a livello della coscienza ciò che sta accadendo, preferendo mostrarne i lati ragionevoli, piuttosto che eccedere in catastrofismi inutili e controproducenti; 5) poeti, scrittori, cineasti, musicisti, architetti, pittori, artisti in genere che preparano emozionalmente l'opinione pubblica alla rivoluzione postumana; 6) insegnanti – a tutti i livelli di istruzione – che pre-

---

[41] Cfr. F. Tipler, *La fisica dell'immortalità*, Mondadori, Milano 1995. Dello stesso autore si può consultare: *La fisica del cristianesimo. Dio, i misteri della fede e le leggi scientifiche*, Mondadori, Milano 2008.

parano bambini, adolescenti, e studenti ad affrontare un mondo in rapido mutamento, instillando nei loro cervelli apertura mentale e disposizione al cambiamento, piuttosto che il veleno del passatismo, della nostalgia, della tecnofobia; 7) cittadini che premiano col voto i candidati filo-scientifici alle elezioni, diffondono notizie utili attraverso blog e mailing list, utilizzano le nuove tecnologie come *early users* (favorendo così nuovi investimenti e progetti) e, se abbienti, sostengono finanziariamente la ricerca con donazioni.

Questi comportamenti sono diffusi nella società e hanno effetti concreti, anche se avvengono in modo sporadico e isolato, ma la presenza di organizzazioni transumaniste – aumentando la consapevolezza del fenomeno, creando sinergie, facendo *lobbying* e motivando ulteriormente i soggetti attivi – moltiplica gli effetti complessivi e accelera l'intero processo.[42] Naturalmente, nella società vi sono analoghe forze bioconservatrici che spingono in direzione opposta. E, dunque, a contendersi il campo sono due volontà contrapposte.

Nel momento in cui il processo di evoluzione autodiretta (o di mutazione transumana) raggiunge la soglia della consapevolezza, determinando l'emergenza di forze organizzate favorevoli e contrarie, si esce dalla dimensione dei ciechi meccanismi socio-economici per raggiungere il livello del confronto politico.

---

[42] Metaforicamente, scienziati e ingegneri sono da vedere come gli attaccanti di una squadra di calcio. Sono i gol i momenti clou delle partite e questi ce li aspettiamo soprattutto dalle punte. Tuttavia, sappiamo anche che non si arriverebbe al gol, se dietro le punte non ci fossero validi fantasisti, centrocampisti, difensori e portieri a fare gioco o difendere.

2. Transumanesimo e politica

Tutte le esistenti ideologie di sinistra e di destra sono emerse nell'era industriale. Con l'imminente ingresso in una nuova era, queste ideologie perdono rilevanza. L'era telesferale genera inevitabilmente una nuova agenda politica – oltre la destra e la sinistra. Potrebbe essere troppo presto per dire esattamente cosa accadrà nei prossimi anni. Non abbiamo nemmeno una designazione per indicare questa nuova forza ideologica. Anni fa ho suggerito il termine "Up-Wing" come l'erede ideologico di Right-wing e Left-wing. Ho suggerito che gli Up-Wingers sono coloro che si impegnano per favorire l'accelerazione del passaggio a nuovi livelli storici ed evoluzionistici. Ciò che importa non è tanto il nome o i nomi che utilizziamo per la nostra nuova agenda. Ciò che importa è che sentiamo il bisogno di una nuova direzione ideologica.

F. M. ESFANDIARY (FM-2030)

Il termine "transumanesimo" indica una dottrina filosofica appartenente alla famiglia delle ideologie progressiste. Gli intellettuali transumanisti elaborano, studiano o promuovono le tecnologie finalizzate al superamento dei limiti umani. Analizzano i trend, le dimensioni psicologiche, le implicazioni etiche e l'impatto sociale di tali tecnologie, ponendo in luce soprattutto gli aspetti positivi dello sviluppo scientifico, ma senza sottovalutarne i potenziali pericoli. Con lo stesso termine si indica il movimento intellettuale e culturale che, facendo riferimento a tale filosofia, ritiene possibile e desiderabile l'alterazione in senso migliorativo della condizione umana. Per "miglioramento" si intende la limitazione e, possibilmente, l'eliminazione di processi naturali come l'invecchiamento, la malattia e la morte, nonché l'aumento delle capacità intellettuali, fisiche e psicologiche dell'uomo.

Il transumanesimo pone grande enfasi sul ruolo emancipatore della scienza, della tecnica e delle libertà civili, e parte dal presupposto che l'essere umano non è il prodotto finale dell'evoluzione, ma un esemplare di essere senziente destinato a evolvere ulteriormente. Due sono le principali organizzazioni transumaniste: la World Transhumanist Association (WTA), fondata nel 1996 e presente in cento nazioni, e l'Extropy Institute (ExI), meno diffuso sul territorio, ma in grado di vantare una fondazione antecedente di qualche anno.[43]

I transumanisti sono generalmente caratterizzati da un atteggiamento tecno-ottimista, ma insistono anche sulla necessità di utilizzare le tecnologie in un quadro di norme etiche. I limiti etici non sono però derivati dalla teologia. Pur non essendo pregiudizialmente contrari alle religioni, i transumanisti basano la propria morale soprattutto sui principi laici della *Dichiarazione dei diritti dell'uomo e del cittadino* e, in particolare, sull'articolo 4, secondo il quale: «La libertà consiste nel poter fare tutto ciò che non nuoce ad altri».[44]

Nel transumanesimo si notano elementi di continuità e di innovazione. L'uomo è da sempre in lotta con la propria condizione. Se c'è una costante nella storia è proprio il tentativo dell'uomo di modificare la natura a proprio vantaggio. Il transumanesimo si pone coscientemente nel solco di questa tradizione, ma si spinge ancora più avanti. Già altre ideologie progressiste – come l'illuminismo, il positivismo e il futurismo – avevano promosso questo atteggiamento, ma il transumanesimo va oltre perché riconosce all'uomo il diritto di migliorare tecnologicamente non

---

[43] Questa era la situazione nel 2005, alla data di pubblicazione dell'articolo su *MondOperaio*. Nel 2009 la *World Transhumanist Association* ha mutato denominazione in *Humanity Plus*, mentre l'*Extropy Institute* è stato sciolto.

[44] Assemblée Constituante, *Déclaration des Droits de l'Homme et du Citoyen*, Extrait du Procès-Verbal de l'Assemblée Nationale, du Jeudi premier Octobre 1789.

solo l'ambiente, ma anche se stesso. Il diritto individuale alla libertà morfologica, ovvero di modifica del proprio corpo e della propria mente, è una derivazione logica dell'articolo 4.

Nel *Manifesto di bioetica laica* firmato da Flamigni, Massarenti, Mori e Petroni si legge: «L'evoluzione delle conoscenze teoriche e delle possibilità tecnologiche nel campo biologico e medico ha sollevato opportunità e problemi che non hanno precedenti nella storia dell'umanità. Se infatti la rivoluzione scientifica e tecnologica dell'era moderna ha permesso all'uomo di modificare radicalmente la natura che lo circonda, la rivoluzione biologica e medica dischiude la possibilità che egli intervenga sulla propria natura».[45] Così prosegue il manifesto: «Non ci si deve meravigliare che la "seconda rivoluzione scientifica" porti con sé attese e timori altrettanto grandi di quelli che accompagnarono la nascita della scienza e del mondo moderno... Noi reputiamo essenziale che questa nuova rivoluzione scientifica non debba essere accompagnata dallo stesso atteggiamento ideologico che ostacolò la formazione della visione scientifica nel mondo dell'età moderna».[46] Il transumanesimo si pone in sintonia con questo principio laico e ambisce a essere proprio *la filosofia della seconda rivoluzione scientifica*.

La speranza nell'estinzione dell'invecchiamento e della morte nei prossimi decenni, a prima vista, potrebbe apparire un'ingenuità. E non si può negare che certe speranze dei transumanisti siano, in effetti, utopiche o poco realistiche. Va però anche considerato che molti sogni dell'uomo, in passato considerati irrealizzabili, come volare, navigare sotto i mari, comunicare a distanza, uscire dal pianeta Terra, intervenire sulla struttura della materia, creare nuove forme di vita, e altro ancora, oggi sono realtà. Ora, ad apparire ingenui, sono coloro che si dicevano certi dell'insensatezza di tali progetti.

---

[45] C. Flamigni, A. Massarenti, M. Mori, A. M. Petroni, *Manifesto di bioetica laica*, «Il Sole 24Ore», 9 giugno 1996.

[46] Ibidem.

2.1. La dimensione scientifica del transumanesimo

Quattro sono i settori della ricerca che, passo dopo passo, sembrano attuare il programma transumanista: intelligenza artificiale, robotica, ingegneria genetica e nanotecnologia. Gran parte dell'attenzione dei media e dei partiti politici è concentrata sulle biotecnologie, per via dello straordinario sviluppo delle stesse negli ultimi trent'anni. Fecondazione artificiale, trapianti di organi, clonazione e OGM sono ormai temi presenti nelle agende politiche o nelle legislazioni di molti paesi. Altri scenari e nuovi problemi saranno generati dagli ulteriori sviluppi della genetica. Se verrà scoperto il meccanismo che provoca la degenerazione dei tessuti umani e se verranno sconfitte le malattie oggi ritenute incurabili, la durata della vita potrebbe essere prolungata illimitatamente. Se ciò avvenisse, tutto l'assetto sociale, politico ed economico delle società umane dovrebbe essere ridisegnato. Si pensi soltanto all'impatto che tali tecnologie avrebbero sul sistema pensionistico, sul mercato del lavoro, sulla demografia, sull'ambiente. E, d'altronde, in un mondo liberale e democratico, non si può impedire ai cittadini di accedere a cure, farmaci e operazioni chirurgiche. Chi cercasse di limitare la libertà individuale, otterrebbe soltanto la nascita di un mercato nero controllato dalle mafie. Uno degli slogan più noti del transumanesimo è: «Se l'evoluzione sarà dichiarata un crimine, solo i criminali evolveranno».

Ma a rendere inadeguate e controproducenti le politiche proibizionistiche nel campo delle biotecnologie è il fatto che esse rappresentano soltanto una piccola porzione del fronte di progresso della tecnoscienza. È nei laboratori di elettronica, informatica e robotica che si stanno ponendo le basi di ciò che i transumanisti chiamano "la Singolarità", ovvero il momento in cui gli esseri senzienti (macchine o ibridi uomo-macchina) potranno raggiungere un livello di intelligenza superumana.

Lo sviluppo dell'intelligenza artificiale è descritto piuttosto fedelmente dalla Legge di Moore, secondo la quale la densità di transistor per circuito integrato cresce seguendo una curva esponenziale. Negli ultimi trent'anni è raddoppiata ogni diciotto me-

si/due anni. Poiché esiste una correlazione tra miglioramento dell'hardware e potenza di calcolo delle macchine pensanti, la legge può essere considerata indicativa della crescita di "intelligenza" di tali macchine. In realtà, quella di Moore non è una legge, ma l'osservazione di una regolarità. Ciò significa che in qualunque momento il trend potrebbe assumere altre direzioni. Ray Kurzweil ritiene che il cambiamento di trend, se ci sarà, potrà essere solo al rialzo. Egli ha, infatti, mostrato che la legge di Moore è il caso speciale di un processo di più ampia portata. Se si considerano tutte le macchine pensanti prodotte dall'uomo, dai calcolatori meccanici agli attuali computer, si nota che il circuito integrato è soltanto l'ultimo di una serie di paradigmi. In precedenza, i calcoli sono stati prodotti da dispositivi meccanici, relè, valvole elettroniche e transistor. La prossima frontiera potrebbe essere il computer atomico o biologico. Il trend, osservato su un arco temporale di oltre un secolo, rivela che non cresce soltanto il numero di dispositivi per unità di calcolo, ma è lo stesso tasso di crescita ad aumentare, grazie al mutamento di paradigma. Poiché il progresso segue una curva doppiamente esponenziale, secondo Kurzweil, nel XXI secolo, avremo ventimila anni di progresso al tasso di crescita dell'anno 2000.[47]

Al di là della plausibilità di questi calcoli, resta il fatto che la complessità e la potenza dei computer sta gradualmente raggiungendo quella del cervello umano. Ragionando in un'ottica puramente materialistica, dobbiamo dunque aspettarci in tempi non lontani una presa di coscienza delle macchine. Ma anche se postuliamo un'ontologia dualistica, attribuendo la coscienza a un ente immateriale (l'anima) assente nella macchina, a tale livello di complessità, diventerebbe impossibile distinguere sul piano comportamentale un uomo da un androide. Se anche la "creatività" potrà essere simulata, le conseguenze sociali saranno le medesime.

---

[47] R. Kurzweil, *The Age of Spiritual Machines: When Computers Exceed Intelligence*, Viking, New York 1999. Un estratto del libro è disponibile online: R. Kurzweil, *The human machine merger: are we headed for the matrix?*, kurzweilai.net, 2003.

La miniaturizzazione dei dispositivi, l'implementazione degli stessi in macchine dotate di capacità di movimento (robot, androidi), e la diffusione di tali macchine in ambienti lavorativi e domestici disegnano dunque un nuovo scenario per la specie umana. I film di fantascienza tendono, in genere, a rappresentare il futuro in termini distopici, con le macchine che prendono il sopravvento sull'uomo (Terminator, Matrix, ecc.). I transumanisti si mostrano invece ottimisti. Lungi da rappresentare qualcosa di indesiderabile o da temere, questo scenario offre infatti l'opportunità di superare alcuni problemi fondamentali dell'uomo. Per comprenderlo, è però necessario superare lo schema dicotomico alla base delle distopie: noi (gli umani) e loro (le macchine). Lo scenario diventa positivo nella prospettiva del divenire cyborg. La fusione dell'uomo con le macchine, attraverso la sostituzione pezzo a pezzo dei corpi biologici con dispositivi elettronici più avanzati, potrebbe permettere di allungare illimitatamente la vita e addirittura potenziare le attività fisiche e cerebrali.[48]

2.2. *La dimensione politica del transumanesimo*

Naturalmente, dirigere la storia verso uno scenario utopico piuttosto che distopico si configura come un problema squisitamente politico. Sul piano politico, i transumanisti presentano punti di convergenza e di divisione. Sono uniti per quanto riguarda alcune idee strategiche come: 1) la difesa e l'allargamento delle libertà civili; 2) la necessità di promuovere l'innovazione tecnologica; 3) la libertà di ricerca scientifica; 4) la laicità degli Stati. Tuttavia, risultano divisi sul piano dei programmi economici e di politica internazionale.

Nel transumanesimo esistono tre principali orientamenti politici: left-wing (socialisti, liberali di sinistra, democratici USA), right-wing (liberali di destra, anarco-capitalisti, repubblicani USA) e up-wing (una sintesi). Rari sono i transumanisti che si

---

[48] Il concetto di cyborg e le relative implicazioni sociopolitiche sono state approfondite in particolare da Donna Haraway nel libro *Manifesto Cyborg. Donne, tecnologie e biopolitiche del corpo*, Feltrinelli, Milano 1995.

pongono nell'alveo dell'estrema destra, del comunismo, o dei partiti confessionali.[49]

I transumanisti di sinistra ritengono che per uno sviluppo equilibrato della società sia necessario garantire il più ampio accesso possibile alle nuove tecnologie, senza discriminare le fasce economicamente deboli o i paesi in via di sviluppo. Non hanno fiducia nel liberismo puro, giacché sono convinti che l'aumento di intelligenza dei computer e dei robot non potrà che ripercuotersi negativamente sui livelli occupazionali, senza un intervento regolatore dello Stato. La maggior parte dei lavori, anche di concetto, sarà presto alla portata di una macchina, quand'anche priva di coscienza o di emozioni (eventualità che, comunque, non può nemmeno essere esclusa). Se nessuna azienda troverà conveniente assumere un essere umano, perché sostituibile da un robot che lavora intelligentemente senza pause per il solo costo dell'energia, si dovrà pensare a un assetto sociale diverso che possa anche implicare l'*abolizione del lavoro*. I cittadini potrebbero ottenere un *reddito di esistenza* ed essere pagati per consumare, piuttosto che per produrre. La soluzione sarebbe giustificata sul piano etico, perché scienza e tecnica sono prodotti collettivi, dovendo la propria esistenza allo sforzo congiunto di molte menti, operanti in luoghi e periodi storici diversi. Un computer atomico prodotto, per esempio, da un'azienda giapponese, non sarebbe concepibile senza le idee di Democrito, di Galileo, di Leibniz e di altri pensatori. Inoltre la ricerca scientifica è spesso finanziata da denaro pubblico. Sarebbe ingiusto prelevare denaro dalle tasche dei lavoratori, per finanziare una ricerca il cui risultato finale è la loro marginalizzazione sociale. In breve, i transumanisti di sinistra sostengono che il carattere collettivo della tecnoscienza giustifichi ampiamente una politica solidale. Reputano assurdo che, nonostante i progressi della tecnica, gli uomini

---

[49] Dopo la pubblicazione di questo saggio si sono uniti al movimento gruppi di sovrumanisti e futuristi che tendono a qualificarsi politicamente come *upwingers*. Dati statistici sulla composizione politica del movimento transumanista sono riportati nel *Manifesto dei transumanisti italiani*, incluso in questo volume.

siano ancora costretti a lavorare lo stesso numero di ore dei loro antenati e magari in condizioni di maggiore precarietà. In questo individuano un difetto del sistema capitalista che deve essere corretto.[50]

Diversa la posizione dei transumanisti anarco-capitalisti, i quali ritengono che un intervento dello Stato non può che rallentare il progresso. L'accesso alle nuove tecnologie sarà garantito dal libero mercato. Parallelamente alla legge di Moore opera, infatti, un'altra legge economica, per cui al raddoppiare della potenza di calcolo della macchina, corrisponde anche un decremento notevole del suo prezzo. Oggi, telefoni cellulari e personal computer sono alla portata di tutti, mentre appena messi sul mercato erano uno *status symbol*. In futuro, anche gli interventi di modifica genetica o gli impianti biocibernetici saranno beni accessibili a tutte le fasce di reddito. Il problema della disoccupazione potrebbe non porsi perché, se è vero che le macchine evolvono, è anche vero che agli umani si schiude la possibilità di un'analoga evoluzione. I transumani, da un lato, saranno sempre più competitivi e, dall'altro, inventeranno nuovi lavori e nuove occupazioni, valorizzando i propri talenti.

Solo il futuro potrà dire quale delle due visioni è più lungimirante. Gli *upwingers*, dal canto loro, ritengono che conviene liberarsi dalle formule ideologiche preconfezionate e affrontare pragmaticamente i problemi. Le ideologie elaborate nell'Ottocento per gestire la rivoluzione industriale (liberalismo e socialismo sono i due casi esemplari) debbono essere superate e rimpiazzate da un progetto politico radicalmente nuovo e adeguato alle sfide del XXI secolo. Si debbono privatizzare o nazionalizzare le ferrovie, l'elettricità o i servizi di miglioramento genetico? Per chi cerca di sintetizzare e superare le idee liberali e socialiste in nome del transumanesimo, non c'è risposta a priori a questa domanda. Dobbiamo chiederci quale scelta massimizza, qui e ora,

---

[50] Un noto esponente del transumanesimo di sinistra è James Hughes, del quale segnaliamo il libro *Citizen Cyborg. Why Democratic Societies Must Respond to the Redesigned Human of the Future*, Westview Press, Cambridge MA 2004.

il progresso tecnico. Se ci sono imprenditori audaci e con mentalità futurista, si privatizza. Se ci sono parassiti senza slanci che vogliono vivere di rendita, si nazionalizza. Si lasciano, cioè, agli economisti le formule astratte a priori e si vincolano le scelte contingenti all'ideale più alto del progresso. La storia insegna che senza iniziativa pubblica non avremmo avuto i viaggi spaziali e senza iniziativa privata non avremmo avuto i personal computer. Deve rimanere fermo soltanto il principio della massima felicità, longevità e intelligenza per il massimo numero di esseri senzienti. Un principio che tutti i transumanisti sottoscrivono.

3. I principi etici del transumanesimo

Nessuno mi può costringere ad essere felice a suo modo (come cioè egli si immagina il benessere degli altri uomini), ma ognuno può ricercare la sua felicità per la via che a lui sembra buona, purché non rechi pregiudizio alla libertà degli altri di tendere allo stesso scopo, in guisa che la sua libertà possa coesistere con la libertà di ogni altro secondo una possibile legge universale (cioè non leda questo diritto degli altri).

IMMANUEL KANT

La disumanità del computer sta nel fatto che, una volta programmato e messo in funzione, si comporta in maniera perfettamente onesta.

ISAAC ASIMOV

Le idee transumaniste sono considerate controverse da un numero rilevante di soggetti. Negli ultimi decenni, le discussioni hanno riguardato tanto le questioni tecnico-scientifiche (il problema della fattibilità), quanto gli aspetti etico-politici (il problema dell'opportunità). Col passare del tempo si è tuttavia notata una riduzione delle discussioni del primo tipo, a fronte di un aumento di quelle del secondo tipo. Pare, insomma, che – con l'avanzare delle conquiste biomediche – sempre più soggetti ritengano il programma di ricerca transumanista plausibile e, perciò, degno di essere discusso nella prospettiva teleologica dei valori.

Vediamo allora i principi etici fondamentali sostenuti dalla più nota organizzazione transumanista mondiale: la *World Transhumanist Association* (WTA), ora ridenominata *Hu-*

manity Plus. La carta dei princìpi della WTA, conosciuta come *Transhumanist Declaration*, è stata elaborata da un folto gruppo di scienziati, intellettuali, studenti o semplici appassionati sul finire degli anni novanta e poi modificato a più riprese.[51] La carta dei princìpi, nella versione del 2012, recita così:

1. L'umanità sarà profondamente influenzata dalla scienza e dalla tecnologia del futuro. Immaginiamo la possibilità di ampliare il potenziale umano superando l'invecchiamento, i limiti cognitivi, la sofferenza involontaria e il nostro confinamento sul pianeta Terra.

2. Crediamo che il potenziale dell'umanità sia ancora per lo più inespresso. Esistono possibili scenari che portano a condizioni umane migliorate, meravigliose e straordinariamente preziose.

3. Riconosciamo che l'umanità affronta gravi rischi, specialmente derivanti dall'abuso delle nuove tecnologie. Esistono scenari realistici che potrebbero condurre alla perdita della maggior parte, se non di tutto, ciò che riteniamo prezioso. Alcuni di questi scenari sono drastici, altri sono sottili. Sebbene tutto il progresso sia cambiamento, non tutti i cambiamenti sono progresso.

4. È necessario investire sforzi di ricerca per comprendere queste prospettive. Dobbiamo riflettere attentamente su come ridurre i rischi e accelerare le applicazioni benefiche. Abbiamo anche bisogno di forum in cui le persone possano discutere in modo costruttivo su ciò che potrebbe essere fatto e di un ordine sociale in cui le decisioni responsabili possano essere attuate.

5. La riduzione dei rischi di estinzione umana, lo sviluppo di mezzi per la preservazione della vita e della salute,

---

[51] Il documento originale è stato redatto nel 1998 da, in ordine alfabetico: Alexander Sasha Chislenko, Anders Sandberg, Arjen Kamphuis, Bernie Staring, Bill Fantegrossi, Darren Reynolds, David Pearce, Den Otter, Doug Bailey, Eugene Leitl, Gustavo Alves, Holger Wagner, Kathryn Aegis, Keith Elis, Lee Daniel Crocker, Max More, Mikhail Sverdlov, Natasha Vita-More, Nick Bostrom, Ralf Fletcher, Shane Spaulding, T.O. Morrow, Thom Quinn.

l'alleviamento della grave sofferenza e il miglioramento della previsione e della saggezza umana devono essere perseguiti come priorità urgenti e generosamente finanziati.

6. L'elaborazione delle politiche dovrebbe essere guidata da una visione morale responsabile e inclusiva, prendendo seriamente in considerazione sia le opportunità che i rischi, rispettando l'autonomia e i diritti individuali, e mostrando solidarietà e preoccupazione per gli interessi e la dignità di tutte le persone in tutto il mondo. Dobbiamo anche considerare le nostre responsabilità morali verso le generazioni future.

7. Sosteniamo il benessere di tutti gli esseri senzienti, compresi gli esseri umani, gli animali non umani e qualsiasi futura intelligenza artificiale, forme di vita modificate o altre intelligenze che potrebbero emergere dai progressi tecnologici e scientifici.

8. Sosteniamo la libertà morfologica – il diritto di modificare e migliorare il proprio corpo, la cognizione e le emozioni. Questa libertà include il diritto di usare o meno tecniche e tecnologie per prolungare la vita, preservare l'individuo tramite la crioconservazione, il caricamento della mente in un computer (uploading) e altri mezzi, nonché di scegliere ulteriori modifiche e miglioramenti.[52]

Due aspetti di questa dichiarazione sono particolarmente importanti sul piano etico: il primo è l'affermazione del "diritto morale" di utilizzare la tecnologia per superare le limitazioni biologiche dell'umanità; il secondo è l'affermazione che il titolare di tale diritto non è l'uomo, ma "l'essere senziente". Si tratta di una definizione ampia che include l'essere umano, ma insieme ad esso, in prospettiva, anche la macchina intelligente, l'animale potenziato, l'alieno se esiste, e l'ibrido uomo-macchina (caso paradigmatico: il cyborg).

---

[52] AA.VV., *The Transhumanist Declaration (2012),* in M. More, N. Vita-More (a cura di), *The Transhumanist Reader: Classical and Contemporary Essays on the Science, Technology, and Philosophy of the Human Future,* Wiley-Blackwell, Oxford 2013, pp. 54-55.

3.1. Una nuova concezione bioetica

Siamo dunque di fronte a una concezione della bioetica radicalmente nuova, una posizione che in genere lascia perplesse le persone più tradizionaliste e, di conseguenza, genera aspre polemiche.

I transumanisti, forse a causa delle reazioni di stupore che spesso provocano le loro tesi, tendono a sottolineare la continuità delle proprie idee con idee e dottrine precedenti, piuttosto che la loro (più che evidente) novità. I fini restano gli stessi, sono i mezzi che cambiano. Se prima un uomo potenziava le proprie capacità intellettive e mnemoniche studiando e leggendo libri, ossia agendo prevalentemente sul *software*, ora si presenta la possibilità di potenziarsi agendo anche sull'*hardware*: la struttura del cervello e dei sensi.

La metafora dal mondo dei computer consente di capire che la differenza è di misura e non di sostanza, perché da sempre gli uomini cercano di agire anche sull'organismo tramite l'alimentazione, le attività fisiche, i farmaci, gli interventi chirurgici. È chiaro che l'intervento sulla personalità tramite l'educazione (famigliare, religiosa, scolastica, mass-mediatica) non è meno "invasiva" rispetto ad un intervento diretto sull'*hardware*.

Inoltre, i transumanisti insistono sulla libertà individuale, per allontanare lo spettro di un nuovo totalitarismo. L'individuo decide le modifiche di se stesso o, eventualmente, della propria prole. E il potenziamento dell'hardware in chiave libertaria, più che omologazione dovrebbe produrre differenziazione. Oggi gli uomini si somigliano spaventosamente sul piano della personalità. Nelle Filippine sono per lo più cattolici, in Arabia musulmani, in India induisti. Com'è possibile? I cittadini sono stati programmati (plagiati?) tramite l'educazione familiare e statale, che è molto più potente di un intervento eugenetico sull'*hardware* perché tocca il *software*, la coscienza. Se la religione, la cultura, la lingua fossero davvero scelte individuali, le variazioni dovrebbero essere random. In realtà, sono solo le persone più intelligenti a compiere una vera scelta ponderata tra le diverse opportunità. È chiaro quindi che, aumentando il livello generale d'intelligenza, si genera maggiore variazione e maggiore desiderio di libertà.

Naturalmente, gli intellettuali transumanisti sono consci del fatto che ogni cambiamento porta con sé delle insidie. Ma, poiché il mutamento è comunque in atto e appare difficilmente arrestabile, a maggior ragione diventa necessario interessarsi al problema e studiare i trend tecnologici e sociali. Il transumanesimo è, infatti, definito prima di tutto come lo studio delle promesse e dei pericoli dell'uso creativo della tecnologia. In un opuscolo di presentazione della filosofia transumanista conosciuto come *Transhumanist FAQ*, si legge quanto segue:

> I transumanisti ritengono che con l'accelerazione del progresso tecnologico e dell'esplorazione scientifica, siamo ormai in procinto di iniziare una nuova fase nella storia dell'umanità. Nel prossimo futuro, potremmo doverci confrontarci con un'autentica intelligenza artificiale. Nuovi tipi di strumenti cognitivi combineranno l'intelligenza artificiale con nuove tecnologie di interfaccia fra computer ed esseri umani. La nanotecnologia molecolare ha il potenziale di creare risorse abbondanti per tutti e di ottenere il controllo delle reazioni biochimiche che hanno luogo nei nostri corpi, permettendoci di eliminare malattie e invecchiamento indesiderato.[53]

Al contrario di quanto scrivono i denigratori del transumanesimo, spesso inviluppati nell'immaginario distopico propalato da film di fantascienza che invariabilmente rappresentano cyborg e superuomini del futuro come esseri spietati privi di sentimenti, i transumanisti sono convinti che, «tecnologie come le interfacce cervello-computer e la neurofarmacologia potrebbero amplificare l'intelligenza umana, aumentare il benessere emotivo, migliorare la nostra capacità

---

[53] World Transhumanist Association, *The Transhumanist FAQ: A General Introduction*, Version 2.1, nickbostrom.com, 2003, pp. 4-5.

di impegno costante nei progetti di vita o verso una persona amata, e persino moltiplicare la gamma e la ricchezza delle emozioni possibili».[54]

Non per questo sono ingenui, come i loro denigratori talvolta sostengono. Sono anzi ben coscienti del rovescio della medaglia dell'intero processo, vale a dire del fatto che tecnologie capaci di alterare gli stati di coscienza possono favorire la manipolazione dei cittadini e, più in generale, «causare gravissimi danni alla vita umana». Tanto che «persino la sopravvivenza della nostra specie potrebbe essere in pericolo». Gli estensori del documento assicurano che, nonostante l'orientamento generalmente tecnofilo, «cercare di comprendere i pericoli e lavorare per prevenire i disastri è una parte essenziale dell'agenda transumanista».[55]

Va rilevato, inoltre, che non tutti i transumanisti sono d'accordo con l'idea che siamo già in procinto di entrare in una nuova fase della storia, come se questo destino fosse scritto nelle stelle. Vi è, infatti, chi sostiene che il processo della trasformazione postumana è tutt'altro che inarrestabile e va invece sostenuto. Perciò, più che porre l'accento sui pericoli, pone l'accento sulle politiche positive di sostegno allo sviluppo. Anche se il trend di crescita è riconoscibile, ciò non significa che sia svincolato dalla volontà umana e che non possa trovare ostacoli e arrestarsi. Questa è per esempio la posizione di Stefano Vaj.[56]

Chi invece mette spesso l'accento sui pericoli è Nick Bostrom, che durante il *Transvision*[57] 2006 a Helsinki ha addi-

---

[54] Ivi, p. 5.

[55] Ibidem.

[56] Cfr. S. Vaj, *Ritorno sul promontorio dei secoli*, in R. Campa (a cura di), *Divenire. Rassegna di studi interdisciplinari sulla tecnica e il postumano*, Volume 3, Sestante edizioni, Bergamo 2009. In tempi più recenti, Stefano Vaj ha pubblicato *I sentieri della tecnica. Spirito faustiano, transumanismo, futurismo*, Moira, Milano 2021; e *Artificialità intelligenti: Chi ha paura della diffusione delle IA e perché*, Moira, Milano 2023.

[57] *Transvision* è il congresso mondiale transumanista, che si tiene con frequenza annuale.

rittura stimato intorno al 20% la probabilità che la razza umana possa estinguersi nei prossimi decenni, non perché soppiantata da una razza superumana, ma perché potrebbe autodistruggersi prima che l'evoluzione autodiretta possa essere implementata con successo.

In ogni caso, il movimento rimane nel complesso caratterizzato da un atteggiamento generalmente pro-scientifico e ottimistico. Nei discorsi dei transumanisti si respira nostalgia del futuro e insoddisfazione per il presente. Lo stato presente dell'umanità è caratterizzato da molti aspetti negativi, perciò si ritiene che valga la pena di rischiare e andare avanti, nonostante i pericoli veri o presunti.

Gli esseri umani hanno la tendenza a lamentarsi della propria condizione, ma anche ad adattarsi alla situazione, al punto di accettare morte, malattia, invecchiamento, debolezza, povertà, stupidità, ignoranza, codardia, sofferenza, infelicità, come fatti ineluttabili. Talvolta, per metabolizzare questi aspetti negativi dell'esistenza, gli uomini arrivano a elaborare dottrine morali *ad hoc* che trasformano le negatività in valori. Friedrich Nietzsche denuncia questo capovolgimento della morale in tutta la sua opera e specialmente ne *L'Anticristo*.

I transumanisti tornano ad ancorarsi al senso comune, alla ragionevolezza, riproponendo – in modo più o meno consapevole – i valori della tradizione pagana: longevità, salute, giovinezza, forza, ricchezza, intelligenza, conoscenza, coraggio, benessere e felicità. Nel contempo, difendono la plausibilità di questa prospettiva, producendo o esaltando scoperte scientifiche e applicazioni tecnologiche che attuano giorno dopo giorno "il programma". In sintesi, si ragiona anche sui rischi, ma l'idea basilare di questa dottrina futurologica è che, comunque, il presente è insoddisfacente o addirittura inaccettabile e, perciò, è lecito guardare con speranza all'orizzonte postumano.

3.2. Definire il postumano

Ma che cos'è un postumano? Per il filosofo postmoderno Jean François Lyotard,[58] è un essere intelligente in grado di procurarsi l'energia di cui ha bisogno metabolizzando le radiazioni cosmiche e quindi capace di lasciare il sistema solare. Lyotard ribalta dunque la visione comune: non l'umano e il suo cervello, ma "il cervello e il suo umano" sono protagonisti della storia. Da buon postmoderno, accompagna tuttavia questa constatazione con una certa dose di malinconia e pessimismo.

I transumanisti guardano invece con ottimismo a un futuro ben più immediato, ancora terrestre. Vedono il postumano come il discendente di un essere umano che è stato incrementato (perfezionato) fino al punto di perdere del tutto la propria umanità. Molti transumanisti aspirano proprio a tale condizione, perché ritengono frustrante vivere in un corpo tanto fragile e per così breve tempo.

Nelle speranze dei transumanisti, il postumano non sarà solo diverso dall'umano, ma superiore, migliore, potenziato. Possiamo allora a ragion veduta dire che sarà super-umano, e non solo post-umano. Infatti, con una caratterizzazione che potrebbe apparire ingenua, ma in fin dei conti è finora confermata dagli esperimenti sui topi, i transumanisti prevedono che il postumano avrà capacità intellettuali e fisiche di molto superiori a quelle di un essere umano non incrementato. La versione del 1999 delle *Transhumanist FAQ* è più scoppiettante rispetto a quella del 2003. Ha meno freni e il tono è a tratti quasi trionfalistico. Vi si legge, per esempio, che l'essere postumano «sarà più intelligente di ogni genio mai vissuto e avrà una memoria infallibile. L'organismo postu-

---

[58] J. F. Lyotard, *Moralités postmodernes*, Galilée, Paris 1993. Vedi anche: P. A. Quartana, *Tra postmoderno e post-umano: una 'favola' di Lyotard*, «Il Giornale della Filosofia», № 11, 2004; R. Campa, *Dal postmoderno al postumano: Il caso Lyotard*, «Il Giornale della filosofia», № 21, 2007; e infine sempre di P. A. Quartana, *La Big Science ed il reincanto postmoderno del mondo*, «Il Giornale della filosofia», № 21, 2007.

mano non sarà suscettibile alla malattia e non subirà l'invecchiamento. Energia, vigore e gioventù saranno illimitate. La capacità di provare emozioni, piacere e amore potrebbe anche essere amplificata, così come la capacità di apprezzare la bellezza artistica. Stanchezza, noia, irritabilità sarebbero sotto il nostro controllo».[59]

Naturalmente, pur giovani e pieni di entusiasmo, i transumanisti restano filosofi e scienziati, per cui si preoccupano subito di rendere esplicite le tecnologie che possono essere utilizzare per creare il superuomo, rimarcando ancora una volta che si tratta di una speranza e non di un atto di fede.

Nel documento si legge ancora che i transumanisti sperano di raggiungere lo stadio postumano attraverso vari mezzi, tra cui: nanotecnologie molecolari, ingegneria genetica, intelligenza artificiale, farmaci per il controllo dell'umore, terapie per rallentare l'invecchiamento, interfacce neurologiche, strumenti avanzati per gestire le informazioni, farmaci per migliorare la memoria, computer portatili o indossabili, e tecniche cognitive. Queste innovazioni, unite a riforme sociali ed economiche, mirano a portare l'essere umano a uno stadio superiore di benessere.

Tuttavia, con il tempo, i transumanisti sono diventati più cauti nei proclami e nelle previsioni. Gli estensori della versione 2.1 delle *Transhumanist FAQ* precisano che «i postumani potrebbero trasformare se stessi e l'ambiente in tanti e tali modi, nuovi e profondi, che le speculazioni futurologiche intorno alle caratteristiche dettagliate dei postumani e del mondo postumano sono probabilmente destinate a fallire».[60] Questo per chiarire che la filosofia transumanista è lontana da qualsiasi sicumera.

L'idea di un superamento definitivo della corporeità, già presa in considerazione da Lyotard, va inclusa nell'ambito

---

[59] World Transhumanist Association, *The Transhumanist FAQ 1999*, transumanisti.it, 18 settembre 2024 (data di accesso).

[60] World Transhumanist Association, *The Transhumanist FAQ: A General Introduction*, Version 2.1, cit., p. 6.

delle speculazioni. Uno dei temi preferiti dai transumanisti più utopici o fantascientifici è proprio il *mind uploading*. Con questo termine si intende il trasferimento di una mente umana in una macchina pensante. È chiaro che una volta che ci si definisce come esseri senzienti e non come individui della specie umana, ciò che siamo è soprattutto informazione cerebrale (coscienza, identità, ricordi, personalità, ecc.). Il supporto materiale dell'informazione è meno importante. Così come si possono trasferire documenti, suoni, immagini, programmi, ecc., da un supporto magnetico all'altro, da un computer all'altro, se si accetta l'ontologia materialistica, la medesima operazione può in linea di principio essere possibile per la mente umana. Ecco, allora, affacciarsi una nuova caratterizzazione del postumano:

> I postumani potrebbero essere completamente sintetici (fondati su intelligenze artificiali) o potrebbero essere il risultato di una serie di incrementi parziali effettuati su esseri umani biologici o su esseri transumani. Certi postumani potrebbero persino decidere di sbarazzarsi dei propri corpi e di vivere all'interno di supercomputer, assumendo la forma d'informazione pura. È stato detto che è impossibile, per noi esseri umani, immaginare come potrebbe essere la condizione postumana. Gli esseri postumani potrebbero intraprendere attività e avere aspirazioni che noi non possiamo nemmeno immaginare, come una scimmia non ha la possibilità di comprendere la complessità della vita umana.[61]

I transumanisti sono in genere razionalisti e realisti. Sanno distinguere bene tra le tecnologie a disposizione, quelle plausibili in arrivo e quelle ancora fantascientifiche. Al momento, il *mind uploading* è considerato solo una possibilità teorica. Sappiamo che è possibile trasferire informazione da cervelli biologici a macchine elettromeccaniche e viceversa, e questo fa *sperare* che l'intera coscienza possa un giorno

---

[61] World Transhumanist Association, *The Transhumanist FAQ 1999*, cit.

essere "scaricata" dalla scatola cranica al computer. Una speranza è, pur tuttavia, solo una speranza.

3.3. La questione della dissonanza etica

Passando dal piano della fattibilità a quello dell'opportunità, va rilevata una radicale divergenza di vedute. Al lettore tecnofobico (o semplicemente non tecnofilo) questa ipotesi appare inquietante più che affascinante. Per molti transumanisti è invece una prospettiva futurologica meravigliosa, perché preannuncia la sconfitta definitiva della morte.

Per comprendere questa posizione serve empatia. Immaginiamoci centenari e morenti in un letto d'ospedale. La scelta è tra l'annullamento definitivo del nostro essere e il trasferimento della parte più importante di esso – la coscienza con tutti i ricordi – in un nuovo corpo. Se una persona non crede nella vita ultraterrena prospettata dalle religioni o, pur credendoci, vuole restare più a lungo in questo mondo, potrebbe prendere in considerazione questa eventualità e preferire la vita digitale alla morte corporale. Tra l'altro un corpo robotico potrebbe durare millenni e non avrebbe bisogno di ossigeno, quindi permetterebbe a chi lo possiede di vivere su altri pianeti, liberando gli esseri senzienti anche della prigionia planetaria. Quand'anche il corpo che abbiamo non ci dispiaccia, dobbiamo ammettere che non è perfetto: è fragile, mutevole e si deteriora rapidamente.

Naturalmente con il *mind uploading* stiamo sconfinando nella speculazione, ma, restando ai dati di fatto, abbiamo per esempio il *BrainGate* che già testimonia la possibilità della fusione uomo-macchina.[62] A quattro persone paralizzate è

---

[62] L. R. Hochberg et al., *Neuronal ensemble control of prosthetic devices by a human with tetraplegia*, «Nature», 442 (7099), July 2006, pp. 164–171. Successivamente questa tecnologia è stata ulteriormente perfezionata. Uno dei sistemi più noti è quello sviluppato dall'azienda americana Neuralink. Il 29 gennaio 2024, il cofondatore Elon Musk ha twittato: «Il primo essere umano ha ricevuto un impianto da @Neuralink ieri e si sta riprendendo bene. I primi risultati mostrano un promettente rilevamento di picchi neuronali». La notizia è stata ripresa dai media di tutto il mon-

stato praticato un foro nella scatola cranica e un microchip è stato collegato direttamente alla parte del cervello che presiede le funzioni motorie. Grazie al dispositivo ora possono accendere e spegnere la luce, cambiare i canali del televisore, o leggere l'e-mail senza muovere un dito. Le forze armate americane stanno investendo molto denaro in questo progetto, perché applicando un'interfaccia cervello-computer potrebbero addestrare i soldati alla guerra in pochi minuti, scaricando il programma di combattimento direttamente nei cervelli. L'approccio sarebbe vantaggioso in particolare per i cosiddetti *top gun*, i quali potrebbero apprendere in pochi minuti a pilotare aerei militari. Tra l'altro potrebbero pilotarli con la sola forza del pensiero, restando seduti in caserma senza rischiare la vita.

Interessate al progetto sono anche le grandi corporazioni dei media, perché intravedono la possibilità di raggiungere i clienti materializzando le immagini e i suoni direttamente nella retina e nel cervello. Viaggiando in autobus da casa al lavoro, per esempio, potremmo chiudere gli occhi e guardare un programma televisivo. E cambiare i canali semplicemente desiderandolo. Naturalmente, si può sempre temere un abuso da parte delle corporazioni o di un regime autoritario. Potrebbero costringerci a vedere programmi indesiderati o bombardarci di spot pubblicitari, contro la nostra volontà. Perciò, questa tecnica va valutata con molta cautela. Serviranno contromisure efficaci per salvaguardare la privacy e la libertà individuale. Ma è anche possibile che la tecnologia in questione non si diffonda proprio perché invasiva e pericolosa. Tutti noi conosciamo oggi il fenomeno dello *spamming*, ovvero di messaggi indesiderati che arrivano nelle nostre caselle di posta elettronica. Una *spam* che raggiunge direttamente il cervello, via etere, più che un sogno sarebbe un incubo.

---

do. Per esempio, vedi: E. Capone, *Neuralink, effettuato il primo impianto di un chip nel cervello di una persona*, «la Repubblica», 30 gennaio 2024.

Possiamo dunque vedere che, a finanziare un progetto, confluiscono università, ospedali e associazioni interessate ad applicazioni civili e umanitarie, come aiutare i pazienti tetraplegici a interagire con il mondo, ma anche istituzioni interessate ad applicazioni militari e industriali. La tecnologia si presenta dunque, ancora una volta, come un'arma a doppio taglio. E la consapevolezza che porta insieme rischi e benefici continua a essere il filo rosso del discorso tecnoetico. Anche fra i transumanisti c'è preoccupazione per gli usi militari o commerciali del *mind uploading*, tuttavia si ritiene che la posta in palio sia troppo alta per lasciarsi andare a sterili e controproducenti critiche o boicottaggi. Di là degli usi medici, una simile tecnologia promette nientemeno che la sconfitta (o, perlomeno, il rinvio *sine die*) della morte. Quindi, se il monitoraggio etico-politico è desiderabile, il luddismo pare invece una risposta esagerata e inopportuna. È invero possibile che, per ottenere i vantaggi ed evitare gli effetti indesiderati di questa tecnica, molti umani si faranno installare il *BrainGate* o un dispositivo equivalente soltanto in punto di morte, per trasferire la propria "anima" in una macchina. Oppure, ricorreranno anche in vita soltanto a strumenti non invasivi, i cui primi modelli sono peraltro già in commercio.

Se questi esempi appaiono controversi, è perché le valutazioni possono divergere in base alla visione etica che si sposa o, addirittura, alla stessa definizione di etica in senso ampio. L'etica può essere concepita in senso naturalistico, teologico, eudemonistico, utilitaristico, edonistico, ecc. Possiamo comunque dividere le concezioni etiche in tre grandi famiglie: etica come legge di natura, etica come volere di entità divine o soprannaturali, etica come scienza della felicità e della grandezza umana.

A seconda dei postulati di partenza, ci si può porre in modo positivo, negativo o indifferente verso specifiche nuove tecnologie, secondo una casistica complessa e combinatoria. Nel caso dei transumanisti è evidente che ci troviamo nel caso di un'etica come scienza della felicità che si combina con una fiducia generica nelle innovazioni tecnologiche. Ciò genera talvolta collisioni con chi sposa altre concezioni etiche.

3.4. *Artificiale e naturale*

Frequente è l'accusa ai transumanisti di interferire con la natura, di andare contronatura, oppure di contrastare i piani di entità sovrannaturali e, perciò, di porsi in una condizione di immoralità. Non sorprende che, da un punto di vista eudemonistico, la situazione possa apparire esattamente ribaltata. Riprendiamo la lettura delle dichiarazioni contenute nel documento *Transhumanist FAQ 1999*, ovvero quella con meno peli sulla lingua:

> I transumanisti sostengono che è giusto interferire con la natura. Non è un qualcosa di cui vergognarsi. Non esiste ragione etica o morale per cui non dovremmo interferire con la natura allo scopo di migliorarla, sia che si tratti dell'eliminazione di una malattia o dell'aumento della produttività in agricoltura o di lanciare in orbita satelliti per la comunicazione. In molti casi esistono chiare ragioni pratiche per cui è meglio affidarsi a processi "naturali", ma il fatto è che non è logico decidere se qualcosa sia "buono" o "cattivo" sulla base del fatto che la cosa in questione sia naturale o no. Alcune cose "naturali" non sono desiderabili, come per esempio il morire di fame (perfettamente naturale!), così come l'essere divorati da una tigre. D'altra parte, certe cose sintetiche sono altrettanto non-desiderabili, come per esempio l'intossicazione da DDT o l'essere vaporizzati da un'arma termonucleare.[63]

I transumanisti trasferiscono poi il ragionamento a tecnologie ben più controverse, come la clonazione umana. La clonazione non è, strettamente parlando, contronatura, dato

---

[63] World Transhumanist Association, *The Transhumanist FAQ 1999*, cit.

che anche i gemelli identici altro non sono che "cloni". Ma quand'anche lo fosse, il problema non si sposterebbe di una virgola. La valutazione etica (ovvero relativa all'opportunità dell'uso di questa tecnica) non può dipendere da un discorso sulla sua presunta naturalità o artificialità. Quello che è importante non è se la clonazione umana sia naturale o meno, ma se porta conseguenze positive in termini di soddisfazione e felicità a chi la adotta o la subisce. Questo approccio apre davvero un dibattito etico-politico serio, perché il problema si rileva immediatamente in tutta la sua complessità, e l'eventuale messa al bando deve essere supportata da prove ben più stringenti rispetto al semplice rifiuto in virtù di una presunta "innaturalità". Così, spostando la discussione su un piano razionale, si evita il rischio di rinunciare non solo ai pericoli ma anche alle opportunità che una tecnologia offre.

A taluni queste sembreranno argomentazioni perfettamente ragionevoli, persino ovvie. Ad altri parranno invece posizioni immorali o peccaminose. Il problema della tecnoetica sta nel fatto che sono diversi i postulati di partenza dei diversi approcci. Perciò, diventa difficile risolvere la disputa con un ragionamento conclusivo.

Rimanendo su un piano sociologico, possiamo facilmente constatare che molte persone ritengono (consciamente o inconsciamente) la parola "naturale" associata con qualcosa di buono e il termine "artificiale" associato con qualcosa di cattivo, postulando così l'immoralità di ogni processo che intende modificare la natura. I transumanisti vogliono sottolineare la paradossalità di questa posizione, quando portata alle estreme conseguenze. La morte è naturale, ma la maggior parte degli uomini mette in atto ogni giorno una serie di azioni volontarie per sfuggire a essa. Gli umani sfuggono a essa cercando cibo, riparandosi dalle insidie dell'ambiente, producendo o ingerendo medicinali. Anche chi vive in campagna e si cura con le erbe medicinali sta comunque lottando per sopravvivere. Il solo fatto di vestirsi, vivere sotto un tetto o bollire erbe sono interventi artificiali sulla natura. Mangiare un piatto di spaghetti, che di certo non si trova bell'e pronto sotto un albero, è un atto artificiale di lotta contro quell'evento naturale che si chiama morte.

I transumanisti sfuggono una volta per tutte a queste contraddizioni esistenziali, ammettendo che l'artificiale è un bene, se funziona in un'ottica eudemonistica, ovvero di massimizzazione della felicità. Lottare con la natura è moralmente lecito e anzi desiderabile. All'obiezione di chi dice che la morte fa parte dell'ordine naturale delle cose, segue questa risposta: «La ricerca dell'immortalità è una delle caratteristiche umane più antiche e profondamente radicate. È uno dei temi centrali della letteratura, a cominciare dall'esempio più antico, Gilgamesh, nonché parte di innumerevoli miti e leggende. È presente in tutte le religioni nella forma d'immortalità dell'anima e della speranza nella vita eterna. Se la morte fa parte dell'ordine naturale delle cose, altrettanto naturale è il sentimento umano di volerne sfuggire».[64]

Questa è un'osservazione storica e antropologica che può essere difficilmente messa in discussione. Ha comunque delle interessanti conseguenze. Se il transumanesimo è una filosofia laica, secolare, forse anche irreligiosa, come altre che l'hanno preceduta, nondimeno da queste si distingue perché condivide con le religioni il principio che si debba dare una risposta al problema della morte e, perciò, sfida quest'ultime sul loro stesso terreno.

3.5. *Immoralità delle filosofie consolatorie*

Prima dell'avvento del transumanesimo, l'unica possibilità di evitare o esorcizzare la morte risiedeva nelle diverse opzioni metafisiche offerte dalle religioni tradizionali, come la reincarnazione o la resurrezione. Chi considerava queste credenze semplicemente come creazioni della mente umana non

---

[64] Ibidem.

aveva altra possibilità se non rassegnarsi all'inevitabilità del proprio annullamento.

Secondo i compilatori del breviario transumanista, aveva senso rassegnarsi alla durata "naturale" della vita quando le biotecnologie erano ancora lontane dallo stadio ora raggiunto, mentre oggi un atteggiamento rinunciatario è pericoloso. Insomma, i transumanisti non criticano soltanto il bioconservatorismo di matrice religiosa, ma anche quello di matrice laica o atea. Il passo relativo merita di essere riportato interamente:

> Le visioni del mondo secolari, incluso l'umanesimo tradizionale, solitamente includono una qualche spiegazione sul perché la morte non è, dopotutto, una cosa così negativa. Alcuni esistenzialisti arrivarono persino a sostenere che la morte fosse necessaria per dare un senso alla vita! Che le persone trovino scuse per la morte è comprensibile. Fino a poco tempo fa, non c'era assolutamente nulla che si potesse fare al riguardo, e allora aveva un certo senso creare filosofie consolatorie secondo cui morire di vecchiaia è una cosa accettabile ("mortaliste"). Se tali credenze una volta erano relativamente innocue, e forse offrivano anche un certo beneficio terapeutico, ora hanno superato la loro utilità. Oggi possiamo prevedere la possibilità di abolire l'invecchiamento e abbiamo la possibilità di prendere misure attive per rimanere in vita fino ad allora, tramite tecniche di estensione della vita e, come ultima risorsa, la criogenesi. Questo rende le illusioni delle filosofie mortaliste pericolose, persino fatali, poiché insegnano l'impotenza e incoraggiano la passività.[65]

Un certo scetticismo, di fronte a queste affermazioni ottimistiche, queste *speranze smisurate*,[66] può essere perfettamente giustificato. Ci sono ancora molte malattie di cui non abbiamo ancora scoperto la cura. Ci sono problemi sociali

---

[65] World Transumanist Association, *The Transhumanist FAQ: A General Introduction*, Version 2.1, cit., pp. 36-37.

[66] Così le definisce Paolo Rossi in *Speranze*, Il Mulino, Bologna 2008.

ben più banali che non vengono risolti, nonostante esistano i mezzi tecnici per risolverli. Dunque, oltre alla tecnica efficace, deve esistere anche la volontà politica di avviarsi su una certa strada.

Tuttavia, le religioni hanno ragione di temere il transumanesimo, perché le sue promesse non si limitano a quella, per ora utopica, della vittoria sulla morte, ma riguardano anche rimedi a infermità prima considerate incurabili. In altre parole, sul piatto della bilancia ci sono anche promesse mantenute. Il santo della tradizione cattolica ha spesso ottenuto la santificazione grazie a guarigioni miracolose, come ridare la vista ai ciechi o la mobilità ai paralitici. Non solo lo spirito scientifico moderno ci porta a essere scettici di fronte a questi racconti, ma la scienza moderna riesce già a guarire diverse malattie agli occhi e all'apparato scheletro-muscolare, con il trapianto delle cellule della retina[67] per ripristinare la visione o il trapianto del midollo spinale per ripristinare la funzionalità motoria.[68] Oltre a non sembrare plausibile, oggi il miracolo non pare nemmeno un evento così sensazionale. Di più. Non si è mai visto un santo o un dio fare ricrescere un arto amputato a un disabile – per dire: una guarigione che non possa essere facilmente simulata. Al contrario, i ricercatori scientifici sono riusciti a fare ricrescere arti amputati a un topo, oppure a montare in esseri umani braccia o gambe elettromeccaniche pilotate direttamente dal cervello biologico. La scienza è già andata oltre il miracolo religioso e promette di andare ancora oltre.

Ecco allora ribaltata tutta la questione della moralità. Se la vita ultraterrena è pura fantasia o una mera speranza, se i miracoli sono finzioni letterarie, miti, leggende, è "immorale" chi ostacola il progresso della scienza, unico strumento di

---

[67] R. B. Aramant, M. J. Seiler, *Progress in retinal sheet transplantation*, «Progress in Retinal and Eye Research», Volume 23, Issue 5, 2004, pp. 475-494.

[68] P. Pisarra, *Midollo spinale riparabile con un trapianto*, «Le Scienze», 10 dicembre 1999.

salvezza degli esseri senzienti, intesi come esseri individuali, e dell'intera umanità o postumanità. Ma, come abbiamo visto, la stessa accusa di "immoralità" potrebbe essere rivolta a chi ostacola il progresso con filosofie laiche consolatorie che inducono alla rassegnazione, all'inazione. L'accusa di "immoralità" va però letta in senso debole, ossia nella prospettiva libertaria e relativistica che caratterizza questo movimento. Di qui le virgolette.

I transumanisti non stanno dicendo che gli esseri umani *devono tutti* cercare di vivere più a lungo, potenziarsi intellettivamente e fisicamente, avviarsi verso il loro destino postumano, cercare in ogni modo di sfuggire alla morte. Non stanno dicendo che è immorale chi non fa questo. Stanno dicendo che è immorale chi ostacola altri individui che hanno questi obiettivi. Nonostante il loro atteggiamento vitalistico, i transumanisti non criticano chi sceglie di non reagire al proprio destino biologico, di suicidarsi o di ricorrere all'eutanasia. Considerano queste scelte lontane dal proprio sentire, ma perfettamente lecite sul piano etico. Così recita, ancora, il documento della WTA: «La posizione transumanista sull'etica della morte è cristallina: la morte dovrebbe essere volontaria. Ciò significa che tutti dovrebbero essere liberi di prolungare la propria vita e di organizzare la sospensione crionica dei propri corpi deanimati. Significa anche che l'eutanasia volontaria, in condizioni di consenso informato, è un diritto umano fondamentale».[69]

In definitiva, l'unico punto su cui l'etica transumanista è intransigente e refrattaria a ogni compromesso o negoziato è l'autodeterminazione della persona.

3.6. Sulla necessità di un movimento organizzato

Chiudiamo con un'osservazione metastorica sul perché è stata avvertita l'esigenza di dare vita a un movimento tran-

---

[69] World Transumanist Association, *The Transhumanist FAQ: A General Introduction*, Version 2.1, cit., p. 37.

sumanista organizzato che agisce sulla base di determinati principi etici e di documenti collettivi come quelli che abbiamo qui analizzato. Alcuni futurologi sostengono che la trasformazione postumana per via tecnologica è lo sbocco naturale e necessario di tutta la civiltà industriale. Dimostrano la propria tesi facendo riferimento a trend e tabelle ed estrapolando dati dal presente, al fine di prevedere fatti futuri. È una visione che possiamo definire "storicistica", poiché sembra fare riferimento a "leggi" della storia – anche se non sono più le leggi di Comte o Marx, ma piuttosto quelle di Moore o Kurzweil.[70]

Il corollario della visione storicistica è che, anche senza movimento transumanista organizzato, ci si avvierebbe comunque inesorabilmente verso l'orizzonte postumano. Questo argomento può rivelarsi comodo anche per i transumanisti, perché consente di rintuzzare le critiche in modo più agevole. Se è vero che il trend generale è questo, allora è miope criticare il movimento transumanista come se fosse una setta di pazzoidi, senza mettere nel contempo in dubbio tutta la civiltà delle macchine. Non solo il capitalismo, ma tutta la civiltà nata dalla rivoluzione scientifica e dalle rivoluzioni industriali ci porterebbe verso l'evoluzione autodiretta. E, in effetti, anche le società comuniste e fasciste – proprio perché società industriali – hanno dato contributi allo sviluppo del transumanesimo, in termini di elaborazione ideologica e di realizzazioni concrete nel campo della tecnica.

C'è qualche elemento di verità in questa visione. Un trend in tal senso è effettivamente osservabile. Ma non bisognerebbe mai scambiare un trend per una legge storica. Poiché esistono soggetti politici, religiosi e culturali, tutt'altro che marginali, che oppongono una strenua resistenza a questa tendenza, non si può escludere che essi possano vincere la battaglia e cambiare la direzione della storia.

---

[70] R. Kurzweil, *The Human Machine Merger: Are we Headed for the Matrix?*, kurzweilai.net, 2003.

In altre parole, le analisi di scenario e le previsioni futurologiche possono senz'altro avere un ruolo nella discussione, ma in ultima istanza, su un piano puramente logico, non si può giustificare una scelta presente sulla base di trend passati o previsti. La legge di Hume insegna, infatti, che non si può derivare il dover essere dall'essere, i valori etici dai fatti scientifici. Sono dimensioni che magari si sfiorano, ma restano distinte sul piano logico.

Le forze culturali, politiche e religiose contrarie allo sviluppo promulgano leggi proibizioniste e tolgono finanziamenti alla ricerca, quindi è evidente che una generica fiducia nel progresso non può che risultare in ultima istanza insoddisfacente per gli stessi militanti transumanisti in carne ed ossa. In altre parole, assume importanza vitale anche il *dove*, *quando* e *per chi* ci sarà detta rivoluzione tecnologica. Sarà anche plausibile – se non proprio certo – che, prima o poi, da qualche parte, per qualcuno, dovrà *di necessità* accadere il cambiamento, ma il movimento transumanista organizzato lotta affinché questo accada *qui ed ora, per noi*.

Come si usa dire, il modo migliore per prevedere il futuro è crearlo.

4. Le tecnologie convergenti e l'orizzonte postumano

Debbo fare una confessione. Mio zio è un cyborg e mia zia è un mostro di Frankenstein messo insieme con parti del corpo provenienti da altri esseri umani. A vederli non si direbbe, ma è vero. Ed io, caro lettore, sono un super-uomo, immune alle malattie che uccidono milioni di voi. No, non sono impazzito. Sto semplicemente sottolineando come i progressi della medicina, considerati sulle prime bizzarrie da fantascienza, ben presto finiscono per essere apprezzati come progressi utili alla vita dell'uomo. Mio zio ha un pacemaker, il che lo rende una sorta di cocktail tra carne e macchina. Se si ferma la macchina, si ferma anche mio zio. Mia zia è ancora viva grazie ad un trapianto cardiaco. E io sono diventato immune ad una mezza dozzina di malattie mortali grazie alla vaccinazione.
JOHANN HARI

L'Occidente pare avere una crisi d'identità. Se c'è un aspetto che ha davvero distinto l'Occidente dal resto del Mondo è stata la tenacia con cui ha perseguito la ricerca di una conoscenza scientifica, ovvero empirica e razionale, nonché il tentativo di utilizzare questa scienza per modificare la realtà attraverso le sue applicazioni tecnologiche. Dalla prima rivoluzione scientifica, durante il periodo ellenistico, alla seconda rivoluzione scientifica, tra il Rinascimento e il XVII secolo, fino all'attuale rivoluzione biotecnologica, sono cambiati culti religiosi e sistemi politici, lingue e confini nazionali, stili letterari e modi di vita, ma la concezione scientifica del mondo – pur con gli inevitabili alti e bassi – ha continuato a essere il tratto distintivo delle genti occidentali.[71] Eppure, noi Europei troppo spesso stentiamo a riconoscere la nostra identità più evidente, la nostra più antica tradizione, e molti addirittura la rigettano, come se fosse un elemento alieno, qualcosa che non ci appartiene o non dovrebbe più appartenerci.

Paradossalmente, questi dubbi non sembrano averli i popoli che si sono avviati più tardi sulla nostra stessa strada, come le civiltà dell'Oriente. Avanzano imperterrite, mentre noi facciamo ancora i conti con la sindrome di Frankenstein o del Doctor Faust. Il transumanesimo è una dottrina che vorrebbe chiudere una volta per tutte questi conti, risolvendo così anche la questione dell'identità europea – tanto dibattuta durante la stesura della costituzione e dei trattati dell'Unione Europea – e più in generale dell'Occidente.

Noi siamo figli della tecnica. Senza voler negare il grande influsso che ha avuto la cultura cristiana in Europa e in America, dobbiamo avere il coraggio di riconoscere che le nostre radici sono razionali e scientifiche, dunque greco-romane, prima ancora che giudaico-cristiane. Perciò, non dovrebbero farci paura né gli esperimenti di Frankenstein, né qualsivoglia patto faustiano volto ad ottenere più conoscenza e più potere sulla natura. Le nostre radici, la nostra identità e il nostro destino sono da ricercare nelle scoperte scientifiche e nelle invenzioni tecnologiche del passato, del presente e del futuro.

Per comprendere il progetto transumanista, dobbiamo allora riconoscere che esso s'innesta senza traumi in questa grande

---

[71] Luciano Pellicani si esprime così sulla questione: «È universale opinione che ciò che ha conferito all'Occidente la sua specifica identità culturale, differenziandola profondamente da tutte le altre civiltà, è stata la rivoluzione scientifica. Questa è iniziata a partire dal momento in cui è affermata l'idea secondo la quale il grande libro della Natura è scritto in caratteri matematici. (...) Grazie ad essa, l'Occidente non solo ha potuto costruire il prodigioso edificio della conoscenza scientifica; ha anche istituzionalizzato un potentissimo metodo per manipolare i fenomeni naturali e assoggettarli alla volontà e ai bisogni dell'uomo». L. Pellicani, *La scienza e la natura*, in E. Cadelo (a cura di), *Idea di natura*, Marsilio, Venezia 2008.

tradizione e, quindi, concentrare l'attenzione su quelle conquiste tecnico-scientifiche che promettono di avere un impatto diretto e immediato sull'evoluzione della specie. Siamo peraltro consapevoli del fatto che questo tipo di scritti è destinato a diventare rapidamente obsoleto, riducendosi ben presto a una capsula del tempo, ad uso dei soli storici. Meno obsoleto resterà probabilmente il contesto etico, politico e sociale in cui queste tecnologie sono prodotte o contrastate, e proprio per questo lo metteremo in dovuto risalto. Tuttavia, l'approfondimento dei problemi cui accenniamo potrà essere affrontato separatamente dal lettore, facendo riferimento all'ampia letteratura sull'argomento.[72]

4.1. *Procreazione artificiale umana*

I transumanisti difendono innanzitutto la "procreazione artificiale umana" (PAU), altrimenti nota come "fecondazione in vitro" (FIV) o "procreazione medicalmente assistita" (PMA) – procedura biomedica che ha già scatenato la reazione convinta delle truppe bioluddiste.[73] Com'è noto, le biotecnologie della riproduzione permettono a individui con deficit di fertilità, dovuti all'età o a patologie, di riprodursi. Le tecniche attraverso le quali la PAU è attuata sono di diverso tipo. Il tipo di intervento più diffuso è quello della fecondazione in vitro con successivo trasferimento dell'embrione così formato nell'utero di una donna (FIVET). Proprio questa tecnica è considerata immorale dai bioconservatori (soprattutto cristiani), perché comporta la distruzione di un certo numero di ovuli fecondati e permette la selezione degli embrioni "migliori". I transumanisti, come del resto gli atei o i diversamente credenti (ebrei, musulmani, buddisti), non vi vedono nulla di male perché ritengono che non si possa parlare di persona fino all'emergere di una coscienza o di un'attività cerebrale e, inoltre, sono soprat-

---

[72] Cfr. Associazione Italiana Transumanisti, *Bibliografia*, transumanisti.it, 19 settembre 2024 (data di accesso).
[73] Cfr. R. Campa, *Procreazione artificiale umana*, «Mondoperaio», № 3, Maggio-Giugno 2007.

tutto interessati al fatto che i bambini che effettivamente nascono non siano menomati da malattie. Giudicano perciò immorale l'esatto opposto: ovvero che si generino deliberatamente degli infelici o si obblighino i genitori a procreare bimbi destinati alla morte precoce o alla sofferenza. O che addirittura s'impedisca *ex lege* a qualcuno di procreare, nonostante la tecnica lo consenta. Per vietare l'eugenetica liberale, i bioconservatori sono arrivati a imporre una disgenetica autoritaria di Stato.

I transumanisti difendono anche la fecondazione eterologa,[74] che – sempre per iniziativa dei bioconservatori cattolici – è stata vietata in alcuni stati, tra i quali l'Italia. Non vedono, infatti, nulla di male nel fatto che il bambino abbia solo in parte o per nulla un legame genetico con i genitori. In fondo questo accade anche con le adozioni. Perché allora l'eterologa è controversa? Perché proprio questa tecnica è la porta per introdurre modifiche genetiche nella prole, al fine di renderla più longeva, intelligente, resistente alle malattie. La legge vieta la modifica della linea germinale, stabilendo pene molto severe.[75] Va da sé che la valutazione di questa pratica diverge completamente nella prospettiva transumanista. Non a caso, i transumanisti hanno partecipato alla campagna referendaria per

---

[74] Si distingue tra fecondazione omologa e fecondazione eterologa. Nel primo caso, il seme e l'ovulo utilizzati nella procreazione assistita appartengono alla coppia di genitori del nascituro, che presenterà quindi un patrimonio genetico ereditato da entrambi i genitori, presentando una situazione più simile a quella della procreazione naturale. Lo zigote è ottenuto in vitro, attraverso l'unione del gamete maschile con un ovulo femminile. Lo zigote viene poi impiantato nell'utero della donna. Nel caso della fecondazione eterologa, uno dei due genitori genetici è esterno alla coppia che si assume l'onere del mantenimento e dell'educazione del figlio. In altre parole, un donatore estraneo alla coppia mette a disposizione o il seme che il padre non può dare o l'ovulo fecondabile di cui è carente la madre. Può anche accadere che tanto il seme che l'ovulo provengano da donatori. In tal caso il figlio non ha nessun legame biologico con i genitori. Cfr. R. Campa, *Procreazione artificiale umana*, cit.

[75] Cfr. Legge 19 febbraio 2004, n. 40. *Norme in materia di procreazione medicalmente assistita*, «Gazzetta Ufficiale», Serie Generale № 45, 24 febbraio 2004.

abrogare la legge 2004/40 che regola la PAU e vieta, oltre all'eterologa, ogni modifica della linea germinale.

4.2. Clonazione riproduttiva e terapeutica

Un'altra tecnologia difesa dai transumanisti è la clonazione. Va subito precisato che, in biologia, si distingue la clonazione completa di un individuo dalla clonazione terapeutica. Clonare un organismo vivente significa farne una copia identica.[76] È possibile clonare diversi tipi di organismo vivente: batteri, virus, piante e animali. Ora sappiamo che anche gli organismi più complessi, i mammiferi, possono essere clonati. Il famoso (o famigerato) biologo Panayotis Zavos sostiene di avere già clonato quattordici embrioni umani, creati con materiale genetico di tre persone morte, e di averne impiantati in utero undici, anche se la gravidanza non è andata a buon fine. Avrebbe operato in un paese in cui non vi sono restrizioni legali (del Medio Oriente o dell'Est Europa), facendosi filmare dal regista indipendente Peter Williams. Il servizio è stato trasmesso da Discovery Channel e ne ha parlato la stampa di tutto il mondo.[77]

La clonazione non è un processo esclusivamente artificiale, ovvero ottenibile soltanto in laboratorio. Diversi organismi si riproducono naturalmente per clonazione. I transumanisti non vedono ragioni particolari per praticare la clonazione completa di un essere umano, ma non vedono nemmeno ragioni per vietarla. In fin dei conti la clonazione produce un fratello gemello, non un mostro. I gemelli monozigoti o monocoriali esistono già in natura. Tra l'altro, come lucidamente argomenta il filosofo Angelo Maria Petroni, «è completamente irrazionale giustificare il bando della clonazione riproduttiva con argomenti ipotetici su quanto orribile sarebbe una società fatta di persone clonate. Dovesse la clonazione riproduttiva produrre queste conseguenze negative (per gli individui e l'ordine sociale) im-

---

[76] Cfr. R. Campa, *Due gocce d'acqua. Breve storia della clonazione*, «Futuri», Anno V, № 10, Maggio 2018, pp. 100-113.

[77] Cfr. A. Manfredi, *Andrologo americano assicura: Posso clonare esseri umani*, «La Repubblica», 22 aprile 2009.

maginate dai bioconservatori, allora, in una società libera, la clonazione si arresterebbe».[78] Ciò avverrebbe perché, «gli individui (che si preoccupano per se stessi e per la loro prole) sceglierebbero liberamente di non farsi clonare, o un divieto legale verrebbe introdotto, basato sulla opinione della *maior et sanior pars* della gente – ben prima che la popolazione finisse per essere interamente composta da cloni».[79]

Ben più interessante per i transumanisti è la questione della clonazione terapeutica e della ricerca sulle cellule staminali. Iniziamo a chiarire di che si tratta. Particolarmente illuminanti ci paiono le definizioni proposte da Giulio Cossu, direttore dell'Istituto per le cellule staminali del San Raffaele di Milano: «Le cellule staminali sono cellule presenti in ogni organismo. Si caratterizzano dalle altre perché sono cellule non differenziate, o non specializzate, nel senso che non hanno ancora una funzione ben precisa all'interno dell'organismo. Grazie a questa proprietà, le cellule staminali possono essere utilizzate per riparare organi o tessuti umani danneggiati».[80] Cossu precisa che non si tratta di una novità assoluta, giacché «le cellule staminali prelevate dal midollo osseo tramite trapianto, ad esempio, vengono utilizzate da almeno un decennio per curare malattie come le leucemie».[81]

Dove si trovano le cellule staminali? Si trovano in alcuni tessuti dell'adulto, nel cordone ombelicale e negli embrioni. La ragione per cui attorno alle cellule staminali è nata una controversia bioetica è proprio legata alla provenienza delle stesse. I bioeticisti cattolici chiedono: se si possono ricavare da tessuti dell'adulto, con un semplice prelievo, perché prelevare le cellule staminali dagli embrioni, causandone la morte? Cossu risponde così:

---

[78] A. M. Petroni, *Liberalismo e progresso biomedico. Una visione positiva*, in R. Campa (a cura di), *Divenire. Rassegna di studi interdisciplinari sulla tecnica e il postumano*, Volume 2, Sestante Edizioni, Bergamo 2009.

[79] Ibidem.

[80] Associazione Luca Coscioni, *Intervista a Giulio Cossu*, lucacoscioni.it, 8 aprile 2005.

[81] Ibidem.

Il fatto è che le cellule staminali embrionali, al contrario di quelle adulte, sono totipotenti, possono cioè trasformarsi in cellule di qualsiasi tessuto umano (possono essere indotte a divenire, ad esempio, cellule del fegato, del cuore, delle ossa, del cervello…). Alcuni esperimenti hanno dimostrato la capacità anche di alcune cellule staminali adulte di rigenerare una molteplicità di tessuti (ad esempio, cellule staminali prelevate dal midollo spinale sono state utilizzate per riparare cuori infartuati). Ma poco o nulla si sa ancora sulla capacità delle cellule staminali adulte di riparare altri organi.[82]

Per tale ragione, moltissimi scienziati impegnati in questo filone della ricerca chiedono di poter continuare a studiare anche le cellule staminali embrionali. Ritengono che queste ricerche offrano la possibilità di capire meglio anche il funzionamento delle cellule staminali adulte, che potranno essere così utilizzate più proficuamente in futuro.

Dunque, le cellule staminali possono essere distinte innanzitutto in "staminali embrionali" e "staminali adulte". Queste ultime sono dette anche somatiche (dal Greco σῶμα sōma = corpo), una definizione più corretta, giacché esse non provengono soltanto da individui adulti, ma sono prelevate anche in bambini e cordoni ombelicali.

I transumanisti sostengono e difendono queste tecnologie, perché proprio attraverso la rigenerazione di tessuti e organi compatibili con il proprio organismo si potrà forse raggiungere lo scopo di allungare indefinitamente la vita. Se sarà possibile farlo attraverso cellule staminali adulte, tanto meglio, così si placheranno le polemiche. Ma poiché la strada più promettente pare ora quella delle cellule embrionali, e considerato il concetto di "persona" elaborato dalla loro dottrina, i transumanisti non vedono buone ragioni per introdurre divieti. Da una parte c'è *il sospetto* che l'embrione potrebbe essere persona e dunque potrebbe vantare dei diritti, ma sull'altro piatto della bilan-

---

[82] Ibidem.

cia c'è *la certezza* che una persona cosciente sta soffrendo e rischia di perdere la vita.

4.3. *Organismi geneticamente modificati*

Anche sugli "organismi geneticamente modificati" (OGM) i transumanisti mostrano una posizione di generale apertura, naturalmente condizionata all'evidenza scientifica della salubrità.[83] In fondo, da tempo immemorabile l'uomo modifica l'ambiente che lo circonda, inclusi gli esseri viventi. Da quando si dedica all'agricoltura e all'allevamento, l'uomo ha coscientemente selezionato alcune varietà di piante e animali e le ha fatte proliferare, preferendole ad altre per il loro valore nutritivo, il sapore, o – nel caso degli animali – la docilità. Tutto questo processo, ormai millenario, ha inevitabilmente portato a modifiche dei codici genetici delle specie animali e vegetali con le quali l'uomo è venuto a contatto. Si badi che non è solo l'uomo che interferisce con le altre specie. Anche nel mondo animale, la comparsa in un territorio di un predatore produce delle modifiche evolutive nelle prede, e viceversa.

Le biotecnologie hanno consentito di modificare il patrimonio genetico di piante e animali in modo molto più rapido. Oggi si fa in laboratorio ciò che prima si faceva, nei campi o nelle fattorie, con un paziente lavoro di selezione. Per i transumanisti, i quali non ritengono per nulla immorale interferire con la natura o che non credono che un ingegnere genetico sia più abominevole di un contadino, tutto ciò è perfettamente lecito.

L'OGM non solo è accettabile ma anche auspicabile, perché se è vero che «noi siamo quello che mangiamo» (Feuerbach docet), allora possiamo pianificare e realizzare con l'aiuto della scienza cibi più funzionali alla salute, alla longevità,

---

[83] Sono convenzionalmente denominati "organismi geneticamente modificati", tutti gli esseri viventi il cui patrimonio genetico originario è stato modificato dall'uomo in laboratorio a scopo industriale, commerciale o di ricerca scientifica. Cfr. R. Campa, *Creatori e creature. Anatomia dei movimenti pro e contro gli OGM,* Deleyva Editore, Roma 2016.

all'intelligenza, alla forza. Naturalmente, non sfugge che essendo impegnate nel campo quasi esclusivamente multinazionali private – che statutariamente hanno come primo scopo il profitto e solo secondariamente la salute dei cittadini – potrebbero verificarsi abusi. Ma non è il divieto che può salvare la situazione, quanto il controllo rigoroso o, eventualmente, anche la realizzazione d'imprese pubbliche scevre dalle logiche di profitto.

L'OGM è anche un banco di prova per le cosiddette ibridazioni uomo-animale, altre tecnologie cruciali per il nostro destino. Vi sono molti progetti scientifici basati sull'introduzione di geni umani in cavie da laboratorio, soprattutto topi, per testare poi farmaci e terapie.[84] Gli scienziati hanno generato topi murini o transgenici con diverse caratteristiche. Alcuni sono più "intelligenti" proprio perché dotati di un extra di geni umani, altri più longevi.

In particolare ha fatto scalpore recentemente la presentazione di «Mighty Mouse», un Super-Topo creato in un laboratorio di Cleveland, nell'Ohio, dotato di eccezionali capacità fisiche. Infatti, può correre per oltre cinque ore senza interruzione, coprendo più di sei chilometri alla velocità di venti metri al minuto. Inoltre, pur mangiando il 60% in più di un normale topolino, non ingrassa e resta sessualmente attivo anche in età avanzata. Il professor Richard W.Hanson ha spiegato che «per ottenere l'energia necessaria a compiere tali sforzi, i super topi

---

[84] «I modelli di topi transgenici contenenti una sovraespressione di un gene normale o mutato possono essere utilizzati per determinare uno sviluppo aberrante in presenza della sovraespressione. I topi transgenici vengono creati tramite iniezione del gene normale o mutato implicato in ovociti fecondati per l'inserimento casuale nel genoma. Questa tecnica può anche essere utilizzata per l'ablazione di tessuti di regioni cerebrali specifiche per modellare disturbi in cui è stata osservata una degenerazione specifica del tessuto». M. Dang, Y. Li, *Generation of Transgenic and Gene-Targeted Mouse Models of Movement Disorders*, in: M. LeDoux (a cura di), *Animal Models of Movement Disorders*, Academic Press, 2005, pp. 33-44. Per ottenere topi transgenici, vengono continuamente sviluppate nuove metodologie. Cfr. A. Wenfeng et al., *Plug and play modular strategies for synthetic retrotransposons*, «Methods», Volume 49, Issue 3, 2009, pp. 227-235.

bruciano prevalentemente acidi grassi e producono quantità limitate di acido lattico. Sono dieci volte più attivi dei topi comuni già dopo poche settimane di vita e vivono più a lungo, superando i tre anni d'età. Per contro, mangiano il doppio e pesano la metà e sono molto più aggressivi, ma non sappiamo ancora spiegarcene il motivo».[85]

Ovviamente, si è scatenata immediatamente la critica dei bioconservatori religiosi, per questi continui tentativi dell'uomo di manipolare il creato, ma anche un pensatore laico e pro-scienza come Paolo Rossi ha avuto da ridire, evidenziando che il Super-Topo è solo l'anticamera del Super-Uomo. Se il primo è già realtà, significa che l'esistenza del secondo è solo una questione di volontà, non di tecnica. Dal contesto, si comprende anche che Rossi giudica questa scelta eticamente inaccettabile, ascrivendola all'ideologia "transumanista".[86]

I critici che gridano allo scandalo pare dimentichino che l'uomo non è un angelo, uno spirito, una realtà altra rispetto alla natura, ma una macchina biologica che ha già l'80% dei geni in comune col topo. Che piaccia o meno. E per questo le ibridazioni sono possibili in natura.

Ciò non sfugge per esempio a Johann Hari, che prende le difese del transumanesimo su *L'Unità*: «La settimana scorsa un topo ha scatenato una nuova battaglia tra i difensori del progresso medico e i suoi nemici. (…) Il nostro obiettivo dovrebbe essere quello di rendere gli esseri umani più sani, più intelligenti, più longevi, utilizzando qualunque tecnologia. Se il risultato sarà che compiremo progressi tali da diventare post-umani… nulla di male».[87] Secondo Hari, tuttavia, mantenere

---

[85] Cfr. S. Marchetti, *Ecco il super-topo transgenico*, «Corriere della sera», 2 novembre 2007. I risultati delle ricerche sui "super topi" sono stati pubblicati nel *Journal of Biological Chemistry* e ripresi poi con grande enfasi da tutti i giornali. Cfr. P. Hakimi et al., *Overexpression of the Cytosolic Form of Phosphoenolpyruvate Carboxykinase (GTP) in Skeletal Muscle Repatterns Energy Metabolism in the Mouse*, «The Journal Of Biological Chemistry», Volume 282, No. 45, November 9, 2007, pp. 32844 –32855.

[86] P. Rossi, *Speranze*, Il Mulino, Bologna 2008, p. 90.

[87] J. Hari, *Dal super-topo al super-uomo. Che c'è di male?*, «L'Unità», 9

un basso profilo sarebbe più proficuo che non organizzarsi in movimento ed entrare in polemica diretta con i luddisti. Aggiunge, infatti, che diventare post-umani non dovrebbe essere il nostro obiettivo dichiarato, perché «mettendo le cose in questi termini, appare chiaro che se i transumanisti sono eccentrici, i loro oppositori sono anche peggiori perché cercano di bloccare terapie salva-vita solo perché non sono in armonia con le loro ansie primitive».[88] Insomma, una convergenza oggettiva, anche se si rimarca un distinguo programmatico.

4.4. Farmaci etnici e personalizzati

Funzionale al progetto transumanista è anche il "Progetto Genoma Umano". Nel 1990, la Hugo, acronimo di *Human Genome Organisations*, alla quale fanno capo circa mille ricercatori di tutto il mondo, si dà l'ambizioso compito di mappare l'intero patrimonio genetico dell'uomo. L'idea era stata lanciata negli anni ottanta dal premio Nobel James Watson, scopritore, assieme a Francis Crick, della struttura a doppia elica del DNA. L'obiettivo dichiarato è decifrare in quindici anni gli oltre tre miliardi di basi che compongono il nostro patrimonio genetico e identificarne tutti i geni. Al progetto aderiscono quasi cinquanta nazioni, diciotto delle quali creano dei programmi nazionali di ricerca, anche se il ruolo principale è svolto senza dubbio dagli Stati Uniti d'America. I ricercatori americani possono, infatti, contare sui finanziamenti del Dipartimento per l'Energia e dei National Institutes of Health. Grazie a un fondo speciale viene creato il National Centre for Human Genome Research, sotto la direzione di Frank Collins.

A preoccupare maggiormente alcuni studiosi di bioetica e parte dell'opinione pubblica, sono gli scopi commerciali con cui s'intraprende questo studio sull'uomo. In che senso si possono commercializzare le sequenze genetiche dell'umanità? A rendere più pressante il problema è l'annuncio, il 17 dicembre

---

novembre 2007, p. 26.
[88] Ibidem.

1998, dell'azienda biofarmaceutica deCode Genetics di Reykjavik di avere ottenuto l'esclusiva per lo studio e lo sfruttamento industriale del patrimonio genetico degli Islandesi.[89] L'idea è di utilizzare le scoperte nel campo della genetica per sintetizzare farmaci atti a curare malattie comuni. Si tratta di una nuova frontiera, che potrebbe portare presto al farmaco etnico o addirittura personalizzato. Sul piano tecnico si tratta di una grande conquista e non c'è dubbio che un farmaco che tiene in dovuta considerazione la genetica del paziente è, in linea di principio, molto più efficace di un farmaco generico.

Questa consapevolezza scientifica accende, però, un nuovo problema etico. In precedenza, la farmacologia aveva una dimensione statutariamente universale. Si sintetizzava un farmaco con la convinzione che fosse potenzialmente utile *a tutti gli esseri umani*. Ora la ricerca genetica consente di sintetizzare farmaci migliori, sul piano dell'efficacia, ma il risultato è che alcune etnie o persone potrebbero essere escluse a priori dalla possibilità di cura, per ragioni economiche e commerciali. Inoltre, quest'approccio mette in brutale evidenza che l'assioma dell'uguaglianza di tutti gli uomini è un principio politico, più che un fatto scientifico. Se così stanno le cose, potrebbe essere più vantaggioso sul piano pratico, soprattutto per chi predilige un'economia pianificata o socialmente controllata, mantenere una popolazione omogenea sul piano etnico. Costerebbe meno cercare cure e sintetizzare farmaci. E su un'idea del genere potrebbero convergere la destra e la sinistra, divise su molti altri temi. Il farmaco personalizzato, in un'economia liberista, rischia di essere ad appannaggio dei soli ricchi, mentre il farmaco etnico potrebbe rappresentare un accettabile compromesso in termini di efficacia e accessibilità.

È tuttavia evidente che la situazione ottimale sarebbe il farmaco personalizzato accessibile a tutti. Tra l'altro, non si può nemmeno escludere che un libero mercato ben funzionante possa realizzare quello che per ora sembra un'utopia. Il pro-

---

[89] R. Chadwick, *The Icelandic database – do modern times need modern sagas?*, «British Medical Journal», 319(7207), 14 August 1999, pp. 14441-4.

blema è che l'economia, più che una scienza esatta, assomiglia a una branca dell'ideologia politica, quindi più che previsioni si possono formulare ipotesi.

4.5. Rigenerazione degli arti amputati

Lo studio della genetica apre delle possibilità prima impensabili anche nel campo della rigenerazione degli arti. Ora ci si affida a protesi elettromeccaniche sempre più sofisticate, talvolta pilotate direttamente dal cervello. Il che rappresenta un'acquisizione perfettamente in linea con il programma transumanista, che non vede negativamente la possibilità dell'ibridazione uomo-macchina e dunque un mondo popolato di cyborg. Tuttavia, pare che la genetica voglia fare concorrenza alla robotica, aumentando le possibilità di scelta. Se una lucertola perde la coda, riesce a farne ricrescere una nuova, completamente funzionale. Questo fenomeno avviene anche con le pinne del pesce zebra e le zampe della salamandra. Al contrario, altri vertebrati come gli uccelli, i mammiferi e gli esseri umani, hanno perso questa straordinaria capacità durante la loro evoluzione. Tuttavia, come scrive Daniela Valentini sul *Corriere della sera*, ci sono buone ragioni per sperare, giacché «il programma genetico che controlla la ricostruzione degli arti è ancora scritto nel loro, e nel nostro, DNA e un gruppo di ricercatori del Salk Institute di La Jolla, in California, lo ha decodificato e riattivato. Come? Il genetista Juan Carlos Izpisúa Belmonte e i suoi colleghi hanno portato a termine uno straordinario esperimento: hanno rimosso l'ala di un embrione di pollo e, stimolando le cellule residue, ne hanno fatta crescere una nuova, completa di ossa, muscoli, pelle e vasi sanguigni».[90]

Belmonte ha spiegato che, per raggiungere il risultato, è stato prima identificato il singolo gene che dà il via allo sviluppo delle zampe, che è stato denominato Tbx4. Dopodiché

---

[90] D. Valentini, *Facciamo ricrescere le ali*, «Corriere della sera», 5 marzo 2007.

sono stati individuati tutti gli interruttori che attivano la formazione di tutti gli arti, geni della famiglia WNT, originariamente scoperti nel moscerino della frutta. Quindi, sono iniziati gli esperimenti per attivarli e disattivarli. Come sempre, l'obiettivo finale è l'uomo, passando per il topo. «Se riusciremo a controllare l'attivazione dei geni WNT e a determinare le corrette modalità dell'intervento nei topi, ne ricaveremo preziosi indizi per una possibile applicazione sui tessuti umani. Ma ora non sono in grado di prevedere quanto tempo sarà necessario prima di utilizzare con sicurezza questa tecnica sull'uomo».[91]

Gli Stati Uniti investono molto in questa ricerca, perché devono fronteggiare il grave problema dei mutilati di guerra. Oltre all'ipotesi d'ibridazioni con animali che hanno queste caratteristiche (lucertole, salamandre, tritoni), o alle riprogrammazioni genetiche, si apre anche la prospettiva di un utilizzo mirato delle cellule staminali.

La rivista *Wired*, nel numero del 25 marzo 2009, informa che il Pentagono ha compiuto il primo significativo progresso nella ricerca sulle cellule staminali "indotte", vale a dire quelle non derivate da embrioni, per rigenerare arti amputati nei veterani di Iraq e Afghanistan. Gli scienziati sono riusciti a trasformare le cellule epiteliali dei soggetti di laboratorio, riportandole allo stato primitivo, in una struttura simile a un blastema: un gruppo di cellule non specializzate che possono formare nuove parti del corpo.[92] In natura, i blastemi si trovano in animali come salamandre e tritoni, capaci di rigenerare arti e le loro funzioni in caso di amputazione.

Gli autori della scoperta lavorano per il Worcester Polytechnic Institute (WPI). Il professore Raymond Page ha spiegato che l'obiettivo è sostituire integralmente un muscolo perso.[93]

---

[91] Ibidem.

[92] N. Shachtman, *Pentagon Plan to Regrow Limbs: Phase One, Complete*, «Wired», 25 marzo 2009.

[93] Per quando riguarda gli studi scientifici pubblicati da Page e dai suoi collaboratori, si vedano i seguenti: J. L. Makridakis et al., *Design of a novel engineered muscle construct using muscle derived fibroblastic cells seeded onto braided collagen threads*, 2009 IEEE 35th Annual Northeast Bioengi-

Il progetto è stato denominato "Restorative Injury Repair" e punta a recuperare a pieno la funzionalità dei tessuti muscolari e nervosi danneggiati o amputati per ferite sui campi da combattimento. I finanziamenti sono arrivati direttamente dalla DARPA (Defense Advanced Research Projects Agency), la divisione di ricerca del Pentagono, per un ammontare complessivo di 570.000 dollari. Ma questo non è stato l'unico istituto di ricerca coinvolto. A dimostrazione di uno sforzo sistematico, il Pentagono ha investito complessivamente duecentocinquanta milioni di dollari in cinque anni. I militari americani hanno anche creato un centro, l'*Istituto militare per la medicina rigenerativa* (AFIRM), per sviluppare una nuova tecnica giapponese, che non solleva questioni etiche, basata sulla trasformazione delle cellule epiteliali adulte dei pazienti, che vengono riportate al loro stato iniziale. In questo modo, si potrebbero ottenere cellule staminali senza rischio di rigetto, sfruttando la loro capacità di trasformarsi in uno dei duecentosettantuno tipi di tessuto presenti nel corpo umano.

4.6. *Robotica e ibridazione uomo-macchina*

I transumanisti si aspettano molto anche dalla robotica, per due ragioni. Innanzitutto, macchine più sofisticate e intelligenti possono sostituire l'uomo in lavori e attività pericolose o addirittura mortali. In seconda istanza, lo sviluppo di sempre più sofisticati robot antropomorfi favorisce l'ibridazione uomo-macchina e la sostituzione pezzo a pezzo dell'uomo in caso di amputazione, malattia degenerativa e senescenza, in prospettiva cyborg.

Verso questi obiettivi convergono diversi campi di studio. L'ingegnere robotico Hans Moravec racconta che i primi seri tentativi di creare macchine in grado di pensare sono iniziati dopo la seconda guerra mondiale. Una corrente di studio, nota come "cibernetica", utilizzava circuiti elettronici di base per

---

neering Conference, Cambridge MA, 2009, pp. 1-2; R. L. Page et al., *Induction of stem cell gene expression in adult human fibroblasts without transgenes,*«Cloning Stem Cells», 11(3), September 2009, pp. 417-26.

simulare piccoli sistemi nervosi. Quest'approccio ha portato alla creazione di macchine capaci di imparare a riconoscere schemi semplici, nonché robot simili a tartarughe in grado di orientarsi per trovare le prese di corrente e ricaricarsi. Poi, descrive così la svolta nella robotica, con l'implementazione nelle macchine mobili dell'intelligenza artificiale:

> Un approccio interamente differente, chiamato intelligenza artificiale, cercava di imbrigliare l'apparentemente prodigioso potere dei computer post-bellici – capaci di fare il lavoro aritmetico di migliaia di matematici – in più interessanti tipi di pensiero. Infatti, nel 1965, i computer facevano girare programmi che dimostravano teoremi di logica e geometria, risolvevano problemi di calcolo e giocavano bene a dama. All'inizio degli anni settanta, ricercatori del MIT e della Stanford University hanno attaccato videocamere e braccia robotiche ai loro computer, affinché il loro programmi "pensanti" potessero iniziare a raccogliere informazioni direttamente dal mondo reale.[94]

L'operazione si dimostra inizialmente fallimentare. La goffaggine di queste prime macchine fa comprendere subito che insegnare a una macchina a camminare o a stare in equilibrio è molto più difficile che insegnarle a risolvere problemi matematici o a giocare a scacchi e dama. Poiché noi bipedi camminiamo e corriamo come tanti altri animali, ma pensiamo meglio di loro, il nostro antropocentrismo ci aveva portati a credere che la prima attività fosse banale e la seconda complessa.

In realtà, la situazione è esattamente opposta. Moravec trova, infatti, la spiegazione del fallimento nelle leggi dell'evoluzione: «La sopravvivenza dell'essere umano (e dei loro antenati) è dipesa per centinaia di milioni di anni dalle capacità di vedere e agire nel mondo fisico, e in quella competizione larga parte dei loro cervelli è diventata efficientemente organizzata per il compito. Ma non abbiamo apprezzato queste magnifiche capacità perché sono proprie di ogni essere umano e della

---

[94] H. Moravec, *The Age of Robot*, frc.ri.cmu.edu, 1993.

maggior parte degli animali – è un luogo comune. D'altro canto, il pensiero razionale, come negli scacchi, è una nuova capacità acquisita, forse meno di centomila anni fa».[95]

Secondo Moravec, che sembra amare le macchine più dei suoi simili umani, non dovremmo vantarci troppo nemmeno delle nostre capacità cerebrali, giacché «le parti del nostro cervello adibite a questo compito non sono bene organizzate e, in senso assoluto, non siamo molto bravi in questo. Ma finora non abbiamo avuto competitori».[96]

I competitori li abbiamo creati noi stessi. Sembra impossibile, ma siamo stati capaci di creare esseri che pensano razionalmente meglio di noi e più rapidamente di noi. Non siamo stati ancora in grado di creare esseri in grado di muoversi meglio di noi o di percepire l'ambiente circostante meglio di noi.[97] Questo perché il compito è più difficile. La natura ha impiegato centinaia di milioni di anni per raggiungere questo risultato, mentre noi ci cimentiamo con il problema da qualche decennio. Non è difficile immaginare che sia solo questione di tempo. Tra l'altro, che le nostre macchine si muovano più goffamente di noi è vero limitatamente alle macchine "antropomorfe". I droni utilizzati sui campi di battaglia addirittura volano.

La paura di possibili effetti indesiderati ha portato a fondare il nuovo campo della roboetica, che vorrebbe implementare nei robot le tre leggi di Asimov. Da tempo, sono in discussione anche i temi della robopolitica che apre questioni ben più am-

---

[95] Ibidem.

[96] Ibidem.

[97] Questo era vero nel 2010. Oggi, come chiunque può constatare visionando i video sul sito della Boston Dynamics, i robot umanoidi e animaloidi di ultima generazione saltano e corrono meglio di un essere umano. Il loro limite è nell'autonomia. Le batterie di cui sono dotati possono durare novanta minuti in modalità di funzionamento normale e un'ora con carichi utili alimentati. E, persino con la macchina in standby (robot inattivo, motori spenti), la batteria non dura più di quattro ore. Su questo terreno, l'essere umano ha ancora prestazioni decisamente superiori, potendo "funzionare" per diversi giorni senza ricarica. Possiamo, però, essere certi che anche questi limiti saranno presto infranti dalle nostre creature.

pie. Se l'androide o il robot sostituiscono sempre più spesso l'uomo sul posto di lavoro, è lecito chiedersi se l'attuale sistema capitalista reggerà a lungo. Per il capitalista è probabilmente più vantaggioso assumere una macchina piuttosto che un uomo, ma senza lavoratori non ci sono consumatori. Dunque, il sistema mostra una possibile contraddizione. Ciò che sembra razionale nel breve periodo a livello microeconomico può risultare controproducente nel medio-lungo termine a livello macroeconomico. Molti transumanisti sono pronti ad ammettere che, se le macchine saranno incoscienti, dovrà essere garantito agli esseri umani un reddito di cittadinanza. Lo sostiene non solo il socialista James Hughes, ma anche il repubblicano e liberista Hans Moravec.[98]

Se invece le macchine saranno coscienti si apriranno nuovi scenari, perché esse reclameranno diritti e non potranno essere semplicemente sfruttate. Ma questo secondo scenario appare talmente fantascientifico che può essere messo, per il momento, tra parentesi.[99] Quello che preme sottolineare è che la creazione di macchine sempre più sofisticate si inserisce perfettamente nel percorso che l'uomo occidentale (poi seguito da quello orientale) ha intrapreso con l'ingresso nella Modernità. Come insegna Luciano Pellicani, «signoreggiare la Natura... è stato – e continua ad essere – il grande progetto alloplastico della Modernità: un progetto prometeico che, partendo dall'idea che la Natura altro non è che una gigantesca macchina, è sfociato nella continua produzione di macchine. Di qui il fatto che la civiltà moderna è stata interpretata come il precipitato storico del "trionfo delle macchine"».[100] In questo senso, ci sentiamo di dire che la macchinolatria dei futuristi non è provocazione, è tradizione.

---

[98] Ibidem.

[99] Lo scenario è comunque stato esplorato in numerose opere da eminenti futurologi, tra i quali Ray Kurzweil, Bill Joy e l'immancabile Hans Moravec. Ne parleremo nel prosieguo del libro.

[100] L. Pellicani, *La scienza e la natura*, in E. Cadelo (a cura di), *Idea di natura*, Marsilio, Venezia 2008.

4.7. *Le promesse della nanotecnologia*

Un'altra tecnica relativamente recente al centro del dibattito è la nanotecnologia. Tra le opere fondamentali del transumanesimo va, infatti, menzionata *Engines of Creations* (Motori di Creazione) di Eric Drexler, che esce dalla tipografia nel 1986. Si tratta del primo libro sulla nanotecnologia molecolare, un campo di ricerca che ha poi attratto una legione di ricercatori e che promette di rivoluzionare il nostro modo di vivere. Drexler profetizza il *molecular assembler*, una macchina in grado di montare qualsiasi tipo di oggetto fisico partendo dai costituenti molecolari. Analizza le applicazioni potenziali della nanotecnologia, ma anche i possibili pericoli che da essa possono derivare. Per esempio, una replicazione spontanea di nano-robots (o nanobots) che potrebbe distruggere completamente la biosfera.

Da allora il dibattito non si è più fermato e si è anzi movimentato a ogni nuova realizzazione, a ogni nuovo brevetto. Luciano Celi, filosofo della scienza e giornalista scientifico, spiega che è in atto una corsa al brevetto «analoga a quella avvenuta con le biotecnologie».[101] Tale circostanza induce a pensare che nei prossimi decenni si metterà in moto un colossale giro d'affari dell'ordine di miliardi di dollari. Le industrie elettroniche, Big Pharma, la produzione di energia e la progettazione di materiali "intelligenti" saranno i settori trainanti. Celi pone un interrogativo riguardo al rischio di un *nanotechnological divide* che, a suo dire, sarà «ben più grave di quello digitale, di cui si denuncia da tempo la pericolosità e si invoca la necessità di colmarlo».[102] Precisa ancora che «la produzione di nanomateriali – in particolare nanotubi e fullereni – non può dirsi ancora significativa, anche se i costi per la produzione industriale sono considerevolmente diminuiti: è quindi certo un

---

[101] L. Celi (con Marco Motta), *AAA Nanoetica cercasi. Si accende il dibattito sulle implicazioni etiche e sociali delle nanotecnologie*, «Jekyll on line» (giornale del Master in Comunicazione della Scienza della SISSA – Trieste), Luglio 2003.
[102] Ibidem.

aumento della loro applicazione, a partire dai dispositivi elettronici contenuti nelle auto».[103] Ma il problema non è solo il *nanotechnological divide*. Vi sono anche potenziali problemi legati all'ambiente e alla salute. ETC Group, un piccolo collettivo internazionale di ricerca e azione impegnato nella giustizia sociale e ambientale, ha rimarcato che alcune ricerche condotte nel 2002 sul fegato delle cavie hanno rilevato la presenza di nanoparticelle. Queste ricerche sono state ignorate dai media.

Le nanotecnologie fanno anche presagire un salto di qualità nella realizzazione di sistemi di sorveglianza invasivi, quali microfoni e videocamere invisibili, che potrebbero aumentare la sicurezza, ma anche minare alla radice la tutela della privacy. E soprattutto potranno essere usate per sviluppare nuove tipologie di armi, invisibili e pervasive, che aumentano il potere di chi le possiede e il pericolo per chi non le possiede. Dunque, sono buone o cattive a seconda di chi le possiede. Perciò qualcuno ha proposto una moratoria o una messa al bando, per esempio Bill Joy. Ma, come sempre, queste iniziative proibizioniste rischiano di bloccare anche sviluppi positivi in campo medico e di condannare alla sofferenza o alla morte malati gravi.

Infatti, i nanotubi al carbonio possono anche essere usati in campo medico, sempre nella prospettiva dell'ibridazione uomo-macchina. L'obiettivo è «un cervello iperveloce che scambia informazioni tra aree neurali con prestazioni elevatissime, che tra gli intricati meandri della sua materia grigia nasconde componenti artificiali perfettamente integrate tra i neuroni».[104]

L'esperimento è stato portato a termine da ricercatori italiani e svizzeri,[105] collegando ai neuroni dei nanotubi di carbonio. In questo modo, i neurologi hanno ottenuto un aumento

---

[103] Ibidem.

[104] *Neuroni e nanotubi al carbonio: ecco il cervello ad alta velocità*, «la Repubblica», 21 dicembre 2008.

[105] Michele Giugliano dell'Università di Anversa (in precedenza ha lavorato al Laboratorio di Neural Microcircuitry dell'Ecole Polytechnique Federale di Losanna, Svizzera), in collaborazione con Laura Ballerini e Maurizio Prato, dell'Università di Trieste presso il centro BRAIN.

dell'eccitabilità neurale. Un primo articolo su questo tema è apparso nella rivista *Drug Discovery Today*[106] e, successivamente, l'invenzione è stata presentata sulla rivista *Nature Nanotechnology*.[107] I nanotubi di carbonio sono in grado di condurre elettricità. I ricercatori hanno scoperto che questi materiali possono stabilire connessioni strette con le membrane dei neuroni. Si tratta di connessioni simili a quelle naturali tra le cellule. Ciò consente la creazione di collegamenti neurali artificiali, cioè di "scorciatoie" che facilitano il passaggio dei segnali nervosi. Il risultato è un aumento dell'eccitabilità dei neuroni. Questa idea potrebbe essere utilizzata per sviluppare ponti neurali che aggirano traumi o lesioni. Un'altra possibile applicazione è la creazione di interfacce cervello-computer per neuroprotesi.

Secondo gli scienziati, questi risultati indicano che i nanotubi potrebbero influenzare l'elaborazione neurale dell'informazione. In prospettiva, approfondendo le conoscenze sul funzionamento delle reti ibride neuroni-nanotubi, si potrebbero aprire le porte allo sviluppo di materiali "intelligenti" per la riorganizzazione di sinapsi all'interno di una rete neurale. Dunque, la nanotecnologia potrebbe consentire di ripristinare le funzioni di cervelli danneggiati, ma anche potenziare le prestazioni di cervelli sani. Cervelli che diventerebbero ibridi tecno-biologici.

4.8. *Intelligenza artificiale e mind uploading*

A proposito di cervelli, non si può tralasciare il campo dell'intelligenza artificiale. I computer hanno fatto molta strada da quando erano costosissimi e ingombranti oggetti a disposizione soltanto degli apparati militari, delle università e delle

---

[106] M. Giugliano, M. Prato, L. Ballerini, *Nanomaterial/neuronal hybrid system for functional recovery of the CNS*, «Drug Discovery Today: Disease Models», Volume 5, Issue 1, 2008, pp. 37-43.

[107] G. Cellot, E. Cilia, S. Cipollone et al., *Carbon nanotubes might improve neuronal performance by favouring electrical shortcuts*, «Nature Nanotech», 4, 2009, pp. 126–133.

grandi aziende. Poi è arrivata l'esplosione degli home computer, una generazione di macchine meno sofisticate del personal, e infine l'attuale PC con le sue ricadute nel campo dell'informazione e dell'estensione della rete. Uno dei primi modelli di personal computer fu il Commodore PET, creato nel 1977. Poi seguirono gli Amiga, gli Atari e i Macintosh, basati prevalentemente su CPU a 16 bit. Queste macchine avevano unità a disco incorporate (floppy disk o hard disk) e sistemi operativi in grado di gestirle in modo completo e affidabile. Un momento di svolta si registrò tuttavia il 12 agosto 1981, quando fu presentato alla stampa il personal computer di IBM, progettato da un gruppo di ingegneri guidato da William Lowe. Si trattò di un passo decisivo perché fino a quel momento le multinazionali dell'elettronica avevano snobbato l'idea del microcomputer. «Che bisogno ha una persona di tenersi un computer in casa?» – si chiedeva Kenneth Olsen, il fondatore della Digital, nel 1977.

La macchina messa sul mercato (modello 5150, processore 8088 a 4,77 MHz, memoria RAM da 64 Kb, lettore floppy da 5,25 pollici, tastiera, monitor monocromatico a 12 pollici) costava tremila dollari nel modello base e seimila nella versione sofisticata. La previsione era di venderne duecentomila esemplari in cinque anni. Se ne vendettero duecentocinquantamila in dieci mesi, forse per la curiosità o perché IBM aveva la reputazione di azienda seria e affidabile. La corsa all'acquisto, nonostante la modestia della macchina e il costo non proprio basso, convinse l'azienda a mettere il PC al centro dei propri piani. Da allora la storia è nota. Vediamo che questi computer aumentano di potenza, memoria e prestazioni anno dopo anno. Progredisce continuamente l'hardware e migliora il software, tanto che ci chiediamo dove si può arrivare. I futurologi si spingono talvolta molto lontano con le speculazioni e profetizzano la "Singolarità" e il "mind uploading".

Mettiamo però in chiaro che, se fino ad ora abbiamo parlato di ricerche scientifiche con una solida base sperimentale, ora ci addentriamo in mere ipotesi futurologiche.[108]

Per Singolarità s'intendono molte cose diverse, secondo le scuole di pensiero. Possiamo però dire, in termini molto generici, che la Singolarità rappresenta il momento in cui l'intelligenza delle macchine, o degli ibridi uomo-macchina, supererà il livello dell'intelligenza umana. A questo punto è difficile fare previsioni su cosa potrà accadere, giacché quelle entità (che potremmo essere noi stessi trasformati o implementati) vedranno il mondo con occhi diversi. Quando ciò avverrà? Sulla base di certe estrapolazioni dalla legge di Moore, che descrive come esponenziale la crescita di potenza delle macchine pensanti, alcuni futurologi fissano la Singolarità intorno alla metà di questo secolo. Kurzweil addirittura prima.[109] Io mi limito a sottolineare che solo una parte dei transumanisti crede a questa ipotesi.

Per *mind uploading* s'intende invece il trasferimento di una mente umana in una macchina pensante. Sappiamo che è possibile trasferire informazione da cervelli biologici a macchine elettromeccaniche e viceversa, e questo fa sperare che l'intera coscienza possa un giorno essere "scaricata" dalla scatola cranica al computer. Tra gli esperimenti più riusciti c'è il *Brain-Gate*. A quattro persone paralizzate è stato praticato un foro nella scatola cranica e un microchip è stato collegato direttamente alla parte del cervello che presiede le funzioni motorie. Grazie al dispositivo ora possono accendere e spegnere la luce o leggere l'e-mail senza muovere un dito.

---

[108] Sappiamo d'altronde, per esperienza, che queste precisazioni servono a qualcosa solo se s'incontrano sulla strada critici intellettualmente onesti. I disonesti diranno che l'autore di questo libro nutre una fede cieca nel *mind uploading*. Se ciò accadrà, sarà questa nota a testimoniare.

[109] R. Kurzweil, *La singolarità è vicina*, Apogeo, Milano 2008. Si consiglia di leggere anche il *sequel*, fresco di stampa: R. Kurzweil, *La singolarità è più vicina. Quando l'Umanità si unisce all'AI*, Apogeo, Milano 2024 (con una prefazione di David Orban).

Non è possibile ora fare una proiezione, una stima temporale sulla riuscita di quest'operazione, perché il processo non dipende solo dalla potenza della macchina, ma anche dalla nostra comprensione della mente. E per la mente è difficile comprendere la mente, perché non può osservare se stessa dall'esterno. Forse una mente superumana riuscirà a comprendere la mente umana e, così, rendere più facile il *mind uploading* degli umani. Ma bisogna allora avanzare in altri campi e non solo nella AI. Si possono tuttavia fare delle considerazioni di tipo filosofico, riguardo alla plausibilità di questa tecnica.

Se accettiamo le premesse dell'ontologia materialistica, ovvero identifichiamo la mente con un flusso di informazioni prodotto dal cervello, diventa plausibile l'ipotesi di dirottare quel flusso di informazioni su un diverso supporto materiale. In fondo, i nostri pensieri si manifestano sotto forma di scariche elettriche e reazioni chimiche. Naturalmente non è semplice risolvere la questione, perché la macchina che accoglie la mente deve poi essere in grado di "fare girare il programma", deve cioè supportare quel tipo di informazione. Se pensiamo che esiste un problema di compatibilità anche tra calcolatori di marche diverse, possiamo ben capire la difficoltà che troviamo nel rendere compatibili computer e cervello umano. Perché sia possibile l'upload completo, dobbiamo prima riuscire a capire esattamente come funziona il cervello umano e costruirne uno analogo artificiale. Non deve essere necessariamente a base di carbonio come il nostro. Può essere di silicio, ma certamente non basta un semplice computer, per quanto sofisticato possa essere. La nanotecnologia, ossia la costruzione di dispositivi e robot microscopici, anzi nanoscopici, potrebbe aiutare a risolvere il problema. Secondo l'ingegnere e futurologo Ray Kurzweil, una legione di nanobots potrebbe essere spedita dentro il cervello umano con il compito di comprenderne la struttura e ricostruirne l'architettura.[110]

---

[110] R. Kurzweil, *The Human Machine Merger: Are we Headed for the Matrix?*, 2003 (kurzweilai.net). Vedi anche: R. Kurzweil, *The Age of Spiritual Machines: When Computers Exceed Intelligence*, Viking, New York

Rimanendo sul piano del ragionamento filosofico ci accorgiamo però che il *mind uploading* apre le porte a un nuovo dilemma: in che senso la mente trasferita nel computer ha consistenza ontologica? Se i neuroni esistono in forma di atomi e molecole, e così i transistor e i circuiti integrati pronti a sostituirli, allora i ricordi, la personalità, la coscienza – se trasferibili – sarebbero modi di funzionare di neuroni e transistor. Potrebbe quindi essere possibile, in linea di principio, trasferire una mente contemporaneamente in due macchine diverse. Quale delle due copie è il nostro io, se la domanda ha ancora un senso? La risposta potrebbe essere: entrambe e nessuna.

Possiamo immaginare che un lettore tecnofobico troverà inquietante, più che affascinante, l'ipotesi di "reincarnarsi" in un androide o di vivere come un avatar disincarnato in un computer. Per molti transumanisti rappresenta invece una speranza, perché significherebbe la sconfitta definitiva della morte. Per comprendere questa prospettiva, bisogna prendere in considerazione l'ipotesi della vanità di ogni speranza di vita ultraterrena e immaginarsi malati e morenti in un letto d'ospedale. La scelta è tra l'annullamento definitivo del nostro essere e il trasferimento della parte più importante di esso – la coscienza con tutti i ricordi – in un nuovo corpo, magari robotico. Molti transumanisti non avrebbero dubbi in proposito. Preferirebbero vivere. Tra l'altro, non lo vedrebbero come un ripiego, ma come un miglioramento dell'esistenza. Un corpo robotico potrebbe durare millenni e non avrebbe bisogno di ossigeno, quindi permetterebbe di vivere su altri pianeti. L'attuale corpo può anche non dispiacerci, ma è fragile, mutevole e si deteriora molto rapidamente. Anche in questo caso, va però precisato che non tutti i transumanisti credono in questa possibilità o la trovano sufficientemente allettante.[111]

1999.

[111] Io appartengo alla schiera di coloro che considerano il *mind uploading* una soluzione non in grado di garantire la continuità della persona.

4.9. Sospensione crionica

Un'altra tecnologia fantascientifica, ma corroborata da qualche incoraggiante esperimento è la sospensione crionica, un processo conosciuto a livello popolare come "ibernazione". L'idea fu lanciata da Robert Ettinger nel lontano 1964, con un libro che è ormai diventato un classico dell'argomento: *The Prospect of Immortality*.[112] La crionica può essere vista come un'alternativa al seppellimento o alla cremazione. Un migliaio di persone si è prenotata per questo trattamento, che va implementato immediatamente dopo il decesso, e alcune decine di corpi sono già conservati a bassissime temperature. Si stanno facendo esperimenti nel campo anche con cavie animali, a volte con risultati sorprendenti. Tuttavia, nessun essere umano ibernato è mai tornato in vita e perciò non si può che essere estremamente cauti nel presentare questa possibilità.

Il problema è che le persone ora morte non devono soltanto essere risvegliate, che già non è poco, ma anche "aggiustate", perché la procedura di congelamento aggiunge danni a un corpo già gravemente danneggiato dall'invecchiamento o da una malattia (al punto che è deceduto) e non c'è nessuna garanzia che questo sia possibile. D'altronde, l'alternativa è la putrefazione e, perciò, per alcuni vale comunque la pena di tentare, sperando nelle tecnologie del futuro che promettono di essere di molto più avanzate di quelle del presente.

È soprattutto la nanotecnologia ad accendere le speranze, perché – per quanto sofisticato possa essere il procedimento crionico ora adottato – le cellule del cervello subiscono comunque un danneggiamento a causa della cristallizzazione. I

---

[112] R. Ettinger, *The Prospect of Immortality*, Ria University Press, Ann Arbor MI 2005 (1964). Trad. it. *Ibernazione. Nuova Era. La prospettiva dell'immortalità*, Rizzoli, Milano 1967. Lo stesso autore ha poi allargato il discorso all'evoluzione e al superuomo in: *Man into Superman: The Startling Potential of Human Evolution... and how to Be a Part of It*, William Morrow & Company, New York 1974. Sulla crionica, si trovano informazioni anche nel sito della Alcor (alcor.org). Non bisogna però scordare che si tratta di un'azienda privata che cerca di vendere un prodotto. In italiano si può consultare il sito dell'Associazione Italiana Crionica (AIC): i-lifegroup.org

nanobots o altri macchinari nanotecnologici potrebbero riparare le connessioni, i neuroni e le cellule una ad una.

Per quanto riguarda gli esperimenti reali, possiamo segnalare i seguenti. Sono stati sospesi e rianimati con successo tre tipi di mammiferi: topi, cani e maiali. L'articolo relativo alla sospensione dei topi è stato pubblicato su *Science*,[113] rivista scientifica prestigiosissima che contende a *Nature* il titolo di "Bibbia della scienza". Il team che ha fatto l'esperimento lavora al Fred Hutchinson Cancer Research Center, diretto da Mark Roth. In questo caso, le funzioni dei mammiferi sono state soltanto rallentate. Gli scienziati hanno creato una sorta di coma ipodermico, con un battito di cuore lentissimo per impedire la degenerazione di tessuti attaccati dalla malattia. La tecnica potrebbe essere una valida alternativa tanto all'eutanasia quanto all'accanimento terapeutico. Insomma, una terza via nel quadro della contrapposizione bioetica tra laici e cattolici.

Più radicale l'esperimento sui cani, che è stato eseguito all'Università di Pittsburg. In questo caso l'approccio è stato quello tipicamente criogenetico, con la sostituzione del sangue, il congelamento e l'arresto cardiaco. I ricercatori di Pittsburgh hanno sperimentato su un gruppo di cani, sostituendo il loro sangue con una soluzione salina raffreddata a sette gradi Celsius. Questo procedimento ha provocato uno stato di morte apparente negli animali. Non è stato rilevato alcun respiro, alcuna attività cardiaca e alcun segnale dal cervello. Dopo tre ore in questo stato, il sangue è stato reinserito nei corpi dei cani. Le cavie sono quindi state rianimate con elettroshock e somministrazione di ossigeno. Grazie alla riattivazione di cuore e polmoni, i cani sono tornati in vita. Successivi test diagnostici hanno mostrato che gli animali non hanno subìto danni evidenti agli organi vitali.[114]

---

[113] E. A. Blackstone, M. L. Morrison, M. B. Roth, *Hydrogen Sulfide Induces a Suspended Animation-State in Mice*, «Science», 308(5721), April 2005, p. 518.

[114] A. Balbi, *Cani uccisi e riportati in vita. Incredibile esperimento negli Usa*, «la Repubblica», 28 giugno 2005.

Ha avuto successo anche l'esperimento sui maiali. Un'équipe di esperti del Massachusetts General Hospital di Boston, guidata dal Prof. Hasan Alam, ha ibernato e risvegliato ben duecento maiali (con una percentuale di successo del 90%) e ha annunciato imminenti test su pazienti umani. Si tratta di malati molto gravi che possono essere salvati soltanto rallentandone le funzioni vitali e tenendone i corpi a temperature bassissime durante gli interventi chirurgici.[115]

Inoltre, va sottolineato che il congelamento in azoto liquido e la riattivazione delle funzioni vitali è praticato di continuo anche su embrioni umani e altro materiale biologico. Dunque, si può congelare un umano e risvegliarlo, a patto che sia molto "giovane". Naturalmente, sottoporre un individuo adulto a questo processo è ben più complicato, ma affermare l'impossibilità della crionica è, perlomeno, altrettanto gratuito che affermarne la possibilità.

Se anche la probabilità di essere resuscitati è bassa, essa è comunque superiore a zero. Essa non dipende tanto dal momento in cui inizia la sospensione crionica, ma dagli sviluppi tecnici della società, da ciò che faranno gli scienziati là fuori in futuro. Ancora non abbiamo le tecniche di rianimazione nanotecnologica, ma per il sospeso non cambia nulla. Essere resuscitato fra cento anni o mille non fa molta differenza. Per il sospeso trascorre sempre e comunque soltanto un istante.

Voglio però aggiungere un'ultima osservazione. Supponiamo che mai si riuscirà a rianimare un uomo. Potrebbero, infatti, avere ragione i dualisti come Pitagora, Platone, Cartesio, Eccles o Popper. Se – come dicono loro – non siamo un corpo animato ma un'anima in un corpo, quando il corpo si spegne, l'anima se ne va altrove. Per sempre. Anche se così fosse, credo che la scelta della crionica avrebbe comunque un senso. Pensiamo al grande significato scientifico che avranno i corpi degli Homo sapiens per gli esseri senzienti del futuro. Se oggi gli antropologi potessero disporre di corpi perfettamente

---

[115] Y. Grattoni, *Ibernazione: dopo i maiali arrivano gli umani*, sapere.it, 6 aprile 2006.

conservati di Homo habilis o Homo erectus, potrebbero ottenere risposte a quesiti scientifici di straordinaria importanza. Perciò, scegliere il congelamento del proprio cadavere non è necessariamente un segno di egoismo. Può essere visto anche come un gesto altruistico nei confronti della scienza e della futura post-umanità.

Qualcuno sostiene che la crionica potrebbe essere soltanto un lucroso *business* di ciarlatani. Come abbiamo detto, la crionica non rappresenta una garanzia d'immortalità, ma certamente è una delle speranze che abbiamo. I costi iniziano ad abbassarsi e quest'alternativa all'inumazione o alla cremazione viene presa in considerazione da un numero crescente di persone, come alternativa al seppellimento. In Russia ormai offrono un trattamento completo per poche migliaia di dollari. Un funerale e una tomba non costano meno. Allora, se proprio vogliamo parlare di lucrosi affari, dobbiamo mettere in discussione anche il *business* del "caro estinto". Infine, aggiungo che lasciano perplessi i critici che accusano i sostenitori della crionica di essere mezzi matti o disonesti e poi, magari, credono ciecamente nelle promesse delle religioni.[116] Nella crionica la verifica empirica intersoggettiva è posticipata, ma nelle religioni è del tutto assente. Quindi, sul piano della razionalità, la sospensione crionica ha comunque un grado di plausibilità superiore a qualsiasi promessa di vita ultraterrena. Perciò, è consigliabile molta cautela quando si parla di ciarlataneria, altrimenti bisogna allargare per coerenza l'accusa a tutti coloro che fanno affermazioni non immediatamente controllabili, a partire dalle

---

[116] Con questo non sto dicendo che l'idea della vita oltre la morte sia filosoficamente inaccettabile. Chi ha letto altri miei lavori, antecedenti e successivi a questo libro, sa che nella mia personale visione del mondo c'è spazio anche per la fede religiosa. Qui, sto semplicemente dicendo che non possiamo usare un doppio standard nella valutazione e nel rispetto delle credenze cosiddette "irrazionali" o "arazionali". Il problema non è credere in una teoria metafisica o in un'ipotesi scientifica, ma essere dogmatici e intolleranti, tanto nella religione quanto nella scienza. Per maggiori dettagli, cfr. R. Campa, *La pandemia, il ritorno del positivismo e la lezione dimenticata del razionalismo critico*, «Orbis Idearum», Volume 10, Issue 1, 2021, pp. 49-74.

religioni tradizionali. Le speranze – per quanto bizzarre possano sembrare – vanno rispettate tutte. O nessuna.

5. La scienza pura e l'orizzonte postumano

L'etica della conoscenza è anche, in un certo senso, conoscenza dell'etica, delle pulsioni, delle passioni, delle esigenze e dei limiti dell'essere biologico. Nell'uomo essa sa riconoscere l'animale, non assurdo ma strano, prezioso per la sua stessa stranezza; un essere che, appartenendo contemporaneamente ai due regni – la biosfera e il regno delle idee – è al tempo stesso torturato e arricchito da questo dualismo lacerante che si esprime nell'arte, nella poesia e nell'amore umano.

JAQUES MONOD

Nessuna società può predire scientificamente il proprio futuro livello di conoscenza.

KARL POPPER

Un nutrito gruppo di filosofi e scienziati, molti dei quali piuttosto autorevoli, ritiene che il naturale sbocco della ricerca nel campo dell'ingegneria genetica, della robotica, della nanotecnologia e dell'intelligenza artificiale sia il superamento dell'umanità, ovvero la nascita di una specie postumana. Se questa visione futurologica abbia un fondamento o meno lo potrà decidere, come al solito, soltanto la storia. L'idea del miglioramento dell'uomo attraverso la scienza e la tecnica è portata avanti da un movimento intellettuale e culturale che si autodefinisce: "transumanesimo".

È difficile definire in poche parole questo movimento. Per darne una prima idea al lettore, riportiamo la voce 'transhumanism' dell'enciclopedia *Britannica*:

Il transumanesimo è un movimento filosofico e scientifico che sostiene l'uso delle tecnologie attuali ed emergenti—

come l'ingegneria genetica, la criogenia, l'intelligenza artificiale (IA) e la nanotecnologia—per aumentare le capacità umane e migliorare la condizione umana. I transumanisti immaginano un futuro in cui l'applicazione responsabile di tali tecnologie permetterà agli esseri umani di rallentare, invertire o eliminare il processo di invecchiamento, di ottenere corrispondenti aumenti della durata della vita umana e di potenziare le capacità cognitive e sensoriali umane. Il movimento prevede che gli esseri umani con capacità potenziate evolveranno in una specie migliorata che trascenderà l'umanità—il "postumano".[117]

I transumanisti sono dunque entusiasti sostenitori del progresso tecnico-scientifico, al punto che – non proprio benevolmente – *Panorama* li ha definiti i «talebani delle biotecnologie».[118] In realtà, quello che ha fatto sussultare alcuni politici, prelati e opinionisti italiani non è altro che il punto di vista di molti scienziati e ingegneri d'oltreoceano.

Discutere la rispettabilità delle tesi transumaniste non è tuttavia lo scopo principale di questo capitolo. Qui ci interroghiamo piuttosto sul destino della scienza pura, una volta che si consideri plausibile lo scenario di un salto di specie. A prima vista, l'attenzione dei transumanisti sembra concentrarsi più sulle applicazioni tecnologiche che sulla conoscenza scientifica di base. Una domanda sorge allora spontanea: se la ricerca è tesa soprattutto verso la conoscenza applicabile, per dare agli esseri senzienti un maggiore controllo sulla natura, inclusa quella dei loro corpi, non si corre il rischio di ridurre la scienza ad ancella dell'ingegneria?

---

[117] R. Ostberg, *Transhumanism: social and philosophical movement*, in *Britannica*, 26 luglio 2024. Nel saggio originale, incluso senza modifiche nella prima edizione del libro, avevo riportato la definizione di mio conio apparsa nella sezione "Enciclopedia" della rivista socialista *Mondoperaio*. Poiché l'articolo scritto per la rivista socialista è il capitolo secondo di questo libro (*Transumanesimo e politica*), per evitare la ripetizione, in questa seconda edizione ho deciso di riportare la voce dell'enciclopedia *Britannica*.

[118] G. Ieranò, *Belli e immortali: ecco chi vuole creare il superuomo*, «Panorama», Anno XLIII, №10, 10 marzo 2005, pp. 174-178.

5.1. *La missione originale della comunità scientifica*

L'impresa scientifica è iniziata circa duemilacinquecento anni orsono nel mondo greco ed ellenistico, come tentativo di comprendere l'universo, prima ancora che di cambiarlo.[119] Alla base della ricerca scientifica c'è il principio di eusofia – principio cristallizzato da Robert K. Merton nel concetto di "scienza pura": «Un sentimento che è assimilato dallo scienziato sin dall'inizio della sua formazione è quello che la scienza deve essere pura... Il rifiuto continuato degli scienziati di applicare norme utilitaristiche al loro lavoro ha come funzione principale quella di evitare questo pericolo [di soggiacere al controllo diretto di altri enti istituzionali] che è particolarmente sensibile nella nostra epoca».[120]

In altri termini, la scienza deve fondamentalmente essere un'impresa autotelica, cioè fine a se stessa, non deve essere subordinata a interessi politici, economici, militari, religiosi, o comunque condizionata da qualsiasi altra istituzione non accademica. Riformuliamo allora la domanda in altri termini: c'è spazio nel transumanesimo per la ricerca disinteressata della verità scientifica?

Le nostre ricerche indicano che la scienza pura non è per nulla scomparsa dall'orizzonte di pensiero dei transumanisti (includiamo in questa categoria tutti gli intellettuali e scienziati che credono e sperano in un divenire postumano, anche se non

---

[119] Naturalmente, sulle origini della scienza pura c'è un dibattito aperto e scarso consenso tra gli storici. Non essendo la questione storiografica il tema fondamentale di questo capitolo, mi limito a segnalare due letture che invitano a cercare le radici dell'impresa scientifica nell'Antichità: G. Tabarroni, *Fatti rilevanti di storia della scienza*, Giorgio Barghigiani Editore, Bologna 1990; L. Russo, *La rivoluzione dimenticata. Il pensiero scientifico greco e la scienza moderna*, Feltrinelli, Milano 2006. Sia chiaro che riconoscere le radici antiche della scienza non implica che si debba sminuire l'apporto della rivoluzione scientifica avvenuta in Europa nell'Età Moderna, grazie alle straordinarie scoperte di scienziati come Copernico, Keplero, Galileo, Cartesio, Newton e altri.

[120] R. K. Merton, *Teoria e struttura sociale. III. Sociologia della conoscenza e sociologia della scienza*, Il Mulino, Bologna 2000, p. 1043.

utilizzano abitualmente questa etichetta). I dati da noi raccolti ci fanno piuttosto ipotizzare che l'apoteosi delle tecnologie potenzianti non solo non ucciderà la scienza pura, ma anzi porterà ad essa nuova linfa vitale.

La nostra ipotesi trova supporto innanzitutto in una serie di testimonianze raccolte dal giornalista scientifico John Horgan nel libro *The End of Science*.[121] Horgan parte dall'ipotesi che la ricerca scientifica abbia ormai raggiunto i propri limiti: sappiamo ormai più o meno tutto ciò che è possibile conoscere del mondo fisico, cosmico, biologico, umano, e quindi non possiamo attenderci nuove rivoluzionarie scoperte. Se ci sarà progresso sarà nel campo delle invenzioni o applicazioni tecniche. La tesi è piuttosto controversa e non intendiamo addentrarci in una valutazione della sua plausibilità. Più interessante è a nostro avviso il fatto che, per dimostrarla, Horgan incontra e interroga decine di scienziati. Dalle interviste, risulta piuttosto chiaro che quasi tutti cercano "The Answer" (La Risposta, con la R maiuscola), ovvero sono scienziati puri, nel senso mertoniano del termine. Non puntano tanto alle applicazioni del sapere, quanto a trovare risposte definitive alle assillanti domande dell'uomo circa se stesso e il mondo in cui vive. Alla base della ricerca scientifica ci sono le domande tipiche della filosofia: Com'è fatto il cosmo? Com'è venuto in essere? Che cos'è la materia? Che cos'è la vita? Che cos'è la coscienza? Che cos'è l'uomo? Qual è il suo destino? E, soprattutto, perché c'è qualcosa, piuttosto che nulla?

Se, da un lato, quasi tutti gli scienziati interpretano la propria missione come il tentativo di scoprire la verità ultima sull'essere, dall'altro, non sono pochi quelli che riconoscono i limiti cognitivi dell'uomo e quindi la possibilità che si sia ormai vicini alla frontiera della conoscenza possibile. Quanto sappiamo è ciò che possiamo sapere, dati i limiti dei nostri sensi e delle nostre capacità cerebrali.

---

[121] J. Horgan, *The End of Science. Facing the Limits of Knowledge in the Twilight of the Scientific* Age, Broadway Books, New York 1997.

5.2. *Chomsky: riconoscere i limiti cognitivi umani*

Il primo a ricordarci che noi umani conosciamo ciò che la nostra natura ci permette di conoscere è Noam Chomsky. Il fatto che alcune ricerche abbiano portato a progressi spettacolari, mentre altre sono soggette a continui fallimenti potrebbe dipendere da nostri limiti strutturali. Prima dell'esistenza della scienza moderna, molte questioni sembravano misteri irrisolvibili. Poi, Copernico, Galileo, Keplero, Cartesio, Newton e altri hanno dato avvio alla rivoluzione scientifica moderna e hanno spiegato molti dei misteri riguardanti la materia e il cosmo. Ci siamo allora illusi che a noi umani nessuna conoscenza sia preclusa, che non ci sia mistero che non possiamo risolvere con il metodo scientifico. In realtà – argomenta Chomsky – se accettiamo la teoria dell'evoluzione, dobbiamo accettare anche il fatto che le nostre capacità cognitive sono da essa plasmate e che possono ancora evolvere e cambiare. Se possono migliorare, segue logicamente che oggi ci sono per noi misteri irrisolvibili. Vale per noi ciò che vale per altri animali. Un topo può imparare a uscire da un labirinto in cui è necessario girare a sinistra ogni due biforcazioni, ma non riesce a comprendere la "soluzione" se essa richiede di girare a sinistra a ogni biforcazione che corrisponde a un numero primo. La mente matematica dei ratti ha dei limiti ben riconoscibili. Perlomeno, essi sono riconoscibili da noi che riusciamo a trascenderli. Se ammettiamo che siamo anche noi animali e non "angeli", conclude Chomsky, dobbiamo ammettere che certi problemi, come la coscienza e il libero arbitrio, non riusciremo mai a risolverli, perché sono oltre le nostre possibilità. E non solo non possiamo rispondere a certe domande, ma non possiamo nemmeno formulare certe domande. Il ratto probabilmente non si chiede che cosa siano il libero arbitrio e la coscienza. Analogamente, noi non ci poniamo domande su questioni reali che non riusciamo a percepire con i sensi e nemmeno a immaginare.[122]

---

[122] Ivi, p. 152.

I nostri limiti potrebbero però essere percepiti e superati da esseri postumani dotati di sensi e capacità di calcolo ed elaborazione che noi non possediamo. In altre parole, se ci potenziassimo e diventassimo esseri superumani, oppure se costruissimo dei successori superintelligenti non umani, potremmo forse ottenere "la Risposta", potremmo finalmente svelare il mistero della nostra esistenza o conoscere la verità ultima sul cosmo.

5.3. *Hawking e Dennet: "la Risposta" è nei computer*

Questa, almeno, è l'ipotesi di alcuni grandi nomi della scienza, a cominciare da Stephen Hawking. Lo scienziato inglese ha previsto che la fisica potrebbe arrivare presto a elaborare una teoria completa e unificata della natura. Questa profezia è stata resa nota dall'astrofisico il 29 aprile del 1980, in occasione della presentazione di un articolo intitolato "È la fine della fisica teorica vicina?".[123] Il discorso è stato pronunciato in occasione della sua nomina a professore di matematica all'Università di Cambridge, la prestigiosa cattedra sulla quale trecento anni fa sedeva nientemeno che Newton. Secondo Horgan, soltanto alcuni osservatori si sono resi conto che Hawking, alla fine del discorso, ha indicato i postumani e non gli umani come i protagonisti di questa conquista: «Hawking suggerì che i computer, considerata la loro evoluzione accelerata, potrebbero presto sorpassare in intelligenza i loro creatori umani e ottenere la teoria finale per proprio conto».[124]

A questa conclusione giunge anche Daniel Dennett, docente di filosofia alla Tufts University.[125] Dennett sottolinea che una mente umana può difficilmente capire una mente umana, ovvero se stessa. Per capirsi dovrebbe trascendersi. Una teoria della mente con un alto potere esplicativo e predittivo sarebbe diffi-

---

[123] S. Hawking, *Is the End of Theorethical Physics in Sight?*, «Physics Bulletin», January 1981, pp. 15-17.

[124] J. Horgan, *The End of Science*, cit., p. 94.

[125] D. Dennett, *Consciousness Explained*, Little, Brown, and Company, Boston 1991.

cilmente intelligibile a meri esseri umani. Secondo Dennett, «l'unica speranza che gli umani hanno per comprendere la loro stessa complessità potrebbe essere cessare di essere umani».[126] Il filosofo suggerisce che chiunque avrà le motivazioni o il talento potrà fondersi con i più avanzati *software systems*. In altre parole, indica la possibilità che noi umani saremo in grado un giorno di abbandonare le nostre sembianze corporali e mortali, per diventare macchine. Si badi che, più che certo, Dennett è possibilista: «Penso che sia logicamente possibile. Non so quanto sia plausibile. È un futuro coerente. Penso che non sia auto-contraddittorio».[127]

Naturalmente, poi il problema si sposterebbe al livello meta. Quelle macchine superintelligenti, se vale la stessa premessa, non saranno in grado di capire se stesse. Capirebbero e spiegherebbero la mente umana, ma non la propria. Per raggiungere quest'ulteriore obiettivo, dovrebbero diventare ancora più complesse e il problema si sposterebbe al livello meta-meta. In definitiva, umani e macchine entrerebbero in una spirale senza fine di crescente complessità «mordendosi le unghia per l'eternità».[128]

5.4. *Minsky: le macchine studieranno se stesse*

Sulla questione si pronuncia anche Marvin Minsky, il genio dell'intelligenza artificiale.[129] La sua posizione è leggermente diversa. Minsky non esclude l'ipotesi che gli umani possano elaborare una teoria finale della mente. Il problema è che a quel punto avrebbero capito soltanto la propria mente. Le frontiere della ricerca scientifica resterebbero aperte, perché le macchine create dall'uomo, evolvendo, potrebbero autonomamente creare modelli più evoluti di se stesse. A quel punto, dovrebbero poi cercare di capire se stesse. Noi umani, spiega

---

[126] J. Horgan, *The End of Science*, cit., p. 180.

[127] Ibidem.

[128] Ibidem.

[129] M. Minsky, *The Society of Mind*, Simon and Schuster, New York 1985.

Minsky, potremmo raggiungere i nostri limiti scientifici, ma un giorno creeremo macchine molto più intelligenti di noi che continueranno a fare scienza. All'obiezione di Horgan che quella non sarebbe più la scienza degli uomini, ma la scienza delle macchine, Minsky risponde in modo perentorio: «In altre parole, sei razzista. Io credo che la cosa importante per noi sia crescere, per non rimanere nel nostro presente stupido stato. Noi umani siamo soltanto degli scimpanzé vestiti».[130] Il nostro dovere non è dunque preservare le condizioni presenti, ma evolvere, creare esseri migliori, più intelligenti di noi stessi. È interessante notare, quindi, che l'impegno in favore dell'evoluzione dell'intelligenza è visto innanzitutto come un dovere morale per l'uomo. E discriminare le macchine è visto da Minsky come una forma di razzismo e quindi di comportamento immorale.

Quali domande si porrebbero gli esseri postumani prodotti dall'intelligenza artificiale? Secondo Minsky, le macchine cercherebbero prima di tutto di capire se stesse, di ricostruire il percorso evolutivo attraverso il quale sono venute in essere. In questo, la risposta è simile a quella di Dennett, anche se il filosofo – come abbiamo visto – è scettico sulla possibilità che esse potranno raggiungere una risposta, essendo necessario un essere ancora più evoluto. L'informatico newyorkese sembra invece più ottimista.

Tuttavia, Minsky rifiuta di vedere il rapporto uomo-macchina in termini dicotomici. In altre parole, esso non si riduce a un rapporto del tipo "noi e loro". Il sogno dello scienziato è riuscire a convertire le personalità umane in programmi per computer che possano essere poi scaricati nelle macchine. Attraverso questo processo di *mind uploading*, in un certo senso, noi saremmo loro e loro sarebbero noi. Più precisamente, noi e loro saremmo insieme una cosa nuova, molto più potente, longeva e sapiente di ciò che si è visto finora sul pianeta terra.

Minsky non disconosce i pericoli di questo progetto. Sottolinea che la eventuale fusione con macchine porta a una modi-

---

[130] J. Horgan, *The End of Science*, cit., p. 187.

fica della personalità e quindi dell'identità, come quella provocata dall'assunzione di sostanze psicotrope tipo LSD o dal plagio di una fede religiosa. Se non altro, però, il *mind uploading* prevede la possibilità di fare copie del programma e quindi se qualcosa va male, si può "resettare" tutto e tentare un nuovo esperimento. «Io vedo l'esperienza religiosa come una via molto rischiosa da intraprendere, perché può distruggere il cervello in modo rapido, ma se avessi una copia di backup...».[131]

5.5. *Moravec: il futuro appartiene ai robot*

Un ingegnere robotico di chiara fama, Hans Moravec, è altrettanto orientato a vedere il mondo del futuro dominato da intelligenze artificiali, delle quali al meglio potremmo essere parte. Moravec è autore di alcuni best seller nel campo della futurologia e della robotica, tra cui *Mind Children* (figli della mente) e *Robot: Mere Machine to Transcendent Mind*.[132] Dobbiamo dire che molte delle sue profezie non si sono ancora avverate. Aveva previsto un robot-domestico in ogni casa entro un decennio dalla pubblicazione del libro e, oggi, a molti anni di distanza, in molte abitazioni, le pulizie le fanno ancora esseri umani armati di tradizionali aspirapolvere.[133] Ciononostante, Moravec è molto rispettato dai colleghi ingegneri e scienziati. Egli prevede per la metà del XXI secolo l'estinzione del lavoro. Le macchine saranno talmente intelligenti e abili che non avrà alcun senso per le aziende assumere esseri umani. Per tale ragione, essi otterranno un sussidio di disoccupazione e po-

---

[131] Ibidem.

[132] H. Moravec, *Mind Children: The Future of Robot and Human Intelligence*, Harvard University Press, Cambridge MA 1988; H. Moravec, *Robot: Mere Machine to Transcendent Mind*, Oxford University Press, Oxford 1998.

[133] In realtà, dall'inizio del nuovo millennio, sono effettivamente sul mercato aspirapolvere e lavapavimenti robotici (come i modelli Roomba e Scooba di *iRobot*). Diciamo che l'uso di questi dispositivi non è ancora capillare e non tutti sono convinti che si tratti di "robot" nel senso genuino del termine. Per alcuni sono semplicemente elettrodomestici più raffinati dei loro predecessori. Lasciamo al lettore la valutazione.

tranno passare il tempo a consumare quanto prodotto dalle macchine. Si dedicheranno ad attività come la poesia, che scaturiscono da fantasticherie psicologiche al di là della comprensione dei robot, ma questi ultimi avranno tutti i lavori importanti a carattere tecnico. Gli umani saranno quindi pagati per consumare.

Le macchine produrranno un tale benessere che nessuno vivrà più nella povertà. Anche la guerra sarà eliminata. Le macchine procederanno più rapidamente di noi nella colonizzazione dell'universo, trasformando la materia che incontrano in nuove macchine pensanti. Allo stesso tempo, continueranno la colonizzazione del ciberspazio, rendendolo più complesso, intricato e creando realtà virtuali indistinguibili da quella reale, e forse anche migliori. Per le macchine questi saranno problemi triviali. Gli azionisti delle grandi aziende che producono robot e altri beni industriali e di consumo potranno ancora essere umani. Tuttavia, la maggior parte degli esseri umani abbandonerà gradualmente la propria condizione corporea di carne ed ossa per raggiungere la maggiore libertà e l'immortalità che offre il ciberspazio. È sempre possibile – specula ancora Moravec – che ci saranno umani primitivi che si rifiuteranno di fare l'*uploading* per fondersi con le macchine, preferendo una vita tradizionale pur segnata da stupidità, violenza, invecchiamento, malattia e morte. Saranno visti come una sorta di Amish del futuro. Gli uomini-macchina postumani potranno allora decidere di creare una riserva sul pianeta terra per questi umani, dato lo straordinario significato storico che essi hanno, continuando a farli vivere in pace e proteggendoli, ponendosi nei loro confronti come semidei benevoli.

Se però gli umani continueranno a costruire armi devastanti, inquinare, consumare irrazionalmente le risorse del pianeta, uccidersi e derubarsi a vicenda, scatenare guerre distruttive e minacciare le altre specie viventi, allora le macchine superintelligenti potrebbero pensare un giorno di mettere fine all'esperienza umana sul pianeta, obbligando gli ultimi riottosi a fondersi con loro e raggiungere un più alto grado di cono-scenza e consapevolezza etica.

Ma quale sarà lo scopo dell'esistenza di questi ibridi mac-china-uomo super-evoluti? Cercheranno loro di rispondere alle domande fondamentali sul mondo e l'esistenza? Saranno inte-ressati a perseguire la scienza pura? La risposta di Moravec è positiva. Anzi, secondo lui questo è proprio l'obiettivo fonda-mentale. Dare impulso a questo processo evolutivo guidato dalla ragione ha proprio quale fine la creazione di esseri supe-riori in grado di scoprire i segreti dell'universo. Segreti di cui anche noi saremo partecipi se scaricheremo per tempo le nostre coscienze nel ciberspazio. «Questo – afferma Moravec – è il nucleo della mia fantasia: che i nostri discendenti non-biologici, senza la maggior parte delle nostre limitazioni, che potranno riprogettare se stessi, potranno perseguire la cono-scenza basilare delle cose... Cose come l'arte, che la gente talvolta menziona, non sembrano molto profonde, giacché so-no primariamente modi di auto-stimolazione».[134] In conclusio-ne, la scienza pura sarà l'unico scopo esistenziale degno delle macchine super-intelligenti.

In realtà, pressato da altre domande di Horgan, Moravec è parso poi meno sicuro di questo scenario. Prima ha precisato che è difficile prevedere che cosa macchine trilioni di volte più intelligenti di noi potranno fare, dati i nostri limiti intellettivi. Poi si è detto scettico sulla possibilità che le macchine possano smettere di competere e iniziare a cooperare in vista della sco-perta della verità sulla loro esistenza e sull'universo. Infine, ha ripreso un pensiero di Francis Fukuyama, il quale, ragionando in termini strettamente darwiniani, non riesce proprio a vedere la conoscenza come un fine. Secondo questa linea di pensiero, la conoscenza è soltanto un mezzo che le macchine biologiche hanno per adattarsi a un ambiente, in competizione con altre macchine biologiche. In altre parole, *primum vivere deinde philosophari*. Cerchiamo la conoscenza disinteressata soltanto quando ci troviamo in una condizione di relativa sicurezza, ma

---

[134] J. Horgan, *The End of Science*, cit., p. 250.

se la competizione proseguirà all'infinito, anche tra le macchine non biologiche, è difficile pensare che la conoscenza perderà facilmente il proprio carattere strumentale.[135]

5.6. Dyson: la coscienza è il senso dell'universo

Sulla stessa lunghezza d'onda sembra essere Freeman Dyson, uno scienziato che si è occupato di matematica, fisica, ingegneria nucleare, controllo delle armi, studi del clima e futurologia. Anch'egli si è lanciato in speculazioni sul futuro degli esseri intelligenti, pubblicando un articolo intitolato *Tempo senza fine: fisica e biologia in un universo aperto*.[136]

L'articolo è volto a rispondere a un'osservazione di Steven Weinberg, secondo il quale più conosciamo l'universo e più sembra senza senso. In altre parole, mentre ci allontaniamo dalle spiegazioni mitologiche e favolistiche per addentrarci in più plausibili spiegazioni scientifiche, l'universo cessa di essere la nostra casa e diventa un ambiente che pare avere poco a che fare con le nostre preoccupazioni quotidiane, i nostri sogni, la nostra esistenza. Sembra che l'universo non sia fatto per noi, a nostra misura, e questo ci turba. Il sospetto che siamo un prodotto del caso, senza destino, del tutto irrilevante rispetto alle sorti dell'universo, ci trasmette una sensazione di inutilità e angoscia. A questa visione, che non è solo di Weinberg ma di un'intera generazione di pensatori del Novecento, Freeman Dyson ribatte che nessun universo con intelligenza è privo di senso. La sola presenza della coscienza e dell'intelligenza, a prescindere da quale ne sia l'origine, è condizione sufficiente per attribuire senso all'universo.

Il futurologo specula che in un universo in continua espansione l'intelligenza può continuare a esistere per sempre, nonostante le trasformazioni della materia e dell'energia, prendendo

---

[135] Ivi, p. 251.

[136] F. Dyson, *Time without End: Physics and Biology in an Open Universe*, in «Review of Modern Physics», 51, 1979, pp. 447-460.

magari la forma di una nuvola di gas intelligente. Una profezia che era stata in precedenza formulata dal fisico J. D. Bernal.[137]

Dyson ha poi approfondito questi concetti in numerosi altri scritti e, in particolare, nei libri: *Turbare l'universo*, *L'infinito in ogni direzione* e *Mondi possibili*.[138] L'idea base di questo scienziato è che l'universo si regge sul "principio di massima diversità", un principio che opera tanto a livello fisico quanto a livello mentale. In linea di principio, sarebbe possibile un universo omogeneo, uguale in ogni direzione, diciamo pure "noioso", ma così non è. Se c'è una caratteristica del nostro universo che percepiamo chiaramente è che esso è diverso, molteplice, curioso, multiforme, interessante, a volte paradossale. Secondo Dyson, le leggi della natura e le condizioni iniziali dell'universo sono tali per cui esso tende a essere il più interessante possibile. La vita intelligente c'è perché è permessa dalle leggi dalla natura. Nel lungo periodo ciò che è permesso prende forma. Ciononostante, non c'è alcuna certezza che essa debba sopravvivere. La vita intelligente è costantemente minacciata da altri fenomeni della natura stessa.

In *Infinito in tutte le direzioni*, tra le altre cose, Dyson indica una strada da percorrere agli ingegneri genetici: la creazione di intelligenze non-umane o post-umane. Poiché siamo una forma dell'intelligenza cosmica, è nostro dovere contribuire alla sua/nostra diffusione nell'universo. Un contributo a questa diffusione può certamente fornirlo l'ingegneria genetica. La creazione di esseri intelligenti mobili, in grado di assorbire direttamente l'energia solare, potrebbe risolvere il problema dei viaggi cosmici e favorire la colonizzazione dell'universo.

---

[137] J. D. Bernal, *The World, the Flesh & the Devil. An Enquiry into the Future of the Three Enemies of the Rational Soul*, Johnatan Cape, London 1929.

[138] F. Dyson, *Disturbing the Universe*, Harper and Row, New York and London 1979 (trad. it. *Turbare l'universo*, Boringhieri, Torino 1981); F. Dyson, *Infinite in All Directions*, Cornelia and Michael Bessie Books, New York 1988 (trad. it. *L'infinito in ogni direzione*, Rizzoli, Milano 1989); F. Dyson, *Imagined Worlds*, Harvard University Press, Cambridge MA 1997 (trad. it. *Mondi possibili*, McGraw-Hill Italia, Milano 1998).

Tale colonizzazione, implicando la progressiva trasformazione della materia inerte in organismi intelligenti, è il presupposto della presa di coscienza dell'intero universo.

In *Mondi possibili*, lo scienziato ammette che le sue speculazioni futurologiche vanno molto al di là di ciò che la scienza attuale indica. Scrive Dyson nell'introduzione: «La scienza è il mio territorio, la fantascienza è il paesaggio dei miei sogni». Ma, che queste proiezioni future siano in gran parte consapevoli fantasie, importa poco nella prospettiva dell'etica della scienza. L'etica si chiede cosa è giusto fare (o cercare di fare) e perché. La futurologia di Dyson è proprio una risposta a questa domanda.

In sintesi, come Minsky e Moravec, anche Dyson ragiona in termini evoluzionistici e vede nell'intelligenza quell'essenza che dà senso all'universo. Anch'egli ragiona in termini darwiniani e vede nella competizione il meccanismo base che produce l'evoluzione degli esseri senzienti. Si discosta da Minsky e Moravec soltanto perché non prevede una rapida scomparsa della "carne". Secondo questo scienziato, l'intelligenza biologica al carbonio, pur bioingegnerizzata, non sarà sostituita necessariamente dall'intelligenza artificiale al silicio. I due tipi di intelligenza continueranno a coesistere e a trasformarsi. Interessante, a proposito, il commento di John Horgan: «Dyson, Minsky, Moravec – sono tutti darwiniani teologici, sostenitori del capitalismo, repubblicani nel cuore. Come Francis Fukuyama, essi vedono la competizione, la lotta, la divisione come fattori essenziali dell'esistenza – persino per l'intelligenza postumana».[139]

5.7. *Fredkin: cooperazione versus competizione*

Non tutti gli scienziati-futurologi sono però d'accordo sul fatto che sarà sempre la competizione, più che la cooperazione, la legge basilare dell'esistenza. A questa schiera non appartiene, per esempio, Edward Fredkin, un pioniere della fisica digitale

---

[139] J. Horgan, *The End of Science*, cit., p. 255.

e dell'intelligenza artificiale. È piuttosto curioso il fatto che Fredkin, prima di diventare uno scienziato, era un pilota di caccia intercettori dell'aeronautica militare americana. Per dire: un uomo educato al combattimento. In seguito, lasciate le forze armate, è diventato un imprenditore di successo. È, dunque, un uomo che si muove bene tra le maglie del capitalismo. Ciononostante, in politica, sostiene tesi *liberal*, è un progressista di sinistra. Se non altro, non si tratta del classico caso della volpe e l'uva. Fredkin ha poi avuto successo anche come accademico. Ha insegnato in molte prestigiose università e lavorato nei più avanzati laboratori di ricerca, tra i quali il MIT, il Caltech, l'Università di Boston, e la Carnegie Mellon University, muovendosi sempre sulla frontiera tra fisica e intelligenza artificiale.

Il suo pensiero si può riassumere così: il futuro appartiene alle macchine, ma la competizione è solo una fase della storia dell'universo. Le macchine che stiamo progettando e costruendo sono sempre più intelligenti. Prima o poi, impareranno a riprodursi e migliorarsi autonomamente e diventeranno milioni di volte più intelligenti di noi. Tuttavia, la competizione e la lotta saranno superate, essendo atteggiamenti atavici e controproducenti. Raggiunto quel livello di intelligenza, risulterà ovvio agli esseri senzienti postumani che la cooperazione comporta una situazione "win-win". Se una macchina impara qualcosa di nuovo è mette questa conoscenza immediatamente in comune, attraverso una rete di comunicazione, tutte le altre macchine avranno imparato qualcosa. Se l'*hardware* di una macchina può essere utilizzato anche dalle altre, la potenza di calcolo totale cresce in modo inimmaginabile. L'evoluzione di una macchina comporta l'evoluzione di tutte.

L'idea della cooperazione è già presente nella comunità scientifica. In genere, gli scienziati aderiscono alla norma etica del comunismo epistemico: mettono in comune le proprie conoscenze, pubblicando i risultati delle proprie ricerche in forma di libri, articoli, conferenze, insegnamento orale. Tuttavia, il sistema spesso s'inceppa. Soprattutto nell'ambito della scienza industriale, i brevetti e le esigenze di profitto impediscono la libera circolazione delle idee e delle scoperte scientifiche e tecnologiche. Inoltre, sulle scoperte che hanno chiare applicazioni belliche, grava molto spesso il segreto militare. Nell'ipotetica società postumana, la norma del comunismo epistemico sarebbe implementata in un sistema meccanico-digitale e lo scambio di informazioni avverrebbe automaticamente e in tempo reale. Si può prefigurare il funzionamento di questo meccanismo di cooperazione totale, immaginando un'improvvisa presa di coscienza di Internet, ovvero dell'insieme di tutte le macchine collegate alla rete.

Ma quella del comunismo epistemico non è l'unica norma dell'etica della scienza che trova spazio nelle speculazioni futurologiche di Fredkin. Anche l'imperativo della ricerca disinteressata della verità assume un ruolo centrale. Una volta che le macchine supereranno la fase della competizione darwiniana che le induce a cercare conoscenze applicabili e ad accaparrarsi le risorse energetiche e materiali disponibili, che cosa faranno? Fredkin non ha dubbi: «Naturalmente i computer svilupperanno la loro scienza. Mi sembra ovvio».[140]

5.8. *Tipler: la nostra missione è dare un corpo a Dio*

Nella sua interessante ricerca sui limiti della scienza, Horgan ha poi incontrato Frank Tipler e il suo pensiero. Tipler è l'eccezione in questo contesto, perché, pur essendo un deciso assertore del postumano, non pare molto interessato alla questione della conoscenza pura. Secondo l'autore di *The End of Science*, la ragione è semplice: Tipler è un ingegnere, più che uno scienziato. E, a differenza degli altri, non sembra nemmeno così conscio del fatto che le sue sono speculazioni filosofiche, più che previsioni basate su rigorose teorie scientifiche. Ma, secondo Horgan, questa è insieme la debolezza e la forza del pensiero di Tipler. Mentre gli altri scienziati esitano a spingersi troppo lontano, sostenendo che è difficile capire con i

---

[140] Ivi, p. 255.

nostri cervelli quello che potrebbero pensare e volere macchine milioni di volte più intelligenti di noi, Tipler sembra saperlo. Centrale, nella sua visione, è la teoria del "Punto Omega". Tale teoria è esposta e sviluppata in due libri: *The Anthropic Cosmological Principle*, scritto insieme al fisico britannico John Barrow, e nel successivo *The Physics of Immortality*.[141]

Per capire Tipler, bisogna innanzitutto ricordare che ha ricevuto una rigida educazione battista fondamentalista. Perciò, tende disinvoltamente a mischiare religione e scienza. Oltre a tenere in considerazione i trend dello sviluppo delle macchine pensanti e dell'intelligenza artificiale, Tipler si basa anche sulla teologia del gesuita Pierre Teilhard De Chardin[142] e del teologo tedesco Wolfhart Pannenberg. L'analisi dei trend tecnologici indica che ci stiamo avvicinando alla cosiddetta "Singolarità". Se la potenza di calcolo delle macchine raddoppia ogni diciotto mesi, disegnando la curva esponenziale prevista dalla legge di Moore, e se la curva diventerà sempre più verticale a

---

[141] F. Tipler, J. Barrow, *The Anthropic Cosmological Principle*, Oxford University Press, New York 1986; F. Tipler, *The Physics of Immortality*, Doubleday, New York 1994.

142 Della sterminata produzione di Pierre Teilhard de Chardin, si veda, in particolare, *Christianity and Evolution: Reflections on Science and Religion*, Harvest, San Diego 1969. Per quanto riguarda il rapporto tra Teilhard e il transumanesimo, consiglio: E. Steinhart, *Teilhard de Chardin and Transhumanism*, «Journal of Evolution and technology», Volume 20, Issue 1, December 2008, pp. 1-22; J. C. Haughey, I. Delio, *Humanity on the Threshold: Religious Perspectives on Transhumanism*, Council for Research in Values & Philosophy, Washington 2014. In italiano, si può leggere: G. Giustozzi, *Pierre Teilhard de Chardin. La «reinvenzione» dell'esperienza religiosa*, Edizioni Studium, Roma 2021. Sul pensiero di Teilhard ho scritto anch'io numerosi saggi. Segnalo i seguenti: R. Campa, *La dimensione mistica della demografia nella futurologia di Teilhard de Chardin*, «Futuri», Anno III, № 7, 2016, pp. 56-66; R. Campa, *Una spirale ascendente. Origine e sviluppo del transumanesimo*, «Pedagogia e vita», 75 (2), 2017, pp. 27-40; R. Campa, *Teilhard del Chardin e la ricezione del suo pensiero nella Chiesa cattolica*, «Orbis Idearum», Volume 5, Issue 2, 2017, pp. 73-106; R. Campa, *Il paradigma noocentrico: Dio, l'umano, il postumano e l'alieno nella visione cosmica di Teilhard de Chardin*, in A. Cesaro e G. Dioni (a cura di), *Breve sogno. Sull'orlo del futuro tra umano e post-umano*, Artetetra Edizioni, Capua 2024, pp. 129-152.

mano a mano che altra materia sarà convertita in macchine pensanti, arriverà il momento in cui la capacità di calcolo complessiva toccherà l'infinito. Tipler e Barrow si chiedono che cosa potrà accadere quando tutta la materia dell'universo sarà convertita in un gigantesco dispositivo dotato di coscienza che processa informazione. E qui entra in gioco la teologia. È evidente che questo essere sarà molto simile a ciò che noi immaginiamo quando pensiamo a Dio. Sarà l'essere onnipotente, onnisciente ed eterno delle religioni monoteiste.

La Singolarità di Tipler può allora essere comparata – o addirittura equiparata – al Punto Omega di Teilhard De Chardin, dal quale appunto Tipler prende in prestito il termine: il punto di fusione di tutti gli esseri senzienti in un'unica entità con caratteristiche divine. E che potrà fare questa entità se non resuscitare tutti gli esseri già esistiti, facendoli vivere nella propria mente? Questa è propriamente la profezia di Pannenberg: gli avatar di Internet saranno come le anime della tradizione cristiana, mentre un computer gigantesco e benevolo assumerà la funzione di *hardware* della mente di Dio nel mondo materiale. Secondo Tipler, in questo essere divino, non ci saranno soltanto gli esseri umani realmente esistiti, ma anche gli esseri che sono esistiti soltanto nei loro desideri, giacché la promessa di questo paradiso ipertecnologico non può che essere la felicità totale ed eterna di tutti. Che, per inciso, diventano il tutto.

Il paradosso di questa visione è che Dio è comunque il creatore del mondo e dell'uomo, anche se è compito dell'uomo creare Dio. Dio è sempre esistito, almeno in potenza, nella mente degli uomini, ma concretamente potrà entrare nel mondo soltanto quando l'uomo riuscirà a convertire tutta la materia in pensiero cosciente, in intelligenza. Di qui, il fondamentale ruolo teologico dei futurologi e degli ingegneri, soprattutto di quelli che operano nel campo dell'elettronica, dell'informatica e della robotica. Chi si schiera a favore della tecnologia sta dalla parte del bene, di Dio. Chi si schiera contro la tecnologia sta invece dalla parte del male, del Demonio. I tecnofili sono figli della luce, i tecnofobi sono figli delle tenebre.

Tipler, da buon ingegnere-teologo, risolve il paradosso appellandosi sia alla fisica sia alle Sacre Scritture. Che il tempo proceda dal passato verso il futuro appare ovvio a noi che viviamo sulla terra, nelle nostre specifiche condizioni spazio-temporali. Ma il tempo è solo una delle quattro dimensioni e non è lineare come pensavamo in passato. Se prendiamo in considerazione punti di riferimento diversi, le stelle piuttosto che la terra, la prospettiva temporale cambia. Cambia in modo ancora più radicale se cerchiamo di vedere le cose dal punto di vista dell'intero universo. In altre parole, da questo punto di vista, che è poi quello di Dio, il tempo non va dal passato al futuro. L'essere assoluto è immutabile ed eterno, perciò non c'è per esso "il tempo" nella stessa maniera in cui c'è per noi esseri mortali. Ecco perché il Punto Omega può essere tranquillamente la fine e l'inizio dell'universo. Tra l'altro – nota Tipler – è la stessa Bibbia a confermarlo. Nelle nostre traduzioni, quando Mosè interroga sulla sua identità il roveto ardente, questi risponde: «Io sono ciò che sono». In realtà, nella versione originale ebraica dell'Antico Testamento, il roveto ardente usa il tempo futuro e risponde: «Io sarò ciò che sarò». Secondo l'ingegnere americano, questo proverebbe che Dio, pur avendo creato l'universo e pur potendo parlare ai profeti, ancora non esiste. Crearlo è compito della scienza.

Come accennato sopra, nella visione di Tipler, la scienza pura non sembra giocare un ruolo centrale. Egli si chiede fondamentalmente come possiamo arrivare alla Singolarità, al Punto Omega, ed è fondamentalmente convinto che sappiamo ormai tutto ciò che è comprensibile alle nostre menti. Ora possiamo soltanto applicare la nostra scienza, per costruire la macchina divina che ci conterrà tutti. Ma tale macchina non proseguirà nella ricerca della verità scientifica, perché non ci sarà nulla al di fuori di essa da scoprire. Il suo compito sarà ridare la vita a tutti gli esseri passati, ricreare tutti i mondi di tutti i tempi, e migliorarli naturalmente, perché nell'Essere non c'è spazio per la sofferenza, la violenza, il dolore, l'infelicità.

Concludere che nella visione di Tipler la fantascienza sovrasta la scienza è riduttivo. Qui siamo in presenza di una vera e propria escatologia tecno-gnostica.[143] Gli elementi di plausibilità non mancano, ma si tratta di una visione millenaristica che può ottenere consenso in certi ambienti culturali dell'America protestante, più di quanto ne possa riscuotere in un continente secolarizzato come l'Europa contemporanea.[144]

5.9. *Kurzweil: la Singolarità come destino ineluttabile*

La Singolarità tecnologica è stata profetizzata e analizzata nelle sue implicazioni anche da Ray Kurzweil, altro noto e celebrato futurologo americano.[145] Kurzweil si è costruito un'ottima reputazione come ingegnere, inventando e costruendo la prima macchina che permette ai ciechi di leggere. Per questa e altre invenzioni ha ricevuto importanti premi e riconoscimenti. Nel 1988 è stato nominato "Inventore dell'anno" dal MIT, nel 1999 la Casa Bianca gli ha assegnato la prestigiosa *National Medal of Technology*, mentre ben tredici università gli hanno assegnato il dottorato honoris causa.

Kurzweil è forse il più iperbolico tra i futurologi transumanisti, dal momento che ritiene la curva del progresso doppiamente esponenziale e non semplicemente esponenziale come

---

[143] Cfr. R. Campa, *Il culto della Singolarità. Com'è nata la religione della tecnoscienza*, «Orbis Idearum», Volume 6, Issue 2, 2018, pp. 95-110.

[144] Va precisato che non mancano in Europa studiosi che cercano nei misteri della fisica quantistica la risposta ai nostri interrogativi spirituali. Uno dei maggiori esponenti di questa corrente è Giulio Prisco, fisico e attuale presidente dell'Associazione Italiana Transumanisti. Recentemente ha pubblicato due libri che espongono una visione "religiosa" del transumanesimo e in cui Frank Tipler è citato complessivamente duecento trentatré volte. Cfr. G. Prisco, *Tales of the Turing Church: Hacking religion, enlightening science, awakening technology,* Independently Published, Seattle 2020; G. Prisco, *Irrational mechanics: Narrative sketch of a futurist science & a new religion,* Independently Published, Seattle 2024.

[145] R. Campa, *Macchine a venire: spirituali e immortali, La Singolarità tecnologica nelle profezie scientifiche di Ray Kurzweil*, «Quaderni d'altri tempi», № 67, 30 ottobre 2017, pp. 1-8.

indica la legge di Moore.[146] Questo perché la legge di Moore riguarda soltanto lo sviluppo dei circuiti integrati. In precedenza, abbiamo costruito altre macchine in grado di "pensare", di calcolare, utilizzando dispositivi meccanici, relè, valvole e transistor. Il circuito integrato è soltanto il quinto paradigma dell'intelligenza artificiale e sarà presto superato, probabilmente da dispositivi nanotecnologici (nanotubi al carbonio, computer quantistici) o addirittura organici (*DNA-computing*). Ciò significa che non è corretto fare previsioni sulla base del tasso di crescita di oggi, perché lo stesso tasso di crescita sta a sua volta crescendo. Kurzweil sostiene che, data la nostra errata percezione del progresso (semplicemente esponenziale, se non addirittura lineare), da un punto di vista psicologico, ci ritroveremo in soli cento anni proiettati nel futuro di ben ventimila anni. Detto altrimenti, alla fine del XXI secolo, saremo immersi in una civiltà tecnologica che il tasso di crescita dell'anno duemila indica in arrivo soltanto tra ventimila anni. Ecco perché egli è persuaso che l'orizzonte postumano sia molto più vicino di quanto comunemente si pensi.

Come gli altri scienziati sopra citati, Kurzweil sottolinea che le macchine spirituali, i postumani, avranno un vantaggio rispetto agli umani nella ricerca della conoscenza pura. Potranno mettere in comune, in tempo reale, tutte le loro conoscenze e informazioni, avanzando in modo vertiginoso nella propria presa di coscienza e nella comprensione dell'universo.[147]

5.10. *Potenziare la mente per capire il mondo*

In definitiva, le filosofie di orientamento transumanista esaltano il ruolo della tecnologia, indicandola come un ambito fondamentale della vita sociale e politica. Tuttavia, ponendo la questione della nascita di un'intelligenza postumana, dette filosofie portano anche a un rilancio della scienza pura. Esiste

---

[146] Cfr. R. Kurzweil, *The Age of Spiritual Machines: When Computers Exceed Human Intelligence*, Viking, New York 1999.

[147] R. Kurzweil, *The Singularity Is Near: When Humans Transcend Biology* Viking, New York 2005, p. 260.

una norma etica della scienza sulla quale non riflettiamo abbastanza, forse proprio per la sua ovvietà, ma che si propone alla nostra attenzione quando è letta nell'ottica più radicale del transumanesimo. Si tratta della "norma dell'aggiornamento": ogni scienziato ha l'obbligo morale di aggiornarsi e migliorarsi costantemente, al fine di produrre la migliore scienza possibile. Il fisico che si fossilizza su una teoria e si rifiuta di leggere nuove pubblicazioni non sta facendo il proprio dovere. La norma è insieme tecnica e morale. Aggiornarsi è un atteggiamento funzionale alla qualità del lavoro, ma, per mantenersi sempre aggiornati, è necessario prima di tutto ritenere che sia giusto e doveroso farlo.

Che la violazione di questa norma si configuri come atto immorale diventa ovvio, se si guarda ai campi in cui si incrociano scienza e tecnologia: per esempio la medicina. Un medico che non si aggiorna, che non conosce nuovi e più precisi sistemi di diagnosi e prognosi, né le terapie chirurgiche e farmacologiche più avanzate, non è soltanto un cattivo medico dal punto di vista tecnico. Agli occhi della gente appare "cattivo" anche da un punto di vista morale, perché mette a repentaglio la salute e la vita dei propri pazienti. Pigrizia, imperizia, indolenza e imprudenza sono stigmatizzate come violazioni dell'etica professionale, perché portano il medico a tradire la propria missione. Anche se è meno evidente, essendo la situazione meno drammatica, lo stesso può dirsi per gli scienziati che si sono dati come missione la ricerca della conoscenza pura.

L'aggiornamento, che in inglese può essere tradotto con *update*, è una forma tradizionale di miglioramento che si realizza soprattutto attraverso la lettura di libri e articoli, con particolare attenzione a quelli di più recente pubblicazione. Come abbiamo visto, la visione del transumanesimo si spinge molto più in là. Essa ci dischiude la prospettiva di un miglioramento che non è solo aggiornamento del pensiero, o – se vogliamo continuare con la metafora informatica – *updating* del *software*. Il transumanesimo ci prospetta la possibilità e, a questo punto, il dovere etico di proseguire nella ricerca della verità scientifica superando alcuni limiti biologici umani. Allo scienziato è chiesto, in altre parole, di riconoscere i propri limiti e di superarsi, avviandosi sulla strada del divenire postumano. Questo miglioramento non è un semplice *update*, ma un vero e proprio *upgrade*, coinvolge cioè una modifica dell'*hardware* e non solo del *software*. Se diventasse possibile, per esempio, potenziare le proprie capacità di calcolo, la propria memoria, la propria creatività, la propria lucidità, la propria consapevolezza, o anche i propri sensi, attraverso una modifica dei geni o l'installazione di microchip o altri dispositivi cibernetici, nell'ottica transumanista, sarebbe un dovere morale procedere in tal senso. Il miglioramento finalizzato alla crescita complessiva della conoscenza può dunque prendere la strada del potenziamento biofisico, oltre che dell'aggiornamento tradizionale.

Molti transumanisti si confrontano con il problema concreto della crescita dell'intelligenza o del mantenimento delle funzioni cerebrali, non limitandosi semplicemente all'ipotesi futuribile del Punto Omega. Un testo molto "terrestre" in questo senso è *Citizen Cyborg*[148] del sociologo della salute James Hughes. Nel capitolo 4 (*Getting smarter*) Hughes evidenzia che più di quaranta *smart drugs* sono state sottoposte a sperimentazione clinica per migliorare il consolidamento della memoria, la plasticità neurale e la velocità di trasmissione sinaptica. Ma le pillole della memoria sono solo l'inizio. La ricerca prova che i farmaci neurotrofici possono governare la crescita delle cellule staminali neurali nel cervello. In altre parole, la prospettiva è di sviluppare medicinali che favoriscano l'auto-riparazione del cervello. «Ancora meglio di una pillola neuro-trofica – continua Hughes – sarebbe una terapia genica neuro-trofica che aiutasse il cervello ad auto-ripararsi, o che aumentasse l'intelligenza in altri modi».[149] Medicinali che potenziano

---

[148] J. Hughes, *Citizen Cyborg. Why Democratic Societies Must Respond to the Redesigned Human of the Future*, Westview Press, Cambridge MA 2004.

[149] Ivi, p. 38.

la cognizione e terapie geniche possono essere sorpassate probabilmente soltanto dalla "ciborghizzazione". Collegare direttamente il cervello al computer è, secondo il sociologo americano, il più potente *intelligence enhancer* che l'uomo ha a disposizione. Scrive Hughes: «I ricercatori hanno compiuto esperimenti con comunicazioni a due direzioni tra neuroni e computer, facendo crescere neuroni sopra e attorno a microchip, o inserendo in cervelli umani elettrodi collegati a computer, arrivando così a costruire protesi elettroniche per il cervello».[150]

Dyson critica Thomas Kuhn perché, nella sua eminente opera *La struttura delle rivoluzioni scientifiche*,[151] indica sei rivoluzioni riconducibili a un mutamento (quasi religioso) delle idee, dimenticando le almeno venti rivoluzioni scientifiche riconducibili all'invenzione e all'uso di nuovi strumenti, come il telescopio, il microscopio, o gli acceleratori di particelle. Il potenziamento degli strumenti d'indagine gioca un ruolo fondamentale nella storia della scienza. Ma spesso si dimentica che il primo strumento d'indagine scientifica è proprio l'uomo, con le sue capacità cerebrali e i suoi sensi. E si dimentica che l'uomo è un essere mutevole, che si è evoluto e che continua a evolvere. Gli strumenti che abbiamo citato sono protesi artificiali dei sensi e della mente dell'uomo. Il fatto straordinario è che tali protesi ora possono entrare nel corpo umano, modificandolo permanentemente, mutando quindi l'essenza stessa dell'uomo-scienziato.

Non è puro caso se uno degli intellettuali più turbati dalla prospettiva postumana sia Francis Fukuyama. Egli non è solo nemico dichiarato del transumanesimo, come si può dedurre dal suo libro *Our Posthuman Future: Consequences of the Biotechnology Revolution*[152] o da un articolo apparso nel numero di settembre 2004 di *Foreign Policy*, in cui indica nel transu-

---

[150] Ivi, p. 39.

[151] T. Kuhn, *La struttura delle rivoluzioni scientifiche*, Einaudi, Torino 1970.

[152] F. Fukuyama, *Our Posthuman Future: Consequences of the Biotechnology Revolution*, Farrar, Straus and Giroux, New York 2002.

manesimo l'idea più pericolosa del mondo. Fukuyama confessa che egli non sarebbe mai diventato un politologo, ovvero uno scienziato sociale, se non fosse stato interessato alle sorti della democrazia e del libero mercato. La scienza in sé non l'ha mai interessato.

Subito dopo la pubblicazione de *La fine della storia e l'ultimo uomo*,[153] il libro che lo ha reso famoso, il pensatore nippo-americano è stato intervistato da Horgan sulle prospettive future dell'umanità. Naturalmente, il giornalista di *Scientific American* non ha mancato di chiedere se, con la fine dei conflitti di natura politico-economica, la ricerca della verità scientifica poteva diventare il nuovo scopo dell'umanità. La risposta di Fukuyama è stata emblematica: «Hunh...».[154]

L'insofferenza per una prospettiva che è indicata come auspicabile e desiderabile non solo dai fan della serie televisiva e cinematografica di *Star Trek*, ma anche da una schiera di rispettabili filosofi e scienziati, è indicativa di un modo di pensare e di vedere il mondo che è molto diffuso anche tra persone istruite: la scienza pura è una perdita di tempo.

In conclusione, se il senso del nostro essere è comprendere e spiegare il mondo, non abbiamo che una strada da percorrere: il potenziamento biofisico. Finora, due etiche della scienza si sono confrontate sul palcoscenico della storia, quella degli utilitaristi e quella dei razionalisti. Per gli utilitaristi la scienza ha senso soltanto se è utile all'uomo. Questa visione è ben rappresentata dal detto baconiano «sapere è potere». I razionalisti ritengono invece che la scienza sia un bene in sé. Questa visione, che trova testimonianze già al tempo dei presocratici, può essere sintetizzata nella formula: «sapere è dovere». Ora siamo giunti a una visione nuova che sintetizza gli insegnamenti dell'utilitarismo e del razionalismo a un livello più alto. Con il transumanesimo, l'uomo giunge alla consapevolezza che: «potere è sapere».

---

[153] F. Fukuyama, *La fine della storia e l'ultimo uomo*, Rizzoli, Milano 1992.
[154] J. Horgan, *The End of Science*, cit., p. 244.

Parte seconda:
Il transumanesimo e i suoi nemici

6. Il caso Unabomber

*Un vantaggio ulteriore della natura
come contro-ideale della tecnologia
è che, in molte persone, la natura
ispira quel tipo di reverenza che è
associato con la religione, così la
natura potrebbe essere forse idealiz-
zata su basi religiose. È vero che in
molte società la religione è servita
come supporto e giustificazione per
l'ordine stabilito, ma è anche vero
che la religione ha spesso fornito
motivazioni per la ribellione. Così
potrebbe essere utile introdurre un
elemento religioso nella ribellione
contro la tecnologia, a maggior ragione per il fatto che la società occidentale non ha oggi un forte fondamento religioso... Quindi c'è un vuoto religioso nella nostra società che
potrebbe forse essere riempito da
una religione orientata sulla natura
in opposizione alla tecnologia.*
TED KACZYNSKI

Gli ultimi trent'anni del XX secolo sono stati caratterizzati dalle cosiddette guerre di scienza, vale a dire da scontri a suon di libri e articoli tra favorevoli e contrari al progresso scientifico. A differenza delle guerre di religione, sempre cruente e sanguinose, le guerre di scienza non sono state caratterizzate da azioni particolarmente violente. C'è però un'eccezione: il luddista Theodor Kaczynski – al secolo conosciuto come l'Unabomber – ha infatti ritenuto opportuno passare alle vie di fatto, eliminando fisicamente gli avversari e cercando di scatenare una rivoluzione anti-tecnologica. Poiché questo intellettuale ha acquisito fama mondiale attraverso azioni terroristiche che hanno provocato la morte e il ferimento di molte persone, vogliamo sgomberare il campo da ogni possibile equivoco riguardo alla sua inclusione in questo libro. Non stiamo inserendo Kaczynski per gettare discredito su tutta la categoria dei pensatori antiscienza. La sua presenza è giustificata dal fatto che egli è attivo proprio negli anni in cui il transumanesimo acquista popolarità negli USA (precisamente tra il 1978, anno del primo attentato, e il 1996, anno dell'arresto) e propone diversi argomenti poi ripresi da altri pensatori anti-transumanisti.

L'Unabomber è chiaramente influenzato dal movimento ambientalista e controculturale che si sviluppa tra la fine degli anni sessanta e l'inizio degli anni settanta. In relazione al giudizio sul rapporto tra scienza e società, si può infatti notare una certa comunanza di idee con quelle del filosofo Paul Feyerabend. Ma va anche evidenziato a chiare lettere che l'equazione tra postmoderno e antiscienza non è esattamente la nostra tesi. Kaczynski è forse il più risoluto avversario della modernità che si sia visto in azione sul finire del XX secolo, ma questo non fa di lui un pensatore postmoderno. Non si può nemmeno dire che sia premoderno, dal momento che la sua critica ha un senso soltanto se posta oltre la modernità. Antimoderno è certamente la definizione più corretta. Antimoderno e figlio della controcultura.

Nonostante il suo evidente stato di psicopatia (è stato riconosciuto affetto da schizofrenia paranoide e rinchiuso in un manicomio criminale[155]), Kaczynski ha fornito un'analisi che è nel complesso lucida e contiene spunti molto interessanti. Non solo. Ciò che ha stupito è stata la larga condivisione delle idee di Kaczynski registrata in molti forum e dibattiti pubblici. In altre parole, sebbene la maggior parte delle persone non sia violenta e non passi a vie di fatto come l'Unabomber, il sentimento di rifiuto della società industriale, o addirittura di odio per la tecnologia, è più diffuso di quanto non si osi pensare. In

---

[155] Theodor Kaczynski si è suicidato il 10 giugno 2023 in una prigione federale. Nel marzo del 2021 gli era stato diagnosticato un tumore al retto ed era caduto in uno stato di profonda depressione.

altre parole, nonostante l'eccezionalità della sua azione, Kaczynski rappresenta un caso paradigmatico di teorico bioconservatore. Ma prima di discutere alcuni aspetti della sua opera più nota, *La società industriale e il suo futuro* (conosciuta anche come *The Unabomber Manifesto*), vogliamo ricostruire brevemente la sua vicenda biografica.

6.1. Vita e opere di un genio del male

Ted Kaczynski nasce a Chicago il 22 maggio 1942 da una famiglia di immigrati polacchi. Poiché i genitori non riescono a studiare, ripongono le speranze di elevazione sociale nei figli. La carriera scolastica di Kaczynski è impressionante. Il test del quoziente di intelligenza, effettuato all'età di sei anni, lo indica come un genio. Si diploma a soli sedici anni ed è immediatamente ammesso alla prestigiosa Università di Harvard. A vent'anni ottiene la laurea e, nel 1967, quando ha soltanto venticinque anni, consegue il dottorato in matematica all'Università del Michigan. Vince anche un premio nazionale per la migliore dissertazione dell'anno e viene immediatamente assunto dal dipartimento di scienze matematiche dell'Università della California, a Berkeley – all'epoca il miglior istituto del Paese.

L'avventura accademica dura però soltanto due anni. Pare che alla sua genialità nel campo matematico non corrispondesse un'altrettanta buona propensione all'insegnamento. Il suo carattere chiuso e la sua introversione non facilitavano il contatto con studenti e colleghi. Kaczynski si licenzia con una lettera di sole tre righe, senza dare spiegazioni, e inizia una nuova vita ritirandosi nei boschi del Montana. Grazie a un prestito della madre Wanda e del fratello David, acquista un terreno di circa sei ettari e si isola dal mondo civile. Vive in una capanna di pochi metri quadrati, costruita da lui stesso, senza illuminazione, acqua corrente e riscaldamento. Mostra una notevole coerenza e rifiuta di utilizzare le tecnologie della società industriale, anche se gli inverni del Montana sono molto rigidi e la temperatura scende sotto lo zero per molti mesi.

Da questa postazione dichiara guerra alla società tecnologica. Nel 1978 il primo attentato: una bomba scoppia in un laboratorio della Northwestern University, Evanston, nell'Illinois. Una guardia rimane ferita. Seguiranno altri quindici attentati terroristici. Nel complesso, Kaczynski uccide tre persone e ne ferisce ventinove, inviando alle vittime bombe sempre più sofisticate, ma comunque costruite in modo artigianale. Le vittime sono soprattutto scienziati e ingegneri, in particolare quelli che lavorano nei campi dell'informatica e dell'ingegneria genetica. Gli attentati dagli esiti letali sono tre. Nel 1985 un pacco bomba uccide Hugh Scratton, proprietario di un negozio di computer. Nel 1994 una bomba mette fine alla vita di Thomas Mosser, dirigente di un'agenzia pubblicitaria associata alla compagnia petrolifera Exxon Valdez. La compagnia è indirettamente colpita in quanto responsabile del disastro ecologico dell'Alaska del 1989. Con le stesse modalità, ovvero un pacco-bomba, nel 1995, Kaczynski uccide Gilbert Murray, presidente dell'Associazione forestale della California.

Particolarmente significativa è la testimonianza dell'informatico David Gelernter, che sopravvive all'attacco dell'Unabomber pur subendo danni permanenti a un occhio, un orecchio e alla mano destra. Gelernter viene "punito" per avere contribuito all'elaborazione del linguaggio di programmazione Linda e, nel 1997, dà alle stampe il libro autobiografico *Drawing life: Surviving the Unabomber*.

Kaczynski risulta imprendibile per quasi vent'anni, proprio perché vive ai margini della società e non lascia tracce. È proprio quando cerca di rientrare in contatto con il mondo civile che commette il passo falso decisivo, facendosi scoprire. Nel giugno del 1995, invia alle redazioni del *New York Times* e del *Washington Post* un testo dattiloscritto intitolato *Industrial Society and its Future*. Si compone di duecentotrentadue paragrafi distribuiti su sessantadue pagine, undici delle quali di note. Il manifesto è firmato "FC", Freedom Club, la stessa sigla che compare sulle bombe, confezionate e lucidate con precisione maniacale. Kaczynski propone uno scambio: se i giornali pubblicheranno il suo manifesto entro tre mesi, sospenderà gli attacchi terroristici.

I giornali esitano. Si consigliano con l'FBI. Il testo viene analizzato da una cinquantina di esperti, in cerca di una traccia, ma gli studi non danno esiti incoraggianti. Si decide allora di procedere alla pubblicazione, nella speranza che qualche lettore possa dare indicazioni utili per la ricerca. Così, il 19 settembre 1995, il *Washington Post* pubblica un inserto speciale di sette pagine contenente tutti i paragrafi del manifesto.[156] A riconoscere nel manifesto lo stile e le idee di Theodor Kaczynski è il fratello minore David. Parla prima con il suo legale di fiducia e poi, su suggerimento dell'avvocato, con l'FBI, che procede all'arresto.

6.2. *Critica della società industriale*

Veniamo ora alle idee di Kaczynski. L'incipit del manifesto non lascia dubbi in proposito all'orientamento luddista e non semplicemente tecnoscettico di Kaczynski. È composto di quattro punti fondamentali. Il primo punto è una critica sferzante della società industriale.

> 1. La rivoluzione industriale e le sue conseguenze sono state un disastro per la razza umana. Hanno aumentato la durata della vita media di chi risiede nelle nazioni "progredite", ma hanno destabilizzato la società, impoverito la vita e assoggettato l'uomo alla mancanza di dignità, contribuito a diffon-

---

[156] Il manifesto è stato pubblicato anche sull'*Oakland Tribune* il 21 settembre e sul *San Francisco Chronicle* il 22 settembre dello stesso anno. Successivamente, è stato pubblicato e discusso in numerosi altri giornali e siti internet. È dunque di facile reperibilità. Ne esistono anche versioni in forma di libro. La casa editrice Jolly Roger Press di Berkeley né ha stampato un'edizione critica. In Italia, il testo è stato tradotto e pubblicato da Stampalternativa (1997) sotto il titolo *Il Manifesto di Unabomber*, dalla Società Editrice Barbarossa (1998) con il titolo *Il Manifesto contro la società tecnologica*, e infine da D Editore (2024), a cura di E. J. Pilia e M. Pinna, mantenendo il titolo originale *La società industriale e il suo futuro*. D Editore ha pubblicato anche una raccolta di scritti inediti di Ted Kaczynski sotto il titolo *Colpisci dove fa più male. Saggi per una rivoluzione a venire* (Roma, 2024).

dere sofferenze psicologiche (e nel terzo mondo anche fisiche) e inflitto danni smisurati alla natura. Il continuo sviluppo della tecnologia peggiorerà ulteriormente la situazione. Condurrà senza dubbio a nuove e più grandi sofferenze per la razza umana, infliggerà ferite sempre più gravi alla natura. Condurrà alla distruzione del tessuto sociale e a nuove malattie psicologiche, nonché a nuove sofferenze fisiche, persino nelle nazioni "progredite".[157]

Il secondo punto dichiara, senza troppi giri di parole, che il sistema è irriformabile.

2. Il sistema industriale tecnologico potrà sopravvivere o crollare. Se dovesse sopravvivere, POTREBBE un giorno conquistare un livello sufficientemente basso di sofferenze psicologiche e fisiche, ma ciò accadrà solo dopo un lungo e doloroso periodo di assestamento e solo dopo aver ridotto esseri umani e molti altri esseri viventi allo stato di prodotti industriali, piccoli insetti infiltrati nella macchina sociale. Inoltre, se il sistema dovesse sopravvivere, le conseguenze sarebbero inevitabili: Non esiste alcun modo per riformare o modificare il sistema così da impedirgli di deprivare gli uomini della loro dignità e autonomia.[158]

Il terzo punto ammette che il crollo del sistema non sarà un ballo di gala, ma provocherebbe sofferenze immani a molti esseri umani, perlomeno nel breve periodo.

3. Se il sistema crolla, le conseguenze saranno comunque molto dolorose. Ma più il sistema cresce e più disastrosi saranno le conseguenze della sua distruzione: quindi se deve crollare, è meglio che scompaia ora e non domani.[159]

---

[157] T. J. Kaczynski, *La società industriale e il suo futuro: Il Manifesto di Unabomber*, Edizioni Stampa Alternativa, tmcrew.org, 19 settembre 2024 (data di accesso).
[158] Ibidem.
[159] Ibidem.

Il quarto punto, infine, chiarisce che il Freedom Club non sta proponendo una rivoluzione politica violenta, come se ne sono viste altre nella storia.

> 4. Pertanto annunciamo la rivoluzione contro il sistema industriale. Questa rivoluzione non sarà necessariamente violenta; potrà essere un cambiamento improvviso o relativamente graduale, distribuito in poche decine di anni. Non possiamo predire quello che accadrà. Ma possiamo tracciare in modo generale le direttive che dovrà seguire chi odia il sistema industriale, per preparare la strada alla rivoluzione contro quella forma di società. Non sarà una rivoluzione POLITICA. Il suo scopo non sarà rovesciare i governi ma le basi economiche e tecnologiche della società presente.[160]

Il manifesto è la quintessenza del pensiero tecnofobico. In sintesi, il sogno di Unabomber è scatenare una rivoluzione atipica per arrestare il processo di crescita scientifico, tecnologico e industriale. Il Kaczynski-pensiero è piuttosto sofisticato, ma, in ossequio al pragmatismo, propone un quadro semplificato, ridotto alla contrapposizione dicotomica tra due soli soggetti: i seguaci della Natura contro i seguaci della Tecnica. Questi ultimi stanno vincendo, ma secondo l'autore la società industriale è un gigante malato e, perciò, il corso della storia può ancora essere cambiato. Anche perché i seguaci della Tecnica sono in gran parte inconsapevoli del loro ruolo. Kaczynski invita i suoi potenziali seguaci al sabotaggio degli impianti industriali. Lui stesso – lo abbiamo visto – spedisce bombe via posta a scienziati e ingegneri, per togliere al progresso industriale il suo propellente: la conoscenza tecnico-scientifica.

6.3. Contro l'ipersocializzazione scolastica

Kaczynski rifiuta di dare connotazioni politiche tradizionali al suo sforzo rivoluzionario, perché ritiene che sia la destra sia la sinistra vivano contraddizioni interne e che, comunque, siano

---

[160] Ibidem.

alleate nella costruzione della società industriale. Nello scritto, investe tuttavia molte energie per disegnare il profilo psicologico dell'individuo di sinistra. Si addentra in una lunga ed elaborata analisi e conclude che il cittadino di sinistra ha complessi di inferiorità, è frustrato, ipersocializzato, ossessionato dalle regole sociali e dalla necessità di essere politicamente corretto. L'ideologia *liberal* della sinistra è secondo l'Unabomber il pensiero più pericoloso, perché porta a una costante riduzione della libertà dei cittadini.

Egli sa che – almeno dai tempi della controcultura, del postmodernismo e del movimento hippie – la *New Left* (nuova sinistra) esprime dubbi sulla tecnologia, vista come strumento di dominio del capitalismo arrembante. La sinistra post-sessantottina è, infatti, una miscela di progressismo nel campo delle libertà civili e di critica allo sviluppo industriale capitalista nel campo socioeconomico. Al contrario, è la destra repubblicana a difendere senza esitazioni l'idea del libero sviluppo economico e industriale. Tuttavia, secondo Kaczynski la critica della scienza che viene da sinistra è insincera. I politici e gli elettori orientati a sinistra criticano la tecnologia soltanto perché, ora, è uno strumento del capitalismo. Se riuscissero a instaurare il socialismo, sarebbero certamente a favore della tecnologia e userebbero lo strumento per limitare ancora di più la libertà della gente. Non è un caso, rileva, che quasi tutti i docenti universitari e gli scienziati siano di sinistra.

Il problema della destra è invece liquidato in poche parole. La destra è una miscela di tradizionalismo cristiano e di apologia del libero mercato, perciò un'ideologia intrinsecamente contraddittoria. I cittadini di destra sono semplicemente ingenui, perché è evidente che la crescita economica capitalistica erode i modi di vita e le credenze tradizionali.

Ma il riferimento all'ipersocializzazione della sinistra ci collega direttamente a un punto essenziale del pensiero di Kaczynski. La scuola è l'istituzione in cui gli esseri umani sono maggiormente socializzati, ovverosia preparati all'inserimento nel tessuto sociale ed economico della società industriale. A volere l'istruzione pubblica e obbligatoria è stata la sinistra. Perciò, l'Unabomber la mette sul banco degli imputati. Ma l'aspetto più interessante del discorso, a nostro avviso, sta nello straordinario parallelismo tra le tesi di Kaczynski e quelle di Feyerabend. Entrambi sostengono che è in atto una forma di plagio. I bambini della società industriale sono obbligati ad apprendere una forma specifica di conoscenza funzionale alla crescita tecnico-industriale, sotto la minaccia di sanzioni. Perciò, l'uomo moderno non può dirsi libero. Due paragrafi del manifesto risultano, in tal senso, particolarmente illuminanti. Il paragrafo 115 sottolinea il carattere violento del sistema scolastico occidentale, mettendolo a confronto con l'istruzione dei bambini nelle società primitive.

115. Il sistema DEVE costringere la gente a seguire stili di vita che si allontanano progressivamente dalle abitudini naturali del comportamento umano. Ad esempio, il sistema ha bisogno di scienziati, matematici e ingegneri. Non può funzionare senza di loro. Ecco perché si costringono i bambini a eccellere in quei campi. Non è normale per un adolescente passare la maggior parte del suo tempo seduto a una scrivania, assorto nello studio. Un adolescente normale vuole passare il proprio tempo allacciando contatti attivi con il mondo reale. Tra le tribù primitive ai bambini si insegnano cose in armonia con gli impulsi umani naturali. Tra gli indiani americani, ad esempio, i bambini vengono addestrati alla caccia all'aperto – proprio come piace ai più piccoli. Ma nella nostra società i ragazzi sono costretti a studiare materie tecniche, spesso disprezzate dagli stessi studenti.[161]

Il paragrafo 116 pone in diretta relazione causale il fenomeno della devianza al sistema di educazione. In altri termini, la scuola non porta i bambini sulla buona strada, ma – al contrario – produce criminali e devianti.

---

[161] Ibidem.

116. A causa della crescente pressione che il sistema impone per modificare i comportamenti umani, si verifica un incremento graduale nel numero di persone che non possono o non voglio soddisfare le richieste della società: poveri, gang giovanili, sette, ribelli antigovernativi, terroristi ambientalisti radicali, antagonisti e vagabondi di varia specie.[162]

Naturalmente, il parallelismo tra l'Unabomber e Feyerabend regge fino a un certo punto. Entrambi si richiamano all'anarchismo, parlano in nome della libertà individuale e sono molto critici nei confronti della scienza e del sistema scolastico, ma mentre Feyerabend si limita a rivendicare la necessità di separare Stato e scienza, Kaczynski vorrebbe cancellare Stato e scienza.

6.4. La scienza come sintomo di malessere psicologico

Distinguiamo ora a livello analitico gli ambiti della scienza e della tecnica. Potrebbe, infatti, sembrare che l'Unabomber, al pari di altri critici postmoderni, non ritenga possibile una scienza disinteressata: gli scienziati servono al sistema e perciò il sistema li produce in serie. In realtà, l'analisi di Kaczynski è più complessa. Egli distingue la scienza pura dalla tecnologia.

La scienza disinteressata esiste, ma è comunque sintomo di una patologia della società industriale. Il percorso per arrivare a questa conclusione è piuttosto tortuoso. Gli esseri umani hanno bisogno di quello che Kaczynski chiama il "power process" (processo di potenza). Si tratta di un bisogno che ha basi nella biologia umana e animale. È simile ma non equivalente al "bisogno di potere" che tutti riconoscono all'uomo. Il processo di potenza è basato su quattro elementi: obiettivo, sforzo, raggiungimento dello scopo, autonomia. I primi tre sono elementi universali, mentre il quarto può essere un bisogno soggettivo. Il problema non è soltanto avere potere, ma ottenerlo ed esercitarlo attraverso le fasi e le modalità sopra esposte. Procedendo a un esperimento mentale, Kaczynski ci chiede di immaginare

---

[162] Ibidem.

un uomo che possa ottenere tutto ciò che vuole semplicemente desiderandolo. Quest'uomo avrebbe potere, ma svilupperebbe presto problemi psicologici, perché le sue azioni quotidiane non passerebbero attraverso il processo di potenza disegnato dalla nostra biologia. Inizialmente si divertirà, poi inizierà ad annoiarsi e finirà con l'essere demoralizzato.

Affinché vi sia felicità nell'uomo, è necessario che ci siano obiettivi, che questi obiettivi siano importanti, che per ottenerli sia necessaria una certa fatica e che, infine, si riescano a ottenere quotidianamente con un certo tasso di successo. Date queste premesse, segue che gli unici obiettivi degni di essere perseguiti sono quelli collegati alle necessità fisiche. Ogni persona ha bisogno quotidianamente di cibo, acqua, vestiti, un riparo. Si tratta di obiettivi importanti, perché dal loro conseguimento dipende la nostra stessa esistenza. Ma se l'uomo ottiene tutto ciò senza sforzi eccessivi, come avviene nelle società industriali, il senso della sua esistenza svanisce e iniziano a svilupparsi problemi psichici.

Poiché il processo di potenza deve comunque essere soddisfatto, l'uomo moderno si è inventato tutta una serie di attività surrogate, al fine di avere comunque l'illusione di passare attraverso le fasi del processo. L'attività surrogata per eccellenza è la scienza. Kaczynski propone l'esempio dell'imperatore Hirohito che, non avendo la necessità di soddisfare i propri bisogni fisici e non potendo (o volendo) cedere a un esistenza di decadente edonismo, dedica il suo tempo alle ricerche nel campo della biologia marina, ottenendo risultati di tutto rispetto. Si noterà che Kaczynski, come Aristotele, riconduce la nascita della scienza all'affrancamento dell'uomo dallo sforzo quotidiano per la sopravvivenza biologica. Ma mentre per Aristotele l'uomo ha un istinto imperioso che lo conduce alla conoscenza, una volontà di sapienza che, prima frustrata, si libera con la liberazione dal bisogno, per Kaczynski la scienza non è altro che un inutile passatempo che l'uomo inventa per surrogare il processo di potenza più genuino, quello istintivo connesso alla lotta per la sopravvivenza. Lo scienziato fa ricerca per motivi di prestigio, tuttavia è sempre insoddisfatto, perché una volta risolto un problema ha bisogno di un nuovo problema. E quindi se lo inventa.

In breve, questo è un vero e proprio anti-ethos della scienza, perché sebbene si riconosca l'esistenza della ricerca disinteressata (o, perlomeno, finalizzata al solo ottenimento di riconoscimenti di prestigio) si disconosce in toto il valore edificante della scienza. L'impulso a conoscere è ridotto al rango di una malattia mentale, una deviazione dalla norma, un'attività surrogata.

6.5. Tecnologie (ed eugenetiche) buone e cattive

Veniamo ora alla questione della tecnica. L'idea della tecnologia come arma a doppio taglio attraversa tutta la storia umana, a cominciare dai miti greci, in cui la medesima invenzione salva Dedalo e uccide Icaro. È diffusa la convinzione che le tecnologie in sé non siano né buone né cattive, ma possano essere usate per il bene o per il male, secondo la perizia e la volontà del loro possessore. La bontà o la cattiveria sono soltanto nel cuore dell'uomo. Ma, anche su questo punto, la posizione di Kaczynski si distingue per complessità e originalità. Innanzitutto, egli distingue tra due tipi di tecnologia. L'operazione è necessaria perché, pur odiando la tecnologia, egli è perfettamente cosciente del fatto che l'uomo non può esistere senza di essa. Lui stesso ne è dipendente. Non vive nudo nella foresta. Ha costruito una capanna, utilizza attrezzi per procacciarsi il cibo, si ripara dal freddo indossando oggetti tecnologici chiamati vestiti. E, per cuocere il cibo e respingere gli attacchi del freddo, utilizza quello strumento tecnico che Prometeo ha rubato agli Dei per farne dono all'uomo e che solo l'uomo, tra gli esseri viventi, utilizza: il fuoco.

Kaczynski lo sa bene. Perciò, nel paragrafo 208, si trova costretto a introdurre una distinzione analitica tra due tipi di tecnologia: a scala ridotta e industriale. Queste le sue parole: «La tecnologia su scala ridotta è quella che può essere utilizzata da piccole comunità senza il bisogno di assistenza esterna.

La tecnologia industriale dipende da organizzazioni sociali più vaste».[163] La differenza fondamentale è che non si dà alcun fenomeno di regressione nella tecnologia a scala ridotta, mentre la tecnologia industriale entra in una fase di regresso non appena crolla l'organizzazione sociale su cui si fonda. Per illustrare la distinzione, fornisce l'esempio della tecnologia romana. Precisa, infatti, che «la tecnologia su scala ridotta sopravvisse al crollo dell'impero romano perché qualsiasi bravo artigiano in qualsiasi villaggio era in grado di costruire un mulino ad acqua, qualsiasi fabbro esperto sapeva forgiare il ferro seguendo il metodo romano ecc. Al contrario la tecnologia romana a carattere industriale conobbe allora una forte regressione. Le tecniche di costruzione delle strade furono per sempre perse. Il sistema di igiene urbana venne presto dimenticato».[164]

Ecco allora risolta la prima contraddizione. Per l'Unabomber, non esiste una sola tecnologia che può essere usata per il bene o per il male, ma esistono tecnologie buone e cattive. Quelle a scala ridotta sono buone, quelle industriali sono cattive. Addentriamoci allora nella sua valutazione etica delle tecnologie industriali. Possiamo chiederci: perché esse sono sempre cattive e non semplicemente armi a doppio taglio, come abbiamo finora pensato? Secondo Kaczynski, la questione è semplicemente di ordine pragmatico. È vero che possono essere individuati aspetti positivi e negativi della tecnologia industriale, ma gli aspetti negativi non possono essere separati da quelli positivi. L'idea di poterli separare è pura illusione, perché la tecnologia moderna è un sistema unitario in cui tutte le parti dipendono l'una dall'altra.

L'autore del manifesto porta l'esempio della medicina. Il progresso nelle scienze mediche dipende dai progressi della chimica, della fisica, della biologia, dell'informatica e di molte altre discipline. È evidente che, dal punto di vista del malato, l'avanzamento tecnologico è positivo, ma la ricaduta a livello sociale è disastrosa. Le terapie mediche più sofisticate richie-

---

[163] Ibidem.
[164] Ibidem.

dono equipaggiamenti costosi e ad alta tecnologia, disponibili solo nelle società tecnologicamente più progredite ed economicamente più forti. Non si può immaginare un progresso medico che non coinvolga un progresso del sistema tecnologico con le sue inevitabili conseguenze. Le principali conseguenze sono quelle già evidenziate nell'incipit: riduzione in schiavitù e malattie mentali. Degli aspetti negativi non ci si può più liberare e, prima o poi, faranno sentire le loro conseguenze sulla qualità della vita.

Di nuovo, nel paragrafo 122, Kaczynski ricorre a un esperimento mentale. Invita a pensare che sia possibile conservare soltanto il progresso medico senza tutto il contorno del sistema tecnologico. Ebbene, nonostante la separazione, l'umanità si troverebbe a fronteggiare molti pericolosi inconvenienti dal punto di vista evolutivo. Questo è l'esempio che propone:

> Supponiamo che venga scoperta una cura per il diabete. Le persone con una predisposizione genetica al diabete sopravvivrebbero e sarebbero in grado di riprodursi proprio come gli individui sani. In questo modo la selezione naturale contro i geni del diabete verrebbe evitata e quei geni si diffonderebbero in tutta la popolazione. (Questa condizione in parte si è già verificata, poiché il diabete – anche se non viene curato – può essere controllato con l'uso di insulina.) Lo stesso accadrebbe con molte altre malattie, con una crescente degradazione genetica della popolazione. L'unica soluzione sarebbe una qualche forma di programma eugenetico o una ricostruzione intensiva del patrimonio genetico della razza umana: in questo modo in futuro l'uomo smetterebbe di essere una creazione del natura, del caso o di Dio (a seconda delle più diverse opinioni religiose o filosofiche), per trasformarsi in un prodotto tecnologico.[165]

Nel paragrafo successivo, l'Unabomber avverte il lettore con parole apocalittiche: «Se già credi che i governi più importanti interferiscano troppo con la tua vita, aspetta di vedere

---

[165] Ibidem.

l'alba del giorno in cui i governi regoleranno la costituzione genetica dei tuoi figli».[166]

La questione dell'ingegneria genetica ci porta al cuore del problema. Kaczynski è convinto che l'evoluzione autodiretta della specie umana sia una conseguenza ovvia e prevedibile della società industriale, nonché il suo esito più disastroso. L'affinamento delle tecniche di procreazione assistita e la clonazione sono i primi segnali del programma eugenetico, o di ricostruzione intensiva del patrimonio genetico, che caratterizza la nuova fase delle società industriali. L'azione terroristica di Kaczynski si colloca esattamente tra la nascita del primo bimbo in provetta (Louise Joy Brown, concepita in un laboratorio inglese il 25 luglio 1978) e la nascita del primo mammifero clonato, (la pecora Dolly, nata il 5 luglio 1996). Proprio l'attenzione critica alle conseguenze dell'ingegneria genetica fa di Kaczynski l'anti-transumanista *par excellence*.

Si badi che l'Unabomber non è per nulla sostenitore di un futuro disgenetico della razza umana. In realtà, da quanto scrive, si capisce che ha una visione eugenetica ed evoluzionistica, però ritiene che la scienza non possa fare meglio della natura. O, perlomeno, che sarebbe troppo alto il prezzo da pagare, in termini di libertà, se l'evoluzione fosse guidata dai governi. Non prende nemmeno in considerazione l'ipotesi che i governi possano riconoscere l'autodeterminazione degli individui nell'uso delle biotecnologie, come auspicano i transumanisti. Forse, perché considera la questione del tutto secondaria, rispetto alla violenza inferta alla natura.

6.6. *Riflessioni sulla ricezione del manifesto*

Riguardo al manifesto si spendono da decenni molte parole. La critica è discorde. E non poteva essere altrimenti. Alcuni sostengono che si tratta di un testo poco originale, che ricicla vecchie idee. Altri rilevano che è un monologo illogico e farneticante che prospetta come desiderabile la morte di miliardi

---

[166] Ibidem.

di esseri umani, nonché la devastazione della natura. È, infatti, evidente che tornare a una società di cacciatori-raccoglitori, con una popolazione terrestre che ammonta a otto miliardi[167], implica una devastazione delle risorse superiore a quella che la società industriale produce. Se si tornasse improvvisamente alla società preindustriale, gli effetti sull'ecosistema sarebbero forse più deleteri del famigerato effetto serra. Otto miliardi di persone che per riscaldarsi non potessero usare gas, petrolio, centrali idroelettriche e nucleari, dovrebbero tagliare e bruciare in breve tempo le foreste che restano sul pianeta. Se per nutrirsi non potessero utilizzare gli abbondanti prodotti agricoli ottenuti grazie a fertilizzanti chimici, diserbanti e conservanti, dovrebbero massacrare ogni forma di vita animale e vegetale. Gli esseri umani devono mangiare due o tre volte al giorno per sopravvivere. Ogni giorno sarebbero uccisi miliardi di organismi animali e vegetali che non potrebbero essere rimpiazzati con le attuali tecniche di allevamento intensivo o di coltivazione. Ciò significherebbe l'estinzione in breve tempo per quasi tutte le specie. Poi toccherebbe all'uomo. Morirebbero miliardi di persone per carenze alimentari, energetiche e mediche. Ciò che resterebbe sarebbe un mondo nuovo, non certo il vecchio mondo. Su un punto Kaczynski ha ragione: non si può più tornare indietro *senza sacrificare vite umane*.

C'è anche chi critica la critica, nel senso che trova non accettabile su un piano etico commentare i pensieri di un assassino psicopatico. Il problema è che non si può evitare di commentare Kaczynski, proprio perché troppe persone condividono i suoi pensieri. Dopo avere immancabilmente preso le distanze dai suoi gesti criminali, molti hanno riconosciuto la validità di questa o quell'idea, o addirittura dell'impostazione ideologica complessiva. Lo si è visto nei dibattiti televisivi,

---

[167] Si tratta di una cifra aggiornata. Nel 1995, anno di pubblicazione del manifesto, gli abitanti della terra erano circa sei miliardi (5.743.219.453, per l'esattezza). Al momento della prima edizione del libro, la popolazione terrestre è levitata a circa sette miliardi. Il 15 novembre 2022, notoriamente, ha superato la soglia degli otto miliardi.

nelle lettere inviate ai giornali, nelle liste di discussione in rete. Io stesso ogni anno, quando presento il manifesto nei miei corsi universitari, noto che c'è condivisione di queste idee da parte di una percentuale non trascurabile di studenti. Queste non sono soltanto le farneticanti idee di uno psicopatico, sono lo specchio di un sentimento antiscientifico, antitecnologico e antimoderno più diffuso di quanto si voglia ammettere. È diffuso soprattutto nella popolazione del mondo occidentale, in Europa come in America. Di questo un sociologo non può non tenere conto.

A sostegno di questa tesi, porterò soltanto un esempio. Nel 1995, l'intellettuale ecologista Kirkpatrick Sale ha pubblicato *Rebels against the Future*[168], libro che è stato tradotto in italiano alcuni anni più tardi con il titolo *Ribelli al futuro: i luddisti e la loro guerra alla rivoluzione industriale*.[169] L'autore presenta il florido stato dell'arte del luddismo, rimarcando che sono stati pubblicati numerosi libri, almeno una dozzina, che criticano il ciberspazio e offrono strategie per uscire dalla rete informatica. Sale nota che anche la televisione inizia a dare spazio a esperti che criticano l'impatto dei computer, come professori che sostengono che la tecnologia stia distruggendo la letteratura, medici preoccupati per l'eccessiva dipendenza dalla tecnologia sanitaria, economisti che vedono nell'automazione la fine del sogno americano, ministri di culto che mettono in guardia contro la biotecnologia, considerata un sostituto di Dio, e agricoltori che parlano della scomparsa della tradizionale azienda familiare a causa della tecnologia. L'autore di *Ribelli al futuro* propone poi un elenco di riviste e titoli di articoli che testimoniano l'imperioso ritorno del luddismo: *New Yorker* ("Improvvisamente va di moda odiare il proprio computer"), *Wired* ("Il ritorno dei luddisti"), *New Age* ("Spacca il

---

[168] K. Sale, *Rebels Against The Future: The Luddites And Their War On The Industrial Revolution: Lessons For The Computer Age*, Addison-Wesley Publishing, Boston 2005.

[169] K. Sale, *Ribelli al futuro: i luddisti e la loro guerra alla rivoluzione industriale*, Arianna Editrice, Casalecchio (Bologna) 1999.

tuo computer"), *Newsweek* ("I luddisti sono ritornati"), e *The Whole Earth Review* ("I luddisti avevano ragione"). Non sono da meno i quotidiani. Afferma Sale che in America, da Los Angeles a Boston, da Minneapolis a Houston, e in Europa, a Londra, Milano e Vienna, rimbalza spesso la notizia che il luddismo è tornato di moda.

Dato il tema e la coincidenza temporale di uscita del libro di Kirkpatrick e del manifesto di Kaczynski, non poteva mancare nel primo un riferimento a secondo.

> Fu nel pieno di queste polemiche che l'uomo etichettato dall'FBI come Unabomber forzò il Washington Post a pubblicare il suo "Manifesto", una lunga diatriba che criticava la «società industriale e tecnologica», l'età dei computer con le sue macchine, che «hanno destabilizzato la società, hanno reso la vita insoddisfacente, hanno esposto l'uomo all'umiliazione, hanno fatto dilagare la sofferenza psicologica ... e hanno inflitto un danno severo al mondo naturale». Questo provocò una risposta sorprendentemente diffusa ed energica. Non che qualcuno approvasse la tattica dinamitarda e omicida di Unabomber, ma fu degno di nota il numero di persone che ammise senza timore di condividere la sua avversione per un mondo reso sempre più complesso, intimidito e instabile dalla moderna tecnologia. Come ha scritto il *New Yorker*, «E Pluribus Unabomber: c'è un po' di lui in ognuno di noi».[170]

Il nuovo luddismo non nasce dal nulla. È ovvio che ci sono ragioni oggettive che spingono molte persone a odiare la scienza e la tecnica: difficoltà scolastiche, stress sul posto di lavoro, precarietà dell'occupazione, famiglie in frantumi, traffico, inquinamento, armi sempre più potenti, continua necessità di aggiornarsi e adeguarsi ai cambiamenti, incertezze riguardo al futuro. Buona parte della controcultura e della letteratura postmoderna esprime queste ansie o fa leva su di esse.

Anche molta critica alla scienza nella letteratura epistemologica appare insensata, se non la si legge sullo sfondo di que-

---

[170] Ibidem.

sto contesto sociale. Si è comunque generato un circolo vizioso (virtuoso per Kaczynski e i suoi seguaci) tra critica della scienza e ignoranza della stessa. È, infatti, evidente che ciò che non si conosce è più facile da criticare che non da difendere. Se ci si dice favorevoli alla scienza o a una tecnologia, bisogna poi spiegare il perché, entrare nei dettagli. Se ci si dice contrari, basta invece evocare la paura dell'ignoto, il principio di precauzione. E il gioco è fatto. Il movimento antiscienza indebolisce la ricerca e la diffusione della conoscenza scientifica, quindi fa crescere l'ignoranza. Ma a sua volta l'ignoranza favorisce lo sviluppo e la diffusione di posizioni antiscientifiche e luddiste. A questo problema cercano di porre rimedio i divulgatori scientifici. Tuttavia troppo esigue sono le risorse investite in questa direzione e il quadro sta diventando allarmante.

Il clima antiscientifico che si è creato nel mondo occidentale negli ultimi decenni non è privo di conseguenze sul piano pratico. In Italia, per esempio, ha alimentato decisioni politiche che hanno notevolmente rallentato, se non frenato, il progresso scientifico.[171] La scienza viene ostacolata con una diminuzione di fondi per la ricerca di base o con provvedimenti legislativi che vietano esplicitamente determinati esperimenti scientifici, procedure di laboratorio, o applicazioni tecniche. Ci sono insomma anche Unabomber in doppiopetto che usano l'arma della politica e della legge per fermare il progresso. È un modo meno violento e senz'altro legittimo, ma forse più subdolo perché meno visibile.

---

[171] Cfr. E. Bellone, *La scienza negata*, Codice Edizioni, Torino 2005.

7. L'allarme di Bill Joy

Sopravvivremo alle nostre tecnologie? Siamo spinti avanti in questo nuovo secolo senza nessun piano, nessun controllo, senza freni. Siamo già andati troppo in là per cambiare direzione? Io non credo, ma non stiamo facendo nulla, e l'ultima possibilità per affermare il controllo – il punto di non ritorno – si avvicina velocemente. Abbiamo i nostri primi robot domestici, come pure tecniche di ingegneria genetica commercialmente disponibili, e le nostre tecniche in nanoscala stanno progredendo rapidamente... Un approccio tecnologico all'eternità – una imminente immortalità attraverso la robotica – potrebbe non essere l'utopia più desiderabile, e la sua aspirazione porta chiari pericoli. Forse dovremmo riconsiderare le nostre scelte utopiche. Dove possiamo cercare una nuova etica di base per situare il nostro percorso?

BILL JOY

Nell'anno 2000, *Wired* pubblica un articolo dall'intrigante titolo *Why the Future Doesn't Need Us*, a firma di William N. Joy, al secolo Bill Joy.[172] Cofondatore, direttore scientifico e vicepresidente di *Sun Microsystem*, l'informatico statunitense prospetta nell'articolo un futuro distopico in cui la razza umana è completamente soppiantata da macchine intelli-

---

[172] B. Joy, *Why the Future Doesn't Need Us*, «Wired», Issue 8(4), Aprile 2000. Trad. it. *Perché il futuro non ha bisogno di noi*, Tactical Media Crew, tmcrew.org, 19 settembre 2024 (data di accesso). Nota bene: alla traduzione abbiamo apportato alcune modifiche stilistiche facendo riferimento al testo originale inglese.

genti o nanoentità autoreplicanti. Il futuro non ha bisogno di noi, grida Joy dalle colonne della rivista, denunciando il totale disinteresse, l'inconsapevolezza e la carenza di sensibilità etica di gran parte degli scienziati, dei politici e dell'opinione pubblica. Invoca un bando delle tecnologie più pericolose, una pausa di riflessione, finché non sarà chiaro che la razza umana non è in pericolo di estinzione. Joy non chiama per nome il transumanesimo, ma fa riferimento esplicito a intellettuali, come Ray Kurzweil, Hans Moravec ed Eric Drexler, che possono essere definiti transumanisti o postumanisti.

Questo l'incipit dell'articolo: «Dal momento che sono stato coinvolto nella creazione di nuove tecnologie, la loro dimensione etica mi ha sempre preoccupato, ma è stato solamente nell'autunno del 1998 che sono diventato ansiosamente consapevole di quanto grandi siano i pericoli che ci prospetta il XXI secolo. Posso far risalire l'inizio del mio sconforto al giorno in cui ho incontrato Ray Kurzweil, il meritatamente famoso inventore della prima macchina per leggere per ciechi, e altre cose straordinarie…».[173]

Kurzweil e Joy erano entrambi oratori alla conferenza George Gilder's *Telecosm*. S'incontrarono per caso nel bar dell'hotel, dopo che le rispettive conferenze erano finite. Joy era seduto con John Searle, noto filosofo dell'Università di Berkeley che studia la percezione. Kurzweil si unì alla discussione e il tema divenne ben presto quello che Joy percepì come un vero e proprio incubo: il robot senziente. Un incubo che, a suo dire, ancora lo perseguita. L'informatico americano racconta di aver sentito spesso tali discorsi, ma di avere sempre pensato che i robot senzienti appartenessero al dominio della fantascienza. Era, però, la prima volta che sentiva dire da qualcuno che rispettava, tra l'altro con argomentazioni convincenti, che la comparsa di queste macchine era un'eventualità temporalmente vicina. Joy era sconcertato, perché conosceva la provata abilità di Kurzweil di immaginare e creare il futuro. Così,

---

[173] Ibidem.

l'autore dell'articolo racconta le sensazioni in lui suscitate dal quel dialogo:

> Sapevo già che le nuove tecnologie come l'ingegneria genetica e la nanotecnologia ci stavano dando il potere di rifare il mondo, ma un realistico e imminente scenario di robot intelligenti mi ha stupito. È facile rimanere spossati da tali innovazioni. Sentiamo dalle notizie quasi tutti i giorni di qualche progresso tecnologico o scientifico. Tuttavia questa non era una predizione consueta. Nel bar dell'hotel, Ray mi diede una prestampa del suo prossimo libro *The Age of Spiritual Machines*, che delineava l'utopia che prevedeva – un'era in cui gli umani, diventando tutt'uno con la tecnologia robotica, si avvicinavano all'immortalità. Leggendolo, il mio senso di sconforto s'intensificò; ero sicuro che stava capendo i pericoli, capendo la probabilità di un esito negativo lungo questo cammino. Mi son trovato molto turbato da un passaggio che delinea uno scenario distopico...[174]

Il passaggio in questione lo vedremo tra poco. Prima vogliamo rilevare che quello di Joy è un testo polemico che suscita un dibattito appassionato. Le ragioni del "successo" di questo testo sono varie. Egli non è certamente il primo a criticare la società industriale e i suoi possibili esiti futuri. Non è il primo catastrofista a lanciare un grido d'allarme. Molti appelli luddisti sono stati uditi dalla rivoluzione industriale a oggi. Per lo più sono rimasti inascoltati. E giustamente – possiamo dire a posteriori – perché le catastrofi e i pericoli che prospettavano erano del tutto immaginari. Ma Joy non è il solito ambientalista radicale o guru religioso in guerra con il progresso. È il *chief scientist* di una delle principali aziende del settore informatico. È l'uomo che ha dato vita al programma Java, che tutti noi utilizziamo quando navighiamo in Internet. È uno degli artefici dell'intelligenza artificiale e della società dell'informazione in cui viviamo. Perciò, il suo *pamphlet* non poteva passare inosservato.

---

[174] Ibidem.

7.1. Specificità delle tecnologie del XXI secolo

Bill Joy spiega che già le tecnologie del passato comportavano dei pericoli. Le armi nucleari, chimiche e batteriologiche sono effetti collaterali (dai più considerati "indesiderati") delle scoperte nei campi della fisica, della chimica e della biologia che ci ha regalato il XX secolo. Ma le tecnologie GNR del XXI secolo – ovvero genetica, nanotecnologia e robotica – sono incomparabilmente più pericolose, per due ragioni fondamentali: 1) sono tecnologie che non modificano soltanto l'ambiente ma cambiano l'essenza stessa dell'uomo; 2) sono relativamente facili da produrre in quanto basate sulla conoscenza e non sul possesso di materiali rari.

Il primo punto è già stato dibattuto lungamente in questo libro. Il secondo sembra invece un'osservazione originale, particolarmente significativa in un periodo funestato dal terrorismo globale, e sinistramente profetica visto che Joy pubblica il testo prima dell'attacco di Al Qaeda alle torri gemelle e quelli contestuali all'antrace. La costruzione di un impianto nucleare non è un'operazione semplice. Serve il *know how*, vale a dire la conoscenza tecnico-scientifica, servono materiali rari come l'uranio arricchito e, da ultimo, l'impianto è estremamente ingombrante e quindi visibile dai satelliti. Inoltre, una bomba atomica richiede vettori adeguati per il lancio, ossia aerei o missili che riescano a portarla sul bersaglio. In altre parole, è una tecnica che può essere sviluppata soltanto da uno Stato che possiede adeguate risorse intellettuali ed economiche.

Un gruppo di malintenzionati troverebbe alquanto difficile confezionare una bomba atomica e sganciarla su una città. Ma le tecnologie GNR del XXI secolo richiedono soltanto il *know how*, la conoscenza. Un qualsiasi biologo arrabbiato con il mondo – magari perché, pur brillante, è rimasto disoccupato o per una crisi sentimentale o per ragioni politico-religiose – potrebbe modificare geneticamente batteri o virus e provocare un'epidemia letale per milioni di persone. Le tradizionali bombe batteriologiche non sono comparabili riguardo alla pericolosità, perché di quasi tutte le malattie è nota la cura e, inoltre, chi le lancia possiede certamente l'antidoto, per proteggere le proprie truppe. Il problema sorge con un gruppo di terroristi fanatici o un singolo scienziato in guerra con il mondo, a là Kaczynski, per intenderci, perché potrebbe produrre un batterio o un virus nuovo, senza farsi premura di sintetizzare prima l'antidoto.

7.2. Eredità dell'Unabomber e dominio delle macchine

Il riferimento a Theodor Kaczynski non è casuale. Joy comincia proprio da dove l'Unabomber aveva lasciato (con l'analisi, s'intende). Il «passaggio che delinea uno scenario distopico» di cui parla Joy con sgomento si trova nel libro *The Age of Spiritual Machines*, ma Kurzweil lo aveva ripreso a sua volta dal manifesto *La società industriale e il suo futuro*. La visione distopica dell'Unabomber era centrata anche sugli sviluppi della robotica.

Kaczynski postula innanzitutto che gli scienziati informatici riescano a sviluppare macchine intelligenti in grado di fare tutto meglio degli esseri umani. La prima conseguenza è che tutto il lavoro sarà fatto da sistemi di macchine vasti e organizzati, senza che si renda necessario alcuno sforzo umano. A questo punto entra in gioco il problema delle decisioni. L'Unabomber esplora diversi scenari, a seconda che sia lasciato alle macchine anche il potere decisionale senza la supervisione umana (prima ipotesi) o che più prudentemente gli umani decidano di mantenere il controllo sulle macchine in ultima istanza (seconda ipotesi). L'analisi di scenario merita di essere presentata in dettaglio. Al paragrafo 173, l'ecoterrorista scrive:

> Se le macchine fossero autorizzate a prendere autonomamente le proprie decisioni, non è possibile avanzare alcuna congettura sui risultati, perché risulta impossibile indovinare in che modo potrebbero comportarsi tali macchine. Ci limitiamo a sottolineare che il destino della razza umana sarebbe alla loro mercé. Si potrebbe obiettare che la razza umana non sarebbe mai così sciocca da consegnare tutto il potere alle macchine; ma non stiamo ipotizzando né che la razza umana

ceda volontariamente il potere alle macchine, né che le macchine s'impadroniscano volontariamente del potere. Quello che suggeriamo è che la razza umana potrebbe facilmente lasciarsi trascinare in una simile condizione di dipendenza dalle macchine da non avere altra scelta pratica se non quella di accettare che tutte le decisioni vengano prese autonomamente delle macchine.[175]

Kaczynski spiega che, con il progredire della società e l'aumento della complessità dei problemi da affrontare e con un'intelligenza artificiale che continua a crescere in potenza e velocità, le persone tenderanno a delegare sempre più decisioni alle macchine. Ciò perché le scelte fatte dai computer e dai robot risulteranno più efficaci rispetto a quelle umane. L'Unabomber ipotizza che si giungerà a un punto in cui le decisioni necessarie per mantenere l'intero sistema sociale in funzione saranno talmente intricate e complesse che gli esseri umani non saranno più in grado di gestirle. In quel momento, le macchine avranno *de facto* il controllo dell'intera società. Le persone non potranno nemmeno spegnerle, perché la dipendenza da esse sarà totale. Spegnere i computer significherebbe auto-distruggersi.

Poi, al paragrafo successivo, l'ecoterrorista soppesa un altro possibile scenario, ovverosia la possibilità che gli esseri umani uomini mantengano il controllo sulle macchine. In questo scenario, la maggior parte delle persone potrà ancora gestire dispositivi personali come l'automobile o il computer, ma il controllo dei grandi sistemi tecnologici resterà concentrato nelle mani di una piccola élite, proprio come accade oggi. Tuttavia, ci saranno due differenze principali: 1) grazie ai progressi tecnologici, questa élite avrà un controllo ancora più forte sulle masse; 2) poiché il lavoro umano non sarà più indispensabile, le masse diventeranno inutili e rappresenteranno un peso per il sistema. A questo punto, l'analisi diventa ancora più dettaglia-

---

[175] T. Kaczynski, *La società industriale e il suo futuro,* D Editore, Roma 2024, par. 173.

ta e l'Unabomber prende in considerazione tre possibili scenari riguardanti la massa dell'umanità, generati da altrettante decisioni dell'élite.

Se l'élite è spietata, può semplicemente decidere di sterminarla. Se si dimostra più umana, utilizzerà la propaganda o ogni altra tecnica di manipolazione psicologica o biologica per ridurre il tasso di natalità finché la massa dell'umanità non si estinguerà, lasciando il mondo alla sola élite. O ancora, se l'élite è composta da liberali dal cuore tenero, potrebbe decidere di impersonare il ruolo del buon pastore per il resto dell'umanità, assicurandosi che i bisogni fisici di ciascuno siano soddisfatti, che tutti i bambini crescano in condizioni di buona igiene mentale, che tutti abbiano un sano passatempo che li tenga occupati e che chiunque possa sentirsi insoddisfatto si sottoponga a un "trattamento" per curare il proprio "problema". Naturalmente, la vita sarà talmente vuota di senso che le persone dovranno essere biologicamente o psicologicamente riprogrammate per sopprimere al proprio processo di autorealizzazione, o perché "sublimino" il proprio istinto di potenza con un passatempo inoffensivo. Questi esseri umani *ingegnerizzati* potranno forse essere felici in una società di questo tipo, ma certamente non saranno liberi. Saranno ridotti allo stato di animali domestici.[176]

Ecco allora una visione che prende sul serio tutte le possibilità tecnologiche prospettate dagli intellettuali transumanisti, dalla presa di coscienza delle macchine fino alla modifica genetica degli esseri umani, ma le inquadra in un contesto assolutamente distopico. Kaczynski è un catastrofista e non tiene conto di molte altre variabili che potrebbero intervenire a modificare il corso della storia, però la sua analisi è estremamente lucida e non si può escludere a priori che le cose possano andare proprio in questo modo. Perlomeno, Bill Joy crede nella plausibilità di questo scenario. Ovviamente, si affretta a prendere le distanze dal terrorista e dai suoi metodi, rivelando tra

---

[176] Ivi, par. 173-174.

l'altro che temeva di diventare l'ennesima vittima dell'Unabomber, dopo che un ordigno aveva mutilato e sfregiato il suo amico David Gelernter.

Lo scenario sopra riportato non è il solito canovaccio fantascientifico da quattro soldi, con le macchine che si ribellano all'uomo. Joy nota che l'analisi è molto più sottile, perché pone l'accento sulle conseguenze indesiderate di azioni volontarie aventi scopi diversi. È un problema già analizzato sul piano teorico da Robert K. Merton in un saggio intitolato *Le conseguenze impreviste dell'azione sociale finalizzata*.[177] Pubblicato nel 1936, l'articolo è stato citato migliaia di volte nella letteratura sociologica.

Joy rileva che non è importante quali siano le nostre intenzioni. Esse potrebbero essere eticamente accettabili, ma il problema è che, in un sistema complesso, non si possono prevedere gli sviluppi di ogni innovazione: «Il nostro abuso di antibiotici ha portato a quello che ad oggi è forse il più grande problema: l'emersione di batteri molto più pericolosi e resistenti agli antibiotici. Simili cose sono successe quando si è tentato di eliminare le zanzare portatrici di malaria con il DDT, facendo loro acquisire una resistenza al DDT».[178] La ragione per cui quelli che all'apparenza sono successi e alla lunga si rivelano insuccessi è che i sistemi su cui si va ad agire sono complessi e poco conosciuti. Ogni azione coinvolge interazioni e reazioni tra le molte parti del sistema. Così, ogni cambiamento introdotto nel sistema – specialmente se si tratta di azioni umane – produce effetti a cascata che sono difficili da prevedere.

Il cofondatore di *Sun Microsystem* inizia a proporre il problema agli amici e rimane sconcertato dalle risposte. Lo scienziato Danny Hillis, fondatore della *Thinking Machines Corporation*, lo invita a non preoccuparsi perché i cambiamenti, che ora sembrano così scioccanti e radicali, avverranno in modo

---

[177] R. K. Merton, *The Unanticipated Consequences of Purposive Social Action*, «American Sociological Review», Volume 1, no. 6, 1936, pp. 894–904.

[178] B. Joy, *Perché il futuro non ha bisogno di noi*, cit.

graduale e la gente si abituerà presto a essi. La gente si abituerà anche all'idea di cambiare corpo e diventare una macchina. Hillis su questo punto è molto chiaro: «Amo il mio corpo come chiunque altro, ma se posso vivere duecento anni in un corpo di silicone, a me sta bene».[179]

Il punto è proprio questo: le idee transumaniste sono molto più diffuse di quanto non si voglia ammettere. E la prospettiva di vincere la morte, o almeno di allontanarla, è da molti considerato un obiettivo che giustifica l'assunzione di qualche rischio. La vita dell'individuo è da molti considerata assurdamente breve. Oggi più di ieri, perché noi viviamo in un mondo che offre moltissime possibilità in termini di viaggi, conoscenze, incontri, svaghi, attività, occupazioni, e ci bombarda quotidianamente con stimoli di ogni tipo, con nuovi libri, dischi, film, concerti, oggetti, opere d'arte, prodotti alimentari, ecc., mentre sappiamo che *non abbiamo il tempo* per nutrire il nostro corpo e il nostro spirito con tutto ciò che ci circonda. La brevità della nostra vita diventa ogni giorno più frustrante. Questo può spiegare l'interesse di Kurzweil, Moravec, Hillis e altri transumanisti per le tecnologie di *life extension*.

7.3. *L'incubo delle nanotecnologie*

Bill Joy è, invece, molto preoccupato. Ritiene che il rischio non sia piccolo e che possa comportare l'estinzione della razza umana o una sua riduzione in schiavitù. Una delle maggiori preoccupazioni dell'informatico statunitense è legata allo sviluppo delle nanotecnologie. È turbato dal processo di progressiva miniaturizzazione dei dispositivi elettronici e dalle sue possibili conseguenze. Le meraviglie della nanotecnologia sono prospettate nel 1959 dal fisico e premio Nobel Richard Feyman, in un discorso pubblicato sotto il titolo *There's Plenty of Room at the Bottom*. Ma è soltanto verso la metà degli anni ottanta che il tema diventa popolare, con la pubblicazione da parte del fisico Eric Drexler di due importanti libri: *Engines of*

---

[179] Ibidem.

Creation[180] e il successivo *Unbounding the Future*.[181] Il sogno di Drexler è il *molecular assembler*, un macchinario nanotecnologico capace di assemblare oggetti a livello atomico e molecolare. Con una tale macchina sarebbe possibile produrre qualsiasi cosa a basso costo, determinando un futuro di abbondanza e ricchezza diffusa.

Qualsiasi problema potrebbe essere risolto se si trovasse il modo di manipolare la materia a livello degli atomi. Gli assemblatori nanomolecolari potrebbero rendere possibile la cura del cancro attraverso l'utilizzo dell'energia solare, oppure permettere di curare il raffreddore attraverso l'ampliamento del sistema immunitario umano. Un'idea su cui alcuni scienziati lavorano è la costruzione di nano-cellule e nano-robots (o nanobots) capaci di combattere intelligentemente le malattie all'interno dell'organismo umano. In pratica, invincibili anticorpi robotici. Ma la nanotecnologia potrebbe essere utilizzata per proteggere l'ambiente dalle sostanze inquinanti, per ripristinare specie estinte, o per creare incredibili ed economici supercomputer tascabili. Infine, anche il sogno di colonizzare lo spazio potrebbe diventare realtà grazie alle nanotecnologie. Le entità nanotecnologiche potrebbero infatti preparare l'ambiente allo sbarco dell'uomo su altri pianeti, modificando l'atmosfera ostile. Joy riconosce e apprezza il lato utopico di questa tecnologia, ma insiste nel sottolineare i possibili effetti indesiderati:

> Con queste meraviglie divennero chiari anche i pericoli, di cui io ero acutamente cosciente. Come dissi alla conferenza sulle nanotecnologie nel 1989: «Non possiamo solamente fare la nostra scienza e non preoccuparci dei problemi etici». Ma la mia seguente conversazione con i fisici mi convinse che la nanotecnologia non poteva nemmeno funzionare – o, perlomeno, non avrebbe funzionato in tempi brevi. Di lì a poco, mi trasferii in Colorado, per un lavoraccio che avevo iniziato, e il

---

[180] E. Drexler, *Engines of Creation: The Coming Era of Nanotechnology*, Doubleday, New York 1986.

[181] E. Drexler, *Unbounding the Future. The Nanotechnology Revolution*, Quill, Spokane 1993.

centro del mio lavoro si spostò sul software per Internet, specificatamente sulle idee che divennero Java e Jini. Poi, la scorsa estate, Brosl Hasslacher mi disse che l'elettronica molecolare in nanoscala era ora realizzabile. Questa fu una nuova notizia, almeno per me, e penso anche per molte altre persone – e ha cambiato radicalmente la mia opinione sulla nanotecnologia.[182]

L'informatico statunitense decide di rileggere il best seller di Eric Drexler, a distanza di dieci anni dalla prima lettura. Mentre rilegge *Engines of Creation*, rimane sconcertato dalla poca attenzione che aveva inizialmente prestato alla lunga sezione intitolata "Dangers and Hopes" (pericoli e speranze). Qui, Drexler aveva discusso l'ipotesi che le nanotecnologie, così come potevano diventare una cornucopia, un corno dell'abbondanza, potevano anche diventare "macchine di distruzione". Rileggendo il materiale, Joy si dice ora stupito di quanto naïve fossero alcune proposte di difesa elaborate dal fisico transumanista. In altre parole, si convince che i pericoli legati allo sviluppo delle nanotecnologie sono molto più grandi di quanto lui stesso non li giudicasse dieci anni prima.[183]

In realtà, Drexler non ha mai trascurato i pericoli in prospettiva futura. Tanto che ha fondato il *Foresight Institute* negli anni ottanta, proprio per preparare la società all'avvento delle tecnologie avanzate, a partire dalla nanotecnologia, contribuendo così ad anticipare e descrivere molti problemi tecnici e politici legati a questo filone di ricerca.

Joy è però ormai convinto che l'assemblatore molecolare, o qualcosa di molto vicino al sogno di Drexler, sia realizzabile nell'arco di vent'anni. Anche perché la nanotecnologia promette profitti molto elevati e, quindi, richiama notevoli investimenti. D'altro canto, ritiene che gli usi eticamente inaccettabili prenderanno presto il sopravvento su quelli desiderabili. Saranno gli usi militari e terroristici a farla da padrone. Un apparecchio nanotecnologico di massima distruzione può essere

---

[182] B. Joy, *Why the future doesn't need us*, cit.
[183] Ibidem.

progettato per essere selettivamente distruttivo e colpire solamente una certa area geografica o un gruppo di persone con
determinate caratteristiche genetiche. Perciò non costituirebbe
un pericolo per il progettante o l'utilizzatore. E proprio per
questo dovremmo preoccuparci. Poiché diversi soggetti sul
pianeta ragioneranno in questi termini, tra illusione di uso se-
lettivo ed effetti collaterali, corriamo il rischio di distruggere la
biosfera dalla quale tutta la vita dipende.

A dimostrazione del fatto che Drexler non aveva trascurato
la questione, riportiamo le sue parole:

> I primi computer transistorizzati vinsero ben presto la sfi-
> da contro i più avanzati fra i computer a valvole, perché erano
> basati su dispositivi tecnicamente superiori. Per la stessa ra-
> gione anche i più rozzi fra i primi replicatori basati sugli as-
> semblatori potranno vincere sui più avanzati organismi mo-
> derni. "Piante" con "foglie" non più efficienti delle odierne
> celle solari potranno adeguatamente competere con piante rea-
> li, affollando la biosfera di un immangiabile fogliame. "Batte-
> ri" resistenti e onnivori potrebbero competere nell'ambiente
> contro batteri reali: essi potrebbero diffondersi come soffi di
> polline, replicarsi rapidamente, e ridurre la biosfera in polvere
> nell'arco di giorni. Replicatori pericolosi potrebbero facilmen-
> te essere troppo resistenti, troppo piccoli, e di diffusione trop-
> po rapida perché li si possa arrestare – per lo meno se non ci
> prepareremo in alcun modo. Abbiamo già abbastanza proble-
> mi a controllare i virus o i moscerini della frutta.[184]

Insomma, il teorico transumanista ragiona in termini evolutivi darwiniani e non esita considerare le macchine parte della
competizione, alla pari degli altri organismi viventi. Aggiunge
che, fra le persone consapevoli della nanotecnologia, questa
minaccia è divenuta nota come il problema della "melassa grigia" (*gray goo*). Così prosegue:

---

[184] E. Drexler, *Motori di creazione*, trad. it. di V. Battista, estropico.com,
19 settembre 2024 (data di accesso).

Per quanto delle masse di replicatori incontrollati non si presenteranno necessariamente né grigi né melensi nell'aspetto, il termine "gray goo" sottolinea che replicatori in grado di cancellare la vita potrebbero allo stesso tempo apparire come qualcosa di meno attraente di una unica massa di tubercoli composta da un'unica specie vivente. Pur essendo "superiori" in senso evolutivo, non necessariamente sarebbero qualcosa a cui potremmo attribuire un qualche valore. Ci siamo evoluti per amare un mondo ricco di cose viventi, ricco di idee e di diversità, e non c'è quindi alcuna ragione di apprezzare il *gray goo* per il solo fatto che esso sarebbe effettivamente capace di diffondersi ubiquitariamente. Infatti, prevenendo il *gray goo*, daremo prova della nostra superiorità evolutiva.[185]

In sintesi, il fisico ammonisce che la minaccia della "melassa grigia" va presa seriamente: non possiamo permetterci certi tipi d'incidenti con assemblatori molecolari che sono in grado di replicarsi. Pur essendo un grande sostenitore della nanotecnologia, Drexler è dunque sufficientemente onesto da interrogarsi sui possibili effetti collaterali negativi, in un'ottica di prevenzione. Tuttavia, l'osservazione non tranquillizza il direttore scientifico della *Sun Microsystems*. Anzi, l'ossessione di Joy è proprio il potere di autoreplicazione distruttiva che potrebbe caratterizzare i prodotti della genetica, della nanotecnologia e della robotica. Egli nota che l'auto-replicazione è il *modus operandi* dell'ingegneria genetica, la quale sfrutta i meccanismi di riproduzione delle cellule per forgiare le proprie architetture.

Lo stesso potrebbe accadere con la nanotecnologia. Stiamo costruendo *nanobots* sempre più piccoli per scopi medici o militari. La *smart dust* (polvere intelligente) è una nuvola di piccolissimi dispositivi elettronici capaci di lavorare in modo coordinato al fine di captare suoni e immagini. Si tratta di un sistema di spionaggio molto potente e non stupisce quindi che le forze armate e di polizia investano molto denaro e molte speranze su di esso. Chi ci garantisce che i *nanobots* non ini-

---

[185] Ibidem.

zieranno ad autoreplicarsi? In fondo, anche i peptidi (molecole prodotte dal nostro organismo o sintetizzate in laboratorio: es. ormoni, neurotrasmettitori, citochine, ecc.) possono auto-replicarsi. Joy prende in esame un articolo di Stuart Kauffman apparso su *Nature*, intitolato *Self-Replication: Even Peptides Do It*.[186] Lo studio tratta la scoperta di 32-peptidi-amino-acidi che possono autocatalizzare la propria sintesi.[187] L'informatico della *Sun Microsystems* nota che non sappiamo come quest'abilità possa diffondersi, ma precisa che, secondo Kauffman, ciò può far supporre «un percorso verso sistemi molecolari di auto-riproduzione sulla base molto più estesa del principio di accoppiamento di Watson-Crick».[188]

Infine, c'è il problema dei robot senzienti. La paura è che possano ribellarsi e iniziare a uccidere esseri umani, presi da una pazzia sanguinaria (un fenomeno ipotetico che in inglese è reso dall'espressione "run amok"). La fantascienza ha esplorato in modo quasi maniacale questo possibile scenario. Joy ricorda soprattutto i Borg di Star Trek, che sfuggono alle limitazioni etiche imposte dai loro creatori, si riproducono, mutano.

7.4. *Proposta di moratoria e controargomentazioni*

In definitiva, l'informatico si lamenta del fatto che questi potenziali pericoli non sono adeguatamente pubblicizzati. Andiamo avanti con le ricerche e le sperimentazioni spinti da curiosità o dalle leggi del mercato, senza pensare alle conseguenze sociali e alla dimensione etica delle scoperte. Le discussioni pubbliche su questi temi sono carenti e la ragione, secondo Joy, è ovvia: non c'è alcun profitto nella pubblicizzazione dei pericoli. La sua proposta è allora di mettere al bando le tecnologie potenzialmente pericolose. Chiede di introdurre una moratoria sulle ricerche nei campi dell'ingegneria genetica, della

---

[186] S. Kauffman, *Self-replication. Even peptides do it*, «Nature», 382 (6591), August 8, 1996, pp. 496-7.

[187] Su questo tema, si veda anche: D. H. Lee et al., *A self-replicating peptide*, «Nature», 382 (6591), 1996, pp. 525-8.

[188] B. Joy, *Perché il futuro non ha bisogno di noi*, cit.

nanotecnologia e della robotica, o almeno riguardo ai progetti che rischiano di sfuggire dal nostro controllo.

Le risposte a quest'appello non si sono lasciate attendere. Si sono registrate voci positive, di condivisione, d'interesse, di congratulazione, insieme a voci fortemente critiche. Le mie argomentazioni non differiscono in modo significativo da quelle di altri teorici transumanisti[189] e possono essere sintetizzate in una frase: *mettere al bando le nuove tecnologie è impossibile, controproducente* e *immorale*.

È *impossibile*, perché si tratta di settori molto lucrativi e, di conseguenza, l'unico effetto che sortirebbe il proibizionismo sarebbe di relegare nella clandestinità le ricerche e le applicazioni. La produzione, la vendita e l'uso delle sostanze stupefacenti sono vietate in quasi tutti i paesi, ma con ciò non possiamo dire che la droga sia stata eliminata dal mondo. A complicare le cose interviene il fatto che mentre la droga *distrugge* chi la usa, le tecnologie *potenziano* chi né è in possesso. Lasciare le nuove tecnologie nelle mani delle mafie sarebbe un suicidio per la società civile. Difficile pensare che poliziotti umani possano fermare criminali superumani. Infine, si deve anche considerare che non esiste un governo mondiale. Eventuali bandi possono essere adottati solo su base locale, regionale, nazionale. Ma se l'Italia, per fare un esempio, decidesse di mettere al bando la nanotecnologia o la robotica, non sarebbe perciò in salvo da ogni pericolo. Certamente, i doganieri non potrebbero fermare alla frontiera *nanobots* quasi invisibili prodotti in Cina, oppure turisti cyborg, robot, mutanti, androidi provenienti dalla Francia e dotati di regolare carta d'identità o passaporto. Se non altro, perché non c'è più la dogana a Ventimiglia.

È *controproducente* perché, se tutta l'operazione proibizionistica è tesa a evitare lo scenario dispotico totalitario prospettato da Kaczynski, adottare le politiche proposte da Joy porte-

---

[189] Troppo lunga è la lista delle repliche. Ci limitiamo a segnalare quella di Kurzweil, in quanto chiamato direttamente in causa: R. Kurzweil, *Promise and Peril*, «Interactive Week», 23 ottobre 2000.

rebbe proprio in quella direzione. Affinché il bando abbia effetto, è necessario ridurre fortemente o abolire le sovranità nazionali e instaurare un governo mondiale. Finché ci sono nazioni, nessun governo con un minimo di orgoglio nazionale avrà il coraggio di sospendere le ricerche, con il rischio di trovarsi in uno stato di debolezza cronica nei confronti degli altri paesi. Il rischio sarebbe la possibile riduzione in uno stato di dipendenza, se non di schiavitù. Epperò, se si superano le nazioni, il governo mondiale dovrebbe instaurare un vero e proprio stato di polizia globale per fermare o controllare rigorosamente ogni laboratorio di biologia, robotica, nanotecnologia. Sarebbe anche necessario distruggere il *know how*, ovverosia le conoscenze teoriche, bruciando libri e oscurando i siti internet a contenuto scientifico. E quanto potrebbe durare? Un anno, dieci anni, un secolo? Alla fine, un gruppo clandestino riuscirebbe comunque a potenziarsi, ossia a fare il salto evolutivo, e a quel punto l'unica speranza per batterlo sarebbe di potenziare poliziotti e soldati. Ma così avremmo una dittatura mondiale, con una élite di uomini armati e biologicamente potenziati che controllano il resto della popolazione. È esattamente ciò che si vorrebbe evitare.

È *immorale* (nel senso di "percepito come ingiusto da segmenti rilevanti della popolazione"), perché, se è vero che le nuove tecnologie comportano rischi per l'uomo, è anche vero che l'assenza di queste tecnologie comporta disagi, sofferenze, privazioni e comunque pericoli. Questo mondo non è un paradiso dove tutti stanno bene. È un mondo funestato da malattie, violenza, povertà, morte. Se c'è un modo per cambiare la situazione è attraverso lo sviluppo tecnico-scientifico. Il fatto che potremmo fallire non ci sgrava dal fardello di dover tentare di fare qualcosa per cambiare la situazione. Inoltre, l'immobilismo non garantisce sicurezza. L'umanità potrebbe distruggere se stessa con i propri errori, questo è vero, ma è anche vero che potrebbe essere distrutta da catastrofi naturali alle quali non saprebbe porre rimedio a causa della propria impotenza tecnologica.

Per fare solo un esempio (basato sul caso meno favorevole per i difensori del progresso tecnico), i missili a testata nucleare sono una minaccia costante per l'uomo, una spada di Damocle che pende sulla nostra testa. Allo stesso tempo, però, sono una risorsa. È dimostrato che il nostro pianeta è a rischio costante di collisione con enormi asteroidi che potrebbero mettere fine all'esistenza della vita intelligente. Pare sia già accaduto una volta. Un'ipotesi – non incontroversa ma piuttosto accreditata tra gli studiosi – riconduce l'estinzione dei dinosauri alle conseguenze di una collisione del nostro pianeta con un grosso asteroide. Se, per assurdo, i dinosauri avessero avuto una scienza astronomica e missili a testata nucleare, ora non sarebbero una specie estinta.

In conclusione, la posizione dei transumanisti a riguardo dei possibili effetti collaterali dello sviluppo tecnologico si può riassumere in una formula: «Sì alla cautela, no ai divieti». È giusto e doveroso discutere i problemi etici, darsi regole e implementare controlli, ma non bisogna mai scordare che, data l'infelice condizione umana, il progresso tecnico non è più pericoloso della stasi.

8. Il *j'accuse* di Francis Fukuyama e l'offensiva dei bioconservatori

> *Mi oppongo all'ingegneria genetica per la stessa ragione per cui mi oppongo al fascismo e al comunismo. Trovo ripugnante l'idea di considerare malleabile la natura umana, plasmandola al volere delle élites. Abbiamo imparato che l'ingegneria sociale provoca milioni di vittime, e temo che lo stesso possa accadere per l'utopia di modificare il comportamento umano in laboratorio, manipolando per esempio l'aggressività di certi individui. Quindi ok curare i malati, no a migliorare la personalità dei sani.*
>
> FRANCIS FUKUYAMA

> *La grande giornata della scienza come scienza dell'uomo, una volta trasformata al suo tramonto in tecnica del transumanismo, ci ha immesso nella notte del dubbio universale.*
>
> GIULIANO FERRARA

Il primo critico illustre a chiamare per nome il transumanesimo è stato il politologo nippo-americano Francis Fukuyama. Ha denunciato i pericoli di questa dottrina filosofica prima con un libro, *L'uomo oltre l'uomo,*[190] per poi tornare sul tema con un articolo apparso su *Foreign Policy* che ha fatto rapidamente il giro del mondo: *The World's Most Dangerous Ideas: Transhumanism.*[191] Successivamente, ha ribadito il concetto in

---

[190] F. Fukuyama, *L'uomo oltre l'uomo. Le conseguenze della rivoluzione biotecnologica*, Mondadori, Milano 2002.

[191] Apparso in Italia sul *Corriere della Sera* del 10 febbraio 2005 con il

un'intervista rilasciata a Gianni Riotta e apparsa sul *Corriere della sera*.[192]

In questa sede, ci limitiamo ad analizzare l'articolo apparso su *Foreign Policy*, particolarmente efficace in virtù della sua sinteticità e schiettezza.

8.1. Sintesi del Fukuyama-pensiero

Nelle prime battute, Fukuyama rileva che «nel corso degli ultimi decenni è nato uno strano movimento di liberazione nel mondo progredito. Le sue crociate mirano molto più in alto di quanto non facciano i propugnatori di campagne sui diritti civili, delle femministe o dei difensori dei diritti dei gay. Non vogliono niente di meno che liberare la razza umana dai propri vincoli biologici: dal punto di vista dei transumanisti, gli esseri umani devono sottrarre il proprio destino biologico dal processo cieco di variazione casuale e di adattamento dell'evoluzione e portare la specie a uno stadio successivo».[193]

In modo apparentemente schizofrenico, il politologo nippo-americano, sembra affermare insieme la marginalità e la pericolosità del movimento transumanista. Così prosegue nella sua disanima: «La prospettiva di liquidare i transumanisti come un culto strano, niente di più che fantascienza presa seriamente, è allettante: guardate soltanto i loro eccessivi siti web e i loro recenti comunicati stampa (uno proclama "I pensatori cyborg si occupano del futuro dell'umanità"). I piani di alcuni transumanisti che volevano farsi congelare criogenicamente nella speranza di essere riportati in vita in un'era futura sembrano soltanto confermare il posto del movimento ai margini del mondo intellettuale».[194] A questo punto, verrebbe da dire: se

---

titolo: *Biotecnologie: la fine dell'uomo.*

[192] G. Riotta, *Il filosofo Fukuyama mette in guardia sui rischi di una ricerca senza limiti: "No a ingegneria genetica come a fascismo e comunismo"*, «Corriere della sera», 10 ottobre 2005.

[193] F. Fukuyama, *Biotecnologie: la fine dell'uomo*, «Corriere della sera», 10 febbraio 2005.

[194] Ibidem.

sono degli svitati che non contano nulla, di che ti preoccupi? In realtà, Fukuyama si preoccupa perché si rende conto che il principio fondamentale del transumanesimo, ovverosia la previsione che, un giorno, useremo la biotecnologia per diventare più intelligenti, più forti, più sani, più longevi e forse anche più empatici e meno violenti, non è affatto strampalata. Ciò perché gli intellettuali e i militanti del movimento transumanista sono soltanto i propagandisti di qualcosa che sta già accadendo nelle università e nelle aziende all'avanguardia, anche se molti si ostinano a non vedere questa realtà.

Come sottolinea il politologo, la verità è che un certo tipo di transumanesimo è implicitamente presente in molti progetti di ricerca della biomedicina moderna. Anche se i ricercatori non sventolano bandiere transumaniste, le nuove tecnologie e procedure che sviluppano nei laboratori e negli ospedali, possono essere utilizzate non solo per curare le malattie, ma anche per "potenziare" la specie umana. Propone una serie di esempi: farmaci che alterano l'umore, sostanze per aumentare la massa muscolare, metodi per cancellare selettivamente i ricordi, screening genetici prenatali e terapie genetiche.

In altre parole, Fukuyama sottolinea che gli intellettuali transumanisti sono piuttosto eccentrici rispetto a quello che potremmo definire "il pensiero accademico rispettabile", ma è anche conscio del fatto che la scienza e la cultura avanzano per rivoluzioni. I movimenti eccentrici e marginali di ieri sono l'*establishment* del presente. I provocatori di oggi, saranno il sistema domani. I futuristi italiani – precursori dei transumanisti contemporanei[195] – erano considerati un movimento clownesco, senza alcuna rispettabilità culturale, ma poi il loro capo Marinetti diventò Accademico d'Italia e ora hanno un capitolo dedicato in ogni libro di storia dell'arte e della letteratura. Lo stesso si può dire di Paul Feyerabend e del postmodernismo filosofico. I ribelli della controcultura, i sessantottini che hanno dichiarato la morte del sistema accademico, poi sono diven-

---

[195] Cfr. R. Campa, *Trattato di filosofia futurista*, Avanguardia 21, Roma 2012.

tati i baroni delle università. Perciò, nonostante il folklore che circonda questo movimento, Fukuyama prende maledettamente sul serio le idee che propaga. È conscio che gli argomenti del transumanesimo, se bene spiegati e argomentati, possono risultare estremamente convincenti. E il primo pericolo sta proprio nella (secondo lui, solo apparente) ragionevolezza di questa dottrina.

Queste le parole di Fukuyama: «Anche se i rapidi progressi della biotecnologia ci lasciano spesso un senso di vago disagio, la minaccia intellettuale o morale che rappresentano non è facile da identificare. Dopo tutto, la razza umana è un insieme confuso abbastanza triste, con le nostre malattie ostinate, i limiti fisici e la brevità della vita. Aggiungete le gelosie, la violenza e le ansie costanti dell'umanità e il progetto dei transumanisti comincia a sembrare assolutamente ragionevole».[196] Data la condizione umana, per quale motivo non dovremmo voler essere superiori alla nostra specie attuale, se solo la tecnologia renderà possibile un salto di specie? Tanto più che il cambiamento sarà graduale e gli esseri umani avranno il tempo per abituarsi alla loro nuova condizione. Secondo il politologo, è proprio l'apparente sensatezza del progetto a costituire il rischio maggiore, giacché «è possibile che noi ci serviremo a piccoli bocconi delle offerte tentatrici della biotecnologia senza renderci conto che esse hanno uno spaventoso costo morale».[197]

Quella di Fukuyama si profila dunque come una tecnoetica[198] negativa o epimeteica, volta cioè non a regolare lo sviluppo, ma a bloccarlo. Fermare il progresso tecnologico in determinati settori sarebbe etico, perché consentirebbe di preservare altri valori morali.

La dura controversia dimostra che non c'è il bene da una parte e il male dall'altra o, perlomeno, che la distinzione non è chiara e distinta davanti ai nostri occhi. La situazione è molto

---

[196] F. Fukuyama, *Biotecnologie: la fine dell'uomo*, cit.
[197] Ibidem.
[198] Cfr. R. Campa, *Tecnoetica*, Orbis Idearum Press, Krakow 2023.

più complessa. Ci sono elementi di ragionevolezza tanto nella posizione transumanista quanto in quella bioconservatrice. Si tratta però di costruire una scala di valori, in una prospettiva assiologica, per permettere la persistenza dei valori più importanti. Vediamo, allora, quali sono le priorità assio-normative dei bioconservatori.

Secondo Fukuyama, la prima vittima del transumanesimo potrebbe essere l'uguaglianza. Ricorda, infatti, che la Dichiarazione di Indipendenza degli Stati Uniti d'America afferma che tutti gli uomini sono creati uguali, anche se Thomas Jefferson non si fece premura di includere donne e neri nella dichiarazione del 1776. Solo attraverso un lento e faticoso processo, le società più progredite hanno infine riconosciuto che è il solo fatto di essere esseri umani a dare a una persona uguali diritti civili e politici. «In effetti – continua Fukuyama – abbiamo tracciato una linea rossa attorno all'essere umano e abbiamo detto che è sacrosanto. Alla base di questa idea dell'uguaglianza dei diritti c'è il credo secondo cui tutti possediamo un'essenza umana che oscura differenze manifeste quali il colore della pelle, la bellezza e persino l'intelligenza. Questa essenza, e l'idea che gli individui possiedano dunque un valore intrinseco, è al centro del liberalismo politico. Ma modificare questa essenza è il nucleo del progetto transumanista».[199]

Il politologo teme che gli esseri superumani del futuro non si accontenteranno di avere eguali diritti, giacché non vorranno essere governati da esseri meno intelligenti e più violenti di loro. Perciò, si chiede:

> Se cominciamo a trasformarci in qualcosa di superiore, quali diritti rivendicheranno queste creature migliorate e quali diritti possiederanno in confronto a quelli lasciati indietro? Se alcuni vanno avanti, potranno gli altri permettersi di non seguirli? Queste domande sono abbastanza inquietanti all'interno delle società ricche e sviluppate. Aggiungete le implicazioni per i cittadini dei Paesi più poveri del mondo, per i quali

---

[199] Ibidem.

le meraviglie della biotecnologia rimarranno probabilmente irraggiungibili, e la minaccia all'idea di uguaglianza diventa ancora più forte.[200]

Secondo lo studioso nippo-americano, i sostenitori del transumanesimo commettono un errore di prospettiva nel momento in cui pensano di capire ciò che costituisce un buon essere umano. Per migliorare un essere umano è, infatti, necessario avere un modello ideale al quale tendere. Ma come possiamo sapere qual è il modello migliore di essere senziente, se noi stessi siamo esseri così complessi che ancora non ci siamo del tutto capiti? L'evoluzione cieca premia il più adatto alla sopravvivenza. Chi premierebbe l'evoluzione autodiretta?

Fukuyama si chiede se i transumanisti abbiano una piena comprensione dei valori umani più profondi. Secondo il filosofo, noi esseri umani siamo il prodotto miracolosamente complesso di un lungo processo evolutivo, un prodotto la cui interezza è molto più della somma delle nostre parti. E in cui anche i difetti potrebbero avere una funzione importante, a noi non del tutto evidente: «Le nostre caratteristiche buone sono intimamente collegate a quelle cattive: se non fossimo violenti e aggressivi, non saremmo in grado di difenderci; se non avessimo sentimenti di esclusività non saremmo leali a coloro che ci sono vicini; se non provassimo mai la gelosia, non proveremmo mai l'amore. Persino la nostra mortalità gioca una funzione critica nel consentire alla nostra specie nel suo insieme di sopravvivere e di adattarsi».[201]

Il problema è dunque la complessità del rapporto tra uomo e realtà circostante. Se modifichiamo una sola delle nostre caratteristiche, andiamo a toccare un delicato equilibrio di qualità interconnesse. Il risultato finale dell'operazione non è prevedibile e non è detto che sia soddisfacente.

La conclusione di Fukuyama è perentoria: serve umiltà. Non si parla esplicitamente di mettere al bando le biotecnolo-

---

[200] Ibidem.
[201] Ibidem.

gie di ultima generazione, ma l'invito è implicito. Con questa frase si chiude l'articolo: «Ma possiamo già vedere la tentazione di una sfida prometeica nel modo in cui prescriviamo farmaci per incidere sul comportamento e la personalità dei nostri figli. Il movimento ambientalista ci ha insegnato l'umiltà e il rispetto per l'integrità della natura non umana. Abbiamo bisogno di una simile umiltà per quanto riguarda la nostra natura umana. Se non la svilupperemo presto, potremmo invitare i transumanisti a deturpare l'umanità con i loro bulldozer genetici e i loro centri commerciali psicotropici».[202]

Gianni Riotta lo incalza chiedendogli «che cosa ci sarebbe di male a nascere più alti, o più veloci, le cellule esplosive dello sprint sono innate, perché non darle a tutti? E perché mai una memoria migliore dovrebbe alterare il nostro codice etico, o un più diffuso quoziente d'intelligenza mettere a rischio l'Homo sapiens? Non credo che alla fine tutti sceglierebbero capelli biondi e occhi glauchi da ariano, i modelli di bellezza sono tanti e diversi. E non credo neppure che Leopardi fosse grande perché gobbo: anche dritto come un fuso il suo animo sarebbe rimasto grande e malinconico».[203]

Le posizioni tecnofile di Riotta sono note. Quando, nei primi anni novanta, imperversava un movimento neoluddista contrario a Internet e alla computerizzazione delle telecomunicazioni, in un elzeviro aveva preso le difese della tecnica, sentenziando che «Re Ludd è morto e non risorgerà».[204]

---

[202] All'articolo di Fukuyama, apparso prima su *Foreign Policy* e poi sul *Corriere della sera*, hanno risposto diversi esponenti del movimento transumanista, tra i quali Nick Bostrom, all'epoca Chair della World Transhumanist Association e il sottoscritto, direttore della medesima associazione fino al 2008 e tuttora Presidente onorario dell'Associazione Italiana Transumanisti. Ho risposto dalle pagine di vari giornali italiani – tra i quali *Libero, La Voce di Mantova, Panorama, la Repubblica, L'Espresso, Linus* – e uno degli interventi è stato inserito anche in questo volume ("In difesa del transumanesimo"), al quale rimandiamo per le controargomentazioni.

[203] G. Riotta, *Il filosofo Fukuyama mette in guardia sui rischi di una ricerca senza limiti*, cit.

[204] G. Riotta, *Gran ritorno dei luddisti contro l'odiato Computer*, «Corriere della sera», 18 agosto 1995.

In realtà, Re Ludd non è morto e la nuova offensiva di Fukuyama lo dimostra. La sua risposta alla domanda provocatoria di Riotta lascia piuttosto perplessi i transumanisti (e forse non solo chi simpatizza per questo movimento):

> Per me un atleta migliorato in laboratorio è come un atleta dopato, andrebbe squalificato. E si immagina che succederebbe di un'umanità che fa la corsa all'altezza, tutti alti tre metri? Alle Olimpiadi vincerebbero non i migliori atleti, ma i migliori laboratori genetici. Guardi alla nostra società, e guardi soprattutto all'Italia. La vita media toccherà presto gli ottanta anni, ma per tanti anziani che vita è? Li teniamo in case di riposo senza famiglia, soggetti a demenza senile, Alzheimer, perché abbiamo allungato la vita e non sappiamo battere questi morbi. E quando in Italia solo pochi tra di voi avranno famiglia che Paese sarà? Allora temo il distacco tra una scienza che va avanti e una società che rincorre, relegando all'infelicità e all'isolamento tanti di noi.[205]

Ecco allora la soluzione di Fukuyama ai problemi dell'Alzheimer, dell'invecchiamento della popolazione, dell'abbandono degli anziani e dell'infelicità dei malati: *fermiamo la tecnica, così muoiono prima*! Tra l'altro, non si capisce esattamente perché la morte dei cittadini più anziani per deficit tecnologico farebbe automaticamente nascere più bambini. È anche possibile che il calo demografico diventi semplicemente più drastico e che la popolazione autoctona venga definitivamente rimpiazzata dai migranti di altri continenti. Dubito, comunque, che gli italiani seguiranno il consiglio di Fukuyama e si toglieranno di mezzo, rinunciando alle nuove terapie offerte dallo sviluppo biomedico.

8.2. *La crociata di Giuliano Ferrara*

Sulla scia di Fukuyama, anche diversi intellettuali italiani di orientamento conservatore hanno portato attacchi diretti al

---

[205] G. Riotta, *Il filosofo Fukuyama mette in guardia sui rischi di una ricerca senza limiti*, cit.

transumanesimo. Sono, infatti, soprattutto (anche se non esclusivamente) le teste pensanti della destra a mostrare insofferenza verso questa dottrina filosofica.[206] Duri attacchi sono venuti dalle pagine de *Il Foglio* di Giuliano Ferrara, senza firma, a firma del direttore, o di altri opinionisti. Anche l'ideologo di Alleanza Nazionale, Marcello Veneziani, ha attaccato il movimento transumanista dalle colonne di *Libero*.

Per cominciare, riportiamo alcuni stralci tratti da un articolo apparso anonimo su *Il Foglio*: «Nati da una costola dell'animalismo di sinistra, tecnofili fuoriusciti dalla galassia dei diritti umani e sostenitori dell'"edonismo genetico", i transumanisti sono stati i primi fautori della clonazione riproduttiva e dell'utilizzo di farmaci come Ritalin, Viagra e Prozac, la "soma" di Aldous Huxley. Il loro slogan recita: "Perché non usare gli strumenti della genetica per renderci più veloci, più sani e più longevi?". Vorrebbero lavorare sulla linea germinale per produrre "figli forti e attraenti". Se il vitro fallisce, auspicano una Kristallnacht delle provette e un nuovo eterno inizio…».[207]

L'articolo poi racconta che *Motori di creazione* di Eric Drexler è la bibbia della nanotecnologia e del transumanesimo e che, nel 1986, Drexler predicava la manipolazione in vitro degli embrioni umani, paragonandoli ai chips dei computer. Il giornale diretto da Ferrara prosegue notando che «la pastorale futuristica si traveste della più rassicurante retorica dei desideri». Il riferimento è a una conferenza svoltasi a Yale nel luglio del 2003, ove si è parlato dei diritti delle future generazioni, della libertà di ricerca scientifica e della possibilità di pianificare le caratteristiche della prole. Si informa il lettore che il segretario del movimento transumanista, James Hughes, «ha redatto una nota sul "Controllo dei corpi", in cui augura la ma-

---

[206] Il che non significa che manchino critici di sinistra. Cfr. P. Barcellona, *L'epoca del postumano. Lezione magistrale per il compleanno di Pietro Ingrao*, Città Aperta, Troina 2007.

[207] *Verso il mondo nuovo. Estinzione degli sciocchi e figli forti, attraenti. Ecco il transumanismo*, «Il Foglio», 8 marzo 2005. Sebbene l'articolo non sia firmato, l'insistenza con cui il direttore Giuliano Ferrara è tornato poi su questo tema fa pensare che sia uscito dalla sua penna.

nomissione della linea germinale umana, commercio e clonazione degli embrioni, diagnosi preimpianto, maternità extrauterine e scelta del sesso».[208]

Segue una nota sui critici del transumanesimo:

> Se per la Pontificia accademia della Vita sono solo dei "maniaci della salute", è pensando a loro che il presidente del Consiglio americano di bioetica, Leon Kass, ha scritto nel suo "Life, liberty and defense of dignity" che «omogeneizzazione, mediocrità, sottomissione, appagamento da droghe, degrado del senso estetico, anime senza amore e senza desideri sono gli inevitabili risultati del rendere l'essenza della natura umana l'ultimo progetto della padronanza tecnica. Nel suo momento di trionfo, l'uomo prometeico si trasformerà in un bovino compiacente».[209]

Il Foglio riporta le voci dei transumanisti in modo volutamente caricaturale, per fomentare un senso di repulsione tra i suoi lettori. Nota per esempio che il bioeticista transumanista Gregory Pence, dell'Università dell'Alabama, invita a trattare gli uomini come "scimmie compassionevoli", ossia per ciò che sono. Il riferimento alla nostra parentela con le scimmie è implicitamente considerato un oltraggio, non un fatto scientifico radicato nella teoria dell'evoluzione. Il giornale nota anche che l'ambientalista Bill McKibbon non è d'accordo con Kass, essendo assolutamente convinto che, grazie all'ingegneria genetica, «ci evolveremo in persone più benigne e amorose». Si rimarca anche il fatto che le idee transumaniste fanno breccia nella comunità scientifica, anche tra gli scienziati più famosi, riportando la seguente frase del premio Nobel James Watson: «Le persone pensano che sia orribile rendere belle tutte le ragazze. Per me è meraviglioso».[210] La frase è stata pronunciata durante le celebrazioni per i cinquant'anni della scoperta del DNA e poi riportata dal *London Times*.

---

[208] Ibidem.
[209] Ibidem.
[210] Ibidem.

L'aspetto sociologicamente rilevante è che un articolo come quello apparso su *Il Foglio* provoca una reazione dissonante nei lettori. Una parte dei lettori raccoglie e condivide emotivamente il senso di aberrazione che l'autore avverte e vuole trasmettere, mentre un'altra parte si chiede che cosa ci sia di male in ciò che dicono gli scienziati di orientamento transumanista (che usino o no questa etichetta). Evidentemente, c'è una dissonanza assiologica che attraversa le società occidentali, rendendo un pio desiderio l'idea di coscienza collettiva elaborata da Émile Durkheim. È una dissonanza che ha radici profonde.[211]

Abbiamo visto che, nell'articolo de *Il Foglio*, è citato con approvazione Leon Kass, altro nemico giurato del transumanesimo. Il presidente del Consiglio americano di bioetica sostiene che la libertà e l'evoluzione autodiretta sono in antitesi. Il postumano non sarà un superuomo – un essere forte, intelligente, longevo e libero – ma un "bovino compiacente". Naturalmente, il futuro non lo conosce nessuno, perciò tanta sicumera nelle previsioni stupisce alquanto. E non stupisce solo i sedicenti transumanisti, ma anche altri intellettuali orientati su posizioni simili. Per esempio, Angelo Maria Petroni si chiede «perché mai individui fisicamente potenziati – con capacità mentali rinforzate, più longevi, e in migliori condizioni di salute – dovrebbero avere la libertà meno cara di quanto possiamo averla noi. Invero, l'evidenza storica suggerirebbe il contrario. Una maggiore longevità, meno malattie, e un miglior controllo delle proprie capacità riproduttive hanno storicamente proceduto mano nella mano con una più forte preferenza per il valore della libertà».[212]

---

[211] Un approfondimento della questione della dissonanza assiologica e culturale dell'Occidente si trova nel libro: R. Campa, *La rivincita del paganesimo. Una teoria della modernità*, Deleyva editore, Monza 2013. Un'edizione critica dello stesso libro è stata pubblicata da D Editore nel 2022.

[212] A. M. Petroni, *Liberalismo e progresso biomedico. Una visione positiva*, in R. Campa (a cura di), *Divenire. Rassegna di studi interdisciplinari sulla tecnica e il postumano*, Volume 2, Sestante Edizioni, Bergamo 2009,

Ha senso allora bloccare il progresso per prevenire conseguenze che – oltre a essere soltanto immaginate e non constatate empiricamente – sembrano deboli anche sul piano razionale? Petroni risponde citando uno dei maestri del liberalismo, Friedrich Hayek: «Dal momento che il valore della libertà umana riposa sulle opportunità che fornisce per azioni impreviste e imprevedibili, raramente sappiamo cosa perdiamo a causa di una particolare restrizione della libertà».[213]

Altro aspetto interessante dell'articolo è che riconosce nel grande James Watson un esponente del transumanesimo. Watson, in effetti, non ha mai nascosto il suo sostegno all'idea di evoluzione autodiretta o, se si preferisce, di eugenetica. Quando gli hanno chiesto se utilizzare la conoscenza dei tre miliardi di "lettere" che formano la sequenza del genoma umano per progettare nuovi esseri senzienti non è «giocare a fare Dio», ha candidamente risposto: «In tutta onestà, se gli scienziati non giocano a fare Dio, chi altro potrà farlo?».[214] Anche recentemente ha ribadito che «non dobbiamo avere paura di entrare nell'ignoto e se aggiungere tre o quattro geni al DNA servirà a renderci più sani e intelligenti, dobbiamo farlo. L'ingegneria genetica migliorerà gli animali e le piante che ci nutrono. La specie umana è sopravvissuta perché si è continuamente evoluta. Dobbiamo usare gli strumenti a nostra disposizione, non fermarci qui».[215]

Ma ogni volta che si parla di migliorare la specie, di guidare l'evoluzione, di formulare un programma biopolitico, arriva immancabile l'accusa di nazismo. Anche *Il Foglio* cade nel cliché. Invero, non possiamo esimerci dall'evidenziare che il riferimento alla "Kristallnacht delle provette", come presunto piano segreto dei transumanisti, è un tipo di critica banale, oltreché infondata. Anche Francis Crick – l'altro Premio Nobel

---

pp. 28-29.

[213] Ivi, p. 25.

[214] S. Connor, *Nobel scientist happy to 'play god' with DNA*, «The Independent», 17 maggio 2000.

[215] E. Dusi, *Watson: usiamo il Dna per migliorare la specie*, «la Repubblica», 5 maggio 2009.

per la scoperta del DNA – ha spiegato a più riprese le ragioni per cui è assurdo liquidare l'eugenetica come puro orrore nazista.[216] D'altronde, non si può certo chiedere senso della misura e rispetto dell'etica accademica a un giornale politico. Con una strana e contorta operazione si cerca di associare il transumanesimo, insieme e contraddittoriamente, alla sinistra e al nazismo. I transumanisti sono nel contempo di estrema sinistra e di estrema destra, combattenti per i diritti umani e nazistoidi eugenetici, left-wingers e anarco-capitalisti. Ma c'è del metodo in questa apparente confusione. Il lettore noterà che i transumanisti, per *Il Foglio*, sono tutto fuorché devoti cristiani. E questo fa capire che è in atto un processo di ridefinizione della destra italiana (ma anche americana) in direzione di un'identità confessionale cristiana, che possa aiutare a mettere in secondo piano gli altri tradizionali punti di riferimento del nazionalismo e del liberismo.

Sulle colonne di *Panorama*, infatti, per difendere la legge 40/2004 sulla fecondazione assistita, Ferrara identifica in toto i laicisti e transumanisti, sostenendo la singolare tesi che sono questi i veri "clericali" – nel senso di «sacerdoti del secolarismo, dalla gerarchia in divisa liberal-laicista, dai vescovi della provetta selvaggia» – e non i fiancheggiatori delle, secondo lui, ben più ragionevoli gerarchie ecclesiastiche. Così, si esprime il giornalista:

> Clericale, non cristiana né liberale, è la loro pretesa di riconoscere nella casta degli esperti, dei tecnici di laboratorio, dei ginecologi faustiani, un nuovo sacerdozio devoto al benessere dell'umanità, dello stare in forma, del mito del figlio sano. Il Papa sussurra, loro gridano. Camillo Ruini difende una legge dello Stato, un compromesso ragionevole che legittima e regolamenta la fecondazione artificiale, cui la Chiesa è contraria in linea di principio, e loro vogliono abbatterla per ripristinare il mercato libero del seme e dell'ovocita. I laici che non accettano il transumanismo e il superomismo della mo-

---

[216] F. Crick, *Lettera privata a Jonh Edsall*, profiles.nlm.nih.gov, 10 giugno 1971.

derna eugenetica argomentano nel merito della questione, pongono problemi oggettivi, e loro si rifugiano nell'aggettivazione ingiuriosa, parlano di barbarie, oscurantismo, liberticidio.[217]

Ferrara conclude dicendo che ormai, per decidere chi è persona e chi non lo è «non bastano il diritto naturale e la ragione umana invocati da noi laici e dalla Chiesa, serve il certificato della scienza eugenetica e delle sue accademie progressiste. Viva il Papa!».[218] Come se il diritto naturale fosse una questione del tutto incontroversa, cui solo la cattiva fede dei laicisti oltranzisti e dei transumanisti si opporrebbe. Per persuadere l'avversario, servono ragioni articolate e ben fondate, non vaghi appelli alla ragionevolezza. Simmetricamente, un transumanista potrebbe dire che la manipolazione genetica è un diritto naturale, evidente a ogni persona ragionevole. E la discussione non si sposterebbe di un millimetro. È chiaro allora che Ferrara non parla agli avversari, predica ai convertiti.

8.3. *La nostalgia di Marcello Veneziani*

Sulla stessa lunghezza d'onda si pone un'invettiva di Veneziani, allarmistica già nel titolo: *Attenti, l'uomo è fuori moda. La scienza prepara l'oltreuomo*. Il filosofo, adottando un tono tra l'ironico e il sarcastico, ai limiti dell'insulto, denuncia l'eccesso di libertà, l'abbandono della religione, dei valori tradizionali, della vita semplice. Inizia col dire che quello che prima era un tema letterario, ora sta diventando un progetto scientifico.

La World transhumanist association… ci dice che l'uomo è superato. E la cosa ce la ripetono da un paio di secoli. Lo diceva già Nietzsche, ad esempio («L'uomo è qualcosa che va superato»), prefigurando l'avvento del superuomo. Ma ce lo hanno in vario modo ripetuto quasi tutte le ideologie del passato che inseguirono il mito dell'uomo nuovo: il futurismo, il

---

[217] G. Ferrara, *Mi illumino d'incenso*, «Panorama», 6 giugno 2005.
[218] Ibidem.

comunismo, il fascismo, l'americanismo. Questa volta però il sogno dell'uomo nuovo non giunge per via ideologica, letteraria o filosofica, ma scientifica e biotecnologica. L'ingegneria genetica, le manipolazioni, la clonazione e tutti i parenti prossimi dell'uomo: i robot, gli androidi, i mutanti, cyborg. Insomma, l'oltreuomo è arrivato. E se non arriva, per ingannare l'attesa, i transumanisti invitano a ibernarsi in modo da essere poi scongelati quando la biologia avrà fatto il miracolo.[219]

Si comprende allora che, per Veneziani, Nietzsche non parlava seriamente quando annunciava l'oltreuomo. Eppure, dato il suo percorso politico, su certe letture l'ideologo di Alleanza Nazionale dovrebbe essersi addirittura formato. Possibile che anche in gioventù ritenesse l'eugenetica e il superuomo quisquilie e pinzillacchere? Possibile che ritenesse la parola di Zarathustra un puro esercizio letterario, un discorso per simboli, senza agganci concreti alla realtà, né presente né futura? In ogni caso, Veneziani ora ci dice a chiare lettere che voler portare sul piano dei fatti le profezie nietzschiane è puro delirio. E si chiede da dove nasca questo delirio di andare oltre l'umano. Nasce – dice l'autore – «da desideri umani, troppo umani». Nasce dal desiderio di conservare o acquisire giovinezza, salute, bellezza, intelligenza e potenza. I transumanisti non amano la triste condizione umana e sono, perciò, disposti a barattarla, per accedere alla condizione postumana. Veneziani lamenta ancora che i transumanisti chiamano sprezzantemente bioconservatori, se non bioreazionari, quelli che non la pensano come loro: «Di primo acchito mi sono sentito tra questi, pronto a ingaggiare l'estrema difesa dell'uomo da questi umanoidi tecnologicamente avanzati e spiritualmente putrefatti. Ma poi mi sono fermato. Ma perché non dovrebbero inventare una specie vivente più adatta al cyberspazio, alla tecnologia avanzata, al mondo sofisticato, ai cibi sintetici, ai telefoni satellitari, e via dicendo?».[220]

---

[219] M. Veneziani, *Attenti, l'uomo è fuori moda. La scienza prepara l'oltreuomo*, «Libero», 20 aprile 2005.

[220] Ibidem.

L'ideologo di Alleanza Nazionale pare individuare il problema fondamentale del mondo contemporaneo nella morte di Dio e della morale tradizionale, annunciata da proprio da Nietzsche. Punta l'indice contro il lungo lavoro della filosofia europea, che ha demolito pezzo dopo pezzo tutte le certezze che avevano costruito i fondatori della civiltà cristiana occidentale nell'Antichità e nel Medioevo.

Se Dio non esiste tutto è permesso, diceva Dostoevski, un primitivo bestione provvisto di barba e di anima. Se Dio non esiste, figuratevi l'uomo, questa ciccia superflua dell'universo. E non solo: se possiamo modificare l'uomo, produrre fecondazioni eterologhe, manipolare i suoi geni, orientare i suoi cromosomi, e via dicendo, perché non andare direttamente oltre l'umano? Volete che abbiano ancora un peso i freni morali, le raccomandazioni grottesche dei vecchi dinosauri della religione, dell'etica, dei valori tradizionali? Ma no, se liberi siamo, liberi dobbiamo essere fino in fondo. Da decenni i filosofi hanno sfasciato, anzi decostruito l'uomo, narrano la sua scomparsa e comunque la sua irrilevanza. E il mondo si accinge a dar corso al decreto di inesistenza. Che aspettiamo dunque?[221]

Al di là del tono irriverente e provocatorio, si nota in Veneziani almeno la consapevolezza che il transumanesimo non è soltanto la farneticazione di un gruppetto di intellettuali eccentrici, ma una filosofia che è il prodotto finale di un movimento di idee ben più vasto e profondo. Aleggia però l'idea che il transumanesimo stia semplicemente portando a termine la *distruzione* dell'uomo, mentre nell'ottica transumanista si prospetta una mutazione dell'Homo Sapiens dal modello 1.0 al modello 2.0, un passaggio graduale dalla mediocrità all'eccellenza, non dal tutto al nulla.

Per Veneziani il transumanesimo è hybris, travalicamento dei confini morali, sfida alle Colonne d'Ercole della ragionevolezza. La sua denuncia è chiara: l'umanità ha perso il senso

---

[221] Ibidem.

del limite, lo considera un odioso recinto alla sua libertà e al suo desiderio di sperimentare più vite, più storie, più mondi. Per questa ragione, come del resto ammette Fukuyama, l'idea di superare la soglia dell'umano risulta a molti seducente. E, così, Veneziani conclude il suo articolo con un appello ironico (la cui ironia finisce per investire anche il cognome dell'autore di questo libro): «Aderiamo in massa al movimento dei transumanisti, provvisorie creature che vi fate chiamare uomini e donne, viventi in transito sul globo terracqueo. Su, un altro piccolo sforzo, mettete in gioco anche la vostra natura di umani. Non avete da perdere che le vostre catene, i pranzi della domenica dalla suocera, la partita, il lavoro, il sesso e poca roba. Via. Allora, andiamo in massa a iscriverci da Campa, un cognome che promette sopravvivenza».[222]

L'autore ricorre infine all'infallibile artifizio retorico della produzione di nostalgia. Si evoca l'immaginario bucolico dei bei tempi che furono, sapendo che non potrà lasciare indifferente il lettore conservatore: «Perché non ti sbrighi e non dai tu l'esempio, mi dice qualcuno; ma lasciatemi perdere, non sono d'esempio, io faccio parte di quella specie arcaica che erano gli umani, goffi bipedi che sognavano, pregavano, amavano, mangiavano, scrivevano. Lasciatemi crepare all'antica, da ultimo uomo, per usare il linguaggio di Nietzsche. Andate avanti voi che a me viene da ridere. No, da piangere. No, da ridere».[223]

All'articolo risposi prima io, essendo stato chiamato direttamente in causa, e poi Roberto Manzocco, entrambi invitati alla replica da *Libero*. Non c'era poi molto su cui dibattere, se si considera che Veneziani propone una serie di argomenti che, seppure con stile meno letterariamente raffinato, proporrebbe anche la celebre "casalinga di Voghera",[224] se solo i giornali

---

[222] M. Veneziani, *Attenti, l'uomo è fuori moda. La scienza prepara l'oltreuomo*, cit.

[223] Ibidem.

[224] Ovvero, un "idealtipo" che *Wikipedia* definisce come «quella fascia della popolazione italiana dal basso livello di istruzione e che possiede un lavoro generalmente molto semplice o umile, tuttavia "rispettabile" per il suo senso pratico di stampo tradizionale».

italiani le permettessero di firmare editoriali. Insomma, in un mondo popolato da cyborg e mutanti, che ne sarà del buon tempo che fu, della famiglia intorno al focolare, della partita allo stadio, delle sfide a biliardino in parrocchia, della sana vita contadina, dei pranzi domenicali dalla suocera?

Con certezza possiamo rispondere che al posto di tutto ciò, seguendo Ridley Scott, i transumanisti vorrebbero «vedere cose che voi umani non potreste nemmeno immaginare. Navi da combattimento in fiamme al largo dei bastioni di Orione e raggi B balenare nel buio vicino alle porte di Tannhäuser».[225] E proprio perché sanno che «tutti quei momenti andranno perduti nel tempo... come lacrime nella pioggia», vorrebbero cambiare anche il finale. Invece di essere costretti a pronunciare, come il replicante Roy Batty, anche le ultime amare parole, «È tempo... di morire», vorrebbero poter dire ancora una volta: «È tempo… di vivere». E non siamo nemmeno così sicuri che su questo non converrebbe anche la casalinga di Voghera.

8.4. Bioconservatori riuniti in conclave

È significativo il fatto che i principali critici del transumanesimo di orientamento conservatore si siano dati tutti appuntamento a Roma, il 10 ottobre 2005, al convegno *Natura umana e biotecnologie*, ispirato da Joseph Ratzinger e organizzato dal Centro di Orientamento Politico diretto da Gaetano Rebecchini. Tra i relatori, figurano Francis Fukuyama, Giuliano Ferrara e – in rappresentanza della Chiesa cattolica – monsignor Rino Fisichella, rettore della Pontificia Università Lateranense, tra i vescovi italiani riuniti nel Sinodo. Non riprendiamo in dettaglio i discorsi del convegno di Palazzo Colonna perché ricalcano più o meno i temi già esposti in questo capitolo. Spicca la presenza tra il pubblico di ben tre esponenti di primo piano di Alleanza Nazionale: il ministro Gianni Alemanno, il sottosegretario Alfredo Mantovano e l'ex ministro Maurizio Gasparri.

---

[225] *Blade Runner*, Ridley Scott, Stati Uniti d'America, 1982.

Ferrara ha insistito sul fatto che la capacità dell'uomo di fabbricare un altro essere «a immagine dei suoi sogni e dei suoi incubi»,[226] di predeterminare sesso e carattere, di moltiplicarsi tramite clonazione, produce un mondo radicalmente nuovo, in cui i tradizionali imperativi morali e sociali come la famiglia e la procreazione si riducono a una libera scelta, non sono più una necessità. In altre parole, viene a mancare il legame logico tra morale cristiana e legge naturale. Per questo, secondo Ferrara, «il messianesimo della biogenetica produce un Adamo nuovissimo e mette in discussione le stesse radici giudaico-cristiane della nostra civiltà».[227] Degli altri due interventi, è interessante rilevare soprattutto un punto di contrasto (anche se non enfatizzato dai relatori). Fukuyama ha insistito sul fatto che le nuove biotecnologie «minacciano non tanto la dottrina cattolica del diritto naturale, ma perfino la Dichiarazione americana d'Indipendenza del 1776 e quella dei Diritti dell'Uomo».[228]

Sorge un problema, perché non si sa se sarà possibile applicare gli stessi diritti a esseri diversi come uomini, ibridi animale-uomo, mutanti, cyborg, androidi, computer coscienti. Non sapremo quale status giuridico attribuire ai nuovi esseri, perché le biotecnologie fanno cadere o sfumano la linea di demarcazione tra umano non umano. Al contrario, monsignor Fisichella ha sottolineato che bisognerebbe modificare in senso restrittivo la libertà individuale garantita agli esseri umani dalla *Dichiarazione dei diritti dell'uomo e del cittadino*, perché proprio essa contiene i princìpi che consentono la mutazione dell'umanità.

L'articolo 4 di detta dichiarazione specifica che: «La libertà consiste nel poter fare tutto ciò che non nuoce ad altri: così, l'esercizio dei diritti naturali di ciascun uomo ha come limiti

---

[226] Per la rassegna stampa e altre informazioni si può consultare il sito della Fondazione Rebecchini, organizzatrice del convegno, alla pagina: fondazione-rebecchini.it/old/CdOP.htm

[227] Ibidem.

[228] Ibidem.

solo quelli che assicurano agli altri membri della società il godimento di quegli stessi diritti».[229] Seppure con una terminologia diversa, il principio è ripreso anche dalla *Dichiarazione universale dei diritti umani* del 1948. È allora evidente che, soltanto violando questo postulato etico, uno Stato potrà vietare a un cittadino di potenziarsi geneticamente o con impianti cibernetici. Fisichella sembra dunque avere colto meglio di Fukuyama che il transumanesimo è un'estensione del pensiero illuminista, e non una sua negazione. Il problema dell'incertezza riguardo ai diritti è, infatti, risibile. Si può facilmente risolvere, estendendoli a tutti i soggetti che sembrano senzienti. Nel dubbio si può abbondare con l'attribuzione di diritti. Su questa linea si è mosso il governo spagnolo sotto la guida del socialista José Luis Rodríguez Zapatero, avendo deciso di concedere i diritti umani ai nostri parenti più prossimi: le scimmie antropomorfe.

Aggiungiamo un'osservazione di metodo. I critici del transumanesimo si sono riuniti in conclave e hanno attaccato duramente i princìpi fondamentali di questa dottrina, distorcendone il contenuto e associandoli a pratiche e ideologie molto lontane, come il nazismo.[230] Hanno dato vita a una discussione autocelebrativa, senza contraddittorio, dove i relatori si davano ragione a vicenda e, quando c'era qualche punto di contrasto, glissavano e andavano oltre. Nessuna voce contraria, laicista o transumanista, è stata invitata al confronto. Il dibattito (se così si può chiamare) non era aperto al pubblico. La platea è stata rigorosamente selezionata, affinché fosse plaudente e compiacente. Evidentemente, il fronte anti-transumanista non avverte

---

[229] Assemblée Constituante, *Déclaration des Droits de l'Homme et du Citoyen*, Extrait du Procès-Verbal de l'Assemblée Nationale, du Jeudi premier Octobre 1789.

[230] È curioso il fatto che in un convegno organizzato da una fondazione vicina ad Alleanza Nazionale, con relatori orientati a destra e una platea affollata di ministri e sottosegretari post-fascisti, si chieda al transumanesimo di fare i conti con il nazismo (oltretutto, dopo che gli stessi relatori lo hanno indicato come un movimento di sinistra). I conti con il passato li dovrebbero fare i nostalgici di quel passato, non spiriti risolutamente orientati al futuro.

l'esigenza del dialogo e preferisce lo scontro frontale. O, forse, i bioconservatori temono il confronto pubblico, perché sono perfettamente consapevoli della povertà dei propri argomenti.

9. L'anatema della Chiesa Cattolica

Nell'epoca dell'illuminismo si è tentato di definire le norme morali essenziali, le regole del vivere insieme, "etsi Deus non daretur", cioè anche nel caso che Dio non esistesse: era questa in qualche modo una necessità storica, al tempo delle guerre di religione che insanguinavano l'Europa. Ma ciò ha funzionato finché le convinzioni fondamentali del cristianesimo sono rimaste chiare e condivise tra i nostri popoli. Oggi però non è più così e il tentativo di plasmare il mondo facendo a meno di Dio ci conduce ad accantonare l'uomo (logicamente, del resto, perché se Dio non c'è diventa difficile sostenere che l'uomo sia più di un pezzo della natura).

CAMILLO RUINI

In difesa dei goffi bipedi si leva anche la voce autorevole della Chiesa cattolica. È il cardinale Camillo Ruini a preoccuparsi per primo del transumanesimo, dopo avere letto *Our Posthuman Future* di Francis Fukuyama. Il 23 novembre del 2004, Ruini pronuncia un discorso "capitale" nella diocesi di Reggio Emilia, diventato poi noto come "il discorso della questione antropologica". Ruini spazia su diversi temi. Parla della Chiesa, del mondo e del futuro, soffermandosi soprattutto su quelli che interpreta come segni della crisi della società contemporanea. Il prelato sostiene che non è il laicismo a costituire un problema per la Chiesa e la società cristiana. E nemmeno l'integralismo islamico, che anzi aiuta i cristiani a rafforzare la propria fede e a compattarsi nel mondo occidentale. Il pericolo è piuttosto nella rivoluzione antropologica delle biotecnologie e dei nuovi stili di vita.

9.1. Il discorso di Ruini sulla "questione antropologica"

Nel suo discorso capitale, Ruini afferma che la questione antropologica si sviluppa su due grandi versanti, i quali sono intimamente connessi tra loro. Da un lato, si osserva una trasformazione e ridefinizione dei modelli di vita. Cambiano i comportamenti diffusi e i valori di riferimento dei cittadini occidentali, inclusi i cristiani. In altre parole, cambia nelle persone il giudizio riguardo a ciò che è bene o è male. Questi cambiamenti, sono tra l'altro sempre più sostenuti da scelte politiche, legislative e giurisprudenziali. Il cardinale nota che la trasformazione dei costumi «è ormai in corso in Europa e più o meno in tutto l'Occidente con una forza e radicalità prima sconosciute».[231] Si riferisce al disgregamento della famiglia tradizionale, allo sdoganamento di forme di sessualità considerate peccaminose dai cristiani, a un'idea di procreazione che ammette l'aborto come forma di controllo delle nascite e, più in generale, a tutte le trasformazioni dei costumi che incidono sul complesso dei rapporti affettivi umani.

L'aspetto del discorso che più ci interessa è, però, quello legato al secondo versante della questione antropologica. Il cardinale spiega che, fra le trasformazioni più preoccupanti del mondo contemporaneo, ci sono anche «gli sviluppi delle scienze e delle tecnologie che riguardano il soggetto umano, in particolare il funzionamento del cervello e i processi della generazione».[232] Ciò, perché è l'uomo stesso a essere messo radicalmente in questione, tanto nella sua consistenza biologica quanto nella coscienza che ha di se stesso e ciò non accade, come nel passato, solo teoricamente, ma anzitutto attraverso la tecnologia, ovverosia al livello pratico del fare. Parafrasando la celebre tesi di Marx su Feuerbach, il prelato precisa: «Potremmo

---

[231] C. Ruini, *La questione umana tra etica e scienza*, «Avvenire», 24 novembre 2004. Il discorso di Camillo Ruini è stato pubblicato anche sulla rivista *l'Espresso*, nella rubrica curata da Sandro Magister, seppure con un titolo diverso: *Il Vangelo nella nostra storia. Chiesa in stato di missione*, chiesa.espresso.repubblica.it, 29 novembre 2004.

[232] Ibidem.

dire che non si tratta soltanto di interpretare l'uomo, ma soprattutto di trasformarlo: non soltanto però cambiando i rapporti economici e sociali, come voleva Marx, ma in maniera ben più diretta, agendo fisicamente sul soggetto umano».[233]

Ruini sostiene altresì che questo processo inedito pone la fede cristiana "fuori corso" perché, dall'idea e dalla pratica della trasformazione umana, nasce una forte inclinazione a ridurre completamente la nostra intelligenza e la nostra libertà al semplice funzionamento del cervello, sviluppando così una visione dell'essere umano basata esclusivamente su princìpi naturali. In tale concezione, «non c'è spazio per una vera diversità qualitativa del soggetto umano, per la sua trascendenza rispetto al resto della natura di cui pure è parte, e tanto meno per una vita al di là della morte».[234]

L'appartenenza dell'uomo alla natura era uno dei postulati del *Manifesto di bioetica laica* di Mori, Massarenti, Flamigni e Petroni.[235] Lo stesso manifesto aveva anche posto l'accento sulla seconda rivoluzione scientifica come momento in cui inizia la trasformazione dell'uomo stesso, e non più solo dell'ambiente. Ciò che metterebbe fuori corso la fede cristiana sarebbe, però, soprattutto, la scomparsa della certezza di una vita oltre la morte, di un Aldilà. La semplice speranza non è paragonabile alla certezza, perché sui desiderata e le ipotesi non si può fondare un etica universale in senso "forte".

Non sappiamo se gli ingegneri genetici e robotici transumanisti riusciranno mai a sconfiggere la morte, ma il solo fatto che investano tante energie intellettuali e risorse materiali in questo progetto è una prova tangibile che è quasi scomparsa la fede in una vita *post mortem*. Un motto inglese dice: *action speaks louder than voice* (l'azione parla più forte della voce). Si spendono tante parole a difesa di questa o di quella teoria metafisica, ma rimane sempre il dubbio che chi afferma qual-

---

[233] Ibidem.
[234] Ibidem.
[235] C. Flamigni, A. Massarenti, M. Mori, A. M. Petroni, *Manifesto di bioetica laica*, «Il Sole 24Ore», 9 giugno 1996.

cosa in proposito ci creda veramente. Quando, però, qualcuno agisce con perseveranza e decisione in vista di un risultato, è segno che *ci crede davvero*. I transumanisti, perlomeno quelli di orientamento ateo-materialista, sono la testimonianza più viva della fede nella scienza e, nel contempo, della sfiducia nelle religioni, nei miti, nelle filosofie consolatorie. Sono "fastidiosi" perché, al contrario di molti atei tradizionali, non rifiutano come indesiderabile il dono promesso dalle chiese e dai culti, ovverosia, la vita eterna. Essi la vogliono ardentemente. Credono però che, o si otterrà tramite la scienza, o non si otterrà per nulla.

Sia chiaro che non mancano transumanisti credenti che hanno trovato il modo di conciliare *il loro volere rimanere qui*, con la credenza in Dio e nell'aldilà.[236] Ma la maggioranza dei transumanisti fa ormai aperta professione di ateismo o agnosticismo.

Ruini sostiene che si è operata una riduzione dell'intelligenza al funzionamento dell'organo cerebrale. Questo è, infatti, il principio di funzionamento del *BrainGate* e del *mind uploading*. Questa riduzione è, secondo lui, scorretta sul piano metodologico, perché implica un passaggio dalle scienze sperimentali alla visione e interpretazione globale dell'uomo, quindi a un approccio tipicamente filosofico. L'operazione violerebbe le regole base del metodo scientifico e perderebbe di vista i limiti delle possibilità cognitive delle scienze sperimentali. In effetti, Ruini non ha tutti i torti. Non si può dimostrare un'ipo-

---

[236] Si potrebbe notare che non è del tutto evidente il motivo per cui una persona che ha fede *assoluta*, e non semplice *speranza*, in Dio e in un meraviglioso aldilà, faccia tutto il possibile per rimanere in questa valle di lacrime, evitando l'incontro con il suo benevolo Creatore. Eppure, è ciò che accade continuamente e non solo fra i transumanisti credenti. L'uomo comune, anche quando afferma di avere una fede incrollabile, fa gli scongiuri quando sente nominare la morte e ai funerali piange le persone scomparse, piuttosto che fare festa. Evidentemente, c'è un attaccamento profondo a questo mondo e a questo corpo che ha una componente irrazionale. Tuttavia, il credente può anche giustificare razionalmente l'attaccamento alla vita terrena, riconducendolo al dovere morale di prendersi cura nel miglior modo possibile di ciò che ha ricevuto da Dio.

tesi metafisica (il materialismo, il dualismo, l'idealismo) partendo dai risultati delle scienze sperimentali. Semmai, si può partire da un'ipotesi metafisica per indirizzare la ricerca sperimentale in un certo modo. Si potrà allora dimostrare che un'ipotesi metafisica è più fruttuosa rispetto a un'altra, ma non che è vera oppure falsa. La dimostrazione rimane comunque fuori portata.

Una volta chiarito che il materialismo è un'ipotesi metafisica indimostrabile tra le altre, non è però ancora ben chiaro il motivo per cui non si potrebbe o dovrebbe adottarlo come postulato di partenza della ricerca. Finché le ricerche producono risultati positivi, quand'anche la metafisica fosse errata, non dovremmo lamentarci troppo. Inoltre, indimostrabile è il materialismo, come indimostrabile è il dualismo, ossia l'esistenza dell'anima immateriale.

Ecco allora ripetersi quel sottile gioco d'idee che consiste nell'indebolire la scienza, utilizzando gli strumenti della filosofia scettica ed empiristica, per poi proporre altre credenze metafisiche come dogmi incontestabili, come verità non toccate dal dubbio. Se uno scienziato cristiano può (o deve) avere fede nei dogmi dualistici della Chiesa, non si capisce perché uno scienziato ateo non possa avere fede nel materialismo e nel riduzionismo del pensiero ai meccanismi del cervello. Fede per fede, si potrà pure avere fede in questi postulati? Ma è proprio questo atteggiamento di fiducia nella tecnoscienza a costituire il problema, secondo Ruini. Seguiamo il suo ragionamento:

> Da quel che ho detto fin qui la nuova "questione antropologica", in entrambi i suoi versanti, può comunque apparire soltanto un ostacolo al rapporto tra fede e cultura, o più francamente una spinta ad eliminare la fede dalla nostra civiltà. In realtà essa costituisce piuttosto una grande provocazione, una domanda che chiede risposta: la chiede alla Chiesa e ai cattolici, ma anche agli altri cristiani e a tutti gli uomini – credenti delle diverse religioni o non credenti – che hanno a cuore il

valore unico della persona umana e il carattere umanistico della società.[237]

Per Ruini, la risposta dovrà essere complessa e affrontata su diversi piani, proprio com'è vasta la questione antropologica. Il prelato ritiene necessario che tocchi tanto le nostre azioni quotidiane quanto la ricerca scientifica; tanto la fede vissuta e l'azione pastorale della Chiesa quanto le riflessioni filosofiche e teologiche; tanto i mezzi di comunicazione e le espressioni artistiche quanto le decisioni politiche, legislative ed economiche. In sintesi, la risposta sollecitata dalla Chiesa dovrà abbracciare tutto ciò che contribuisce a definire la cultura di un popolo o di una comunità di popoli.

Ma qual è, in concreto, la risposta che auspica Ruini? Da un lato si ritiene fondamentale l'elaborazione filosofica e dottrinale, dall'altro si ritiene indispensabile l'intervento politico e legislativo. In teoria, lo Stato italiano ha "comprato" la neutralità politica della Chiesa cattolica con il Concordato. Ciononostante, l'intervento in politica delle gerarchie ecclesiastiche è costante. In passato avveniva in modo piuttosto sottile e indiretto, ma la situazione è cambiata completamente. Sulla questione delle biotecnologie e dell'orizzonte postumano, le gerarchie ecclesiastiche hanno messo le carte in tavola senza troppi giri di parole. Ruini detta l'agenda politica con questo discorso e, a distanza di pochi mesi, nel giugno del 2005, chiama a raccolta tutte le sue truppe per fare fallire il referendum abrogativo della legge 40/2004 sulla procreazione assistita. Afferma senza indugi e senza peli sulla lingua che, in materia di vita dell'embrione e di biotecnologia, la Chiesa non può tacere, non può rimanere neutrale.

È, tuttavia, interessante rilevare un aspetto dell'intera vicenda che è sfuggito alla maggior parte dei cittadini, dei giornalisti e dei politici impegnati nella battaglia referendaria. Il cardinale Ruini vede nella procreazione assistita, nello screening genetico preimpianto, nella ricerca sulle cellule staminali,

---

[237] C. Ruini, *La questione umana tra etica e scienza*, cit.

e in altre nuove biotecnologie l'anticamera della rivoluzione transumanista. E i transumanisti non possono che dargli ragione, se non sul piano dei valori, almeno sul piano dell'analisi di scenario. Proprio così stanno le cose, anche se solo una parte del fronte laico sembra di questo pienamente consapevole.

Che Ruini stia parlando, senza peraltro nominarlo, del transumanesimo, lo si capisce dalla sua bibliografia di riferimento. A sostegno delle sue tesi, cita infatti i libri di due autori di diversa formazione ma incentrati sullo stesso tema: la monografia *L'uomo oltre l'uomo* del politologo nippo-americano Francis Fukuyama[238] e la raccolta di saggi *Tempo di passaggi* del filosofo tedesco Jürgen Habermas.[239] «Naturalmente – aggiunge il monsignore – le modalità concrete e i protagonisti di questo confronto sono e saranno diversi nei differenti paesi, a seconda della storia, della cultura, della fisionomia religiosa di ciascuno di essi, ma il confronto stesso segnerà comunque il tempo che sta davanti a noi. E molto probabilmente inciderà sul futuro del cristianesimo in maniera più profonda e duratura dello stesso risveglio identitario provocato dalle minacce del terrorismo islamico».[240]

Proprio come Fukuyama, egli individua nell'orizzonte postumano il maggiore pericolo per l'umanità e la cristianità. Il vero nemico non è la civiltà musulmana. Il vero nemico è all'interno dello stesso Occidente. È la spinta al cambiamento che alberga nel cuore e nella mente dell'uomo occidentale, la sua tendenza a superare continuamente se stesso, una tendenza che lo porterà a superare anche le sue limitazioni biologiche.

Va evidenziato che Ruini, pur combattendo una battaglia che – dal punto di vista dei transumanisti – appare di retroguardia, non intende per nulla sposare una posizione bioluddista alla Kaczynski. Forse per rigettare a priori possibili accuse di passatismo o irrazionalismo, il cardinale mette in chiaro che

---

[238] F. Fukuyama, *L'uomo oltre l'uomo. Le conseguenze della rivoluzione biotecnologica*, Mondadori, Milano 2002.

[239] J. Habermas, *Tempo di passaggi,* Feltrinelli, Milano 2004.

[240] Ibidem.

non è sua intenzione negare il valore etico dei due pilastri della modernità: la scienza e la libertà. In altre parole, la risposta deve essere molto mirata e circoscritta agli eccessi dello *Zeitgeist*. Così si esprime: «Condizione perché la risposta alla nuova "questione antropologica" possa essere efficace è comunque che non ci si rinchiuda nella difesa e riproposizione del passato, ma si mettano a frutto i grandi tesori di quell'antropologia che ha le sue radici nella fede cristiana e nella cultura classica e moderna, per andare avanti sapendo interpretare e sviluppare dal di dentro quelle realtà e quelle aspirazioni che sono le grandi forze motrici della nostra epoca, come la conoscenza scientifica e l'anelito di libertà che attraversa il mondo».[241] I cattolici devono, insomma, essere consapevoli e convinti che la razionalità occidentale e i suoi prodotti scientifici e politici sono profondamente conformi all'indole della fede cristiana, «che è amica dell'uomo, della sua libertà e della sua intelligenza».[242]

Come interpretare queste ultime parole? Parole di circostanza per addolcire la pillola e non preoccupare eccessivamente gli uomini di scienza, gli spiriti liberi, i fautori del progresso? Oppure, parole sincere che indicano un limite preciso degli interventi legislativi (evocati, desiderati, ottenuti) nella sola salvaguardia dell'embrione umano? I transumanisti cristiani (forse non sono molti, ma certamente ci sono) potrebbero essere interessati a ottenere risposta alla seguente domanda: la Chiesa si opporrebbe alle mutazioni genetiche, agli incrementi cibernetici, alla parziale trasformazione della struttura fisica dell'organismo umano, qualora queste operazioni non comportassero danni agli embrioni?

Difficile rispondere con certezza, perché non c'è un pronunciamento chiaro e ufficiale sul programma di *human enhancement*, di incremento umano, di salto evolutivo da Homo sapiens 1.0 a Homo sapiens 2.0., da uomo a oltreuomo. Si parla molto di biotecnologie, ma il salto evolutivo potrebbe avve-

---

[241] Ibidem.
[242] Ibidem.

nire anche attraverso la fusione di uomo e macchina, attraverso la robotica e la nanotecnologia. Ci sono comunque segnali che fanno pensare a un rifiuto della tecnoetica transumanista, da parte della CEI, *in ogni caso*. Non si tratterebbe soltanto dei diritti dell'embrione. Sembrerebbe essere il postumano in sé a preoccupare le gerarchie ecclesiastiche.

Pare che il cardinal Ruini abbia letto un articolo "rivelatore" del filosofo tedesco Marc Jongen: *L'uomo è il suo proprio esperimento*, apparso sul settimanale tedesco *Die Zeit*. Jongen riprende l'idea di Martin Heidegger che solo un Dio ci può salvare, ma precisa che questo è un dio dormiente «nei circuiti cognitivi che la sperimentazione cibernetica attiva nei laboratori».[243] È la prova che al mondo ci sono filosofi e scienziati che cercano ancora la salvezza, dalla morte e dalla sofferenza, ma si affidano ormai alla cibernetica e alla genetica. Se si raggiungeranno i risultati sperati, non si potrà più dire che la scienza è muta di fronte ai problemi esistenziali che da sempre assillano l'uomo. A garantire un ruolo alla religione è stata finora la distanza della scienza da questi problemi. Pier Luigi Fornari svela su *Avvenire* che il cardinale Camillo Ruini ha avvertito i vescovi italiani riguardo ai rischi legati alla teoria che prevede il superamento dell'essere umano attraverso l'uso delle biotecnologie, durante il suo intervento al Consiglio Permanente della CEI del 19 settembre 2005. E l'ha fatto proprio citando il filosofo tedesco. Queste le testuali parole del presidente dei vescovi: «Occorre aver chiaro che gli sviluppi delle biotecnologie possono indirizzarsi, come già avviene in larga misura, su una strada che prescinde dall'indole specifica del soggetto umano, o anzi espressamente la nega e la contesta, considerando l'uomo soltanto un essere della natura e giungendo anche a teorizzare il superamento del livello attuale dell'umanità proprio attraverso il ricorso alle biotecnologie».[244]

---

[243] M. Jongen, *L'uomo è il suo proprio esperimento*, «Die Zeit», № 33, 2001.

[244] Cfr. P. L. Fornari, *C'è una nuova cavia, si chiama uomo*, «Avvenire», 3 novembre 2005.

Nel commendare l'affermazione, Fornari conferma che una lettura completa dell'articolo rivelatore di Jongen «non solo giustifica questi appunti, ma li rafforza».[245]

Un altro segnale critico nei confronti della filosofia transumanista e postumanista arriva pochi giorni più tardi. Il 28 settembre 2005, il *Corriere della Sera* riferisce di un colloquio tra l'esponente di Forza Italia Gianni Letta e il cardinale Camillo Ruini per decidere il successore di Silvio Berlusconi alla guida della coalizione di centrodestra. L'idea era che il premier allora in carica, dopo la sconfitta della Casa delle libertà alle elezioni amministrative, fosse ormai al capolinea. Le elezioni politiche del 9 aprile 2006 hanno poi dimostrato che Berlusconi non era affatto finito, nonostante la sconfitta (o meglio "il sostanziale pareggio"), tanto che è ritornato prontamente in sella nel 2008. Ma nell'autunno del 2005 la situazione sembrava diversa. Ebbene, in quell'incontro, Ruini avrebbe posto un veto sul leader di Alleanza Nazionale Gianfranco Fini, proprio perché non avrebbe capito che la priorità del Vaticano è la lotta contro la rivoluzione postumana. L'articolo del Corriere, a firma di Maria Latella, non lascia dubbi sul carattere battagliero del cardinale.

> Con Letta, comunque, il cardinale sarebbe stato netto: «Per difendere le nostre posizioni, siamo disposti a qualsiasi guerra». In Vaticano, dunque, ricordano di non dimenticare. «Non è tanto l'ultima posizione di Fini, quella sui Pacs, ad aver amareggiato Oltretevere – confida un buon conoscitore della materia –. La ferita che brucia ancora è l'aver sostenuto i "sì" al referendum [sulla procreazione assistita], in più criticando l'astensione. Fini ha sottovalutato l'importanza che il Vaticano attribuisce alla rivoluzione antropologica dell'uomo post-uomo. Eppure, il cardinale Ruini ne parla da almeno due anni».[246]

---

[245] Ibidem.

[246] M. Latella, *Ruini: "Siamo pronti a qualsiasi guerra"*, «Corriere della sera», 28 settembre 2005.

La giornalista giudica rilevante soprattutto la scelta del linguaggio adottato da Ruini nella conversazione con Letta. Il prelato ha infatti messo in campo «un lessico alla von Clausewitz, evocatore di strategie belliche, più che latore di evangelica disponibilità a porgere l'altra guancia».[247] Quando è stato fatto notare al cardinale che le quotazioni di Gianfranco Fini ultimamente sembrano in ascesa, questi «ha replicato con gelida e chirurgica precisione» che il leader di Alleanza Nazionale «si è dimostrato inaffidabile».[248]

L'incontro Letta-Ruini è stato poi smentito dal Vaticano. I casi sono due: o la Chiesa ritiene utile mostrarsi equidistante dalle due coalizioni politiche e quindi nega di dettare l'agenda politica e addirittura di avere voce in capitolo nella scelta dei leader del centrodestra, oppure il *Corriere della Sera* non ha fonti affidabili in Vaticano. In ogni caso, ciò che viene smentito nel comunicato è il veto a Fini, non la lotta all'uomo post-uomo.

9.2. *La posizione di Joseph Ratzinger*

A rafforzare l'ipotesi che la Chiesa cattolica nutra un'avversione capitale per le idee transumaniste, intervengono numerosi altri fatti. In particolare, una serie di articoli apparsi sul quotidiano dei vescovi *Avvenire* o sull'*Osservatore Romano* contro il transumanesimo e le biotecnologie potenzianti, nonché alcuni interventi espliciti di Benedetto XVI. Cominciamo dagli interventi del Pontefice.

L'8 dicembre 2005, Joseph Ratzinger pronuncia un'omelia presso la cappella papale, nel quarantesimo anniversario della conclusione del Concilio Ecumenico Vaticano II. In tale occasione, afferma che «l'uomo non vuole ricevere da Dio la sua esistenza e la pienezza della sua vita. Vuole attingere egli stesso dall'albero della conoscenza il potere di plasmare il mondo, di farsi dio elevandosi al livello di Lui, e di vincere la morte e

---

[247] Ibidem.
[248] Ibidem.

le tenebre».[249] L'uomo, secondo la visione del Pontefice, non conta più di salvarsi grazie all'amore del suo Creatore. La provvidenza e la promessa di salvezza non gli sembrano più affidabili. Ora, l'uomo fa affidamento solo sulla conoscenza scientifica, giacché essa gli conferisce un potere tangibile sulla realtà. Che tutto ciò sia un male nella prospettiva cattolica sembra piuttosto ovvio, ma, ove sorgessero dubbi in proposito, Benedetto XVI precisa: «Piuttosto che sull'amore [l'uomo] punta sul potere col quale vuole prendere in mano in modo autonomo la propria vita. E nel fare questo, egli si fida della menzogna piuttosto che della verità e con ciò sprofonda con la sua vita nel vuoto, nella morte».[250]

La filosofia che intende attingere dall'albero della conoscenza per sconfiggere la morte e le tenebre è il transumanesimo. Anche se manca un riferimento nominale esplicito, è piuttosto ovvio che di questo si parli. Ancora più indicativo è che papa Ratzinger decida di dedicare allo stesso argomento anche il discorso del giorno di Natale, anno domini 2005, nel suo primo messaggio natalizio da Pontefice. Per il quotidiano *la Repubblica*, il pronunciamento di Benedetto XVI è fondamentalmente un "monito all'uomo tecnologico" che rischia "l'atrofia spirituale". Nel messaggio Urbi et Orbi pronunciato dalla loggia delle benedizioni della basilica di San Pietro, papa Ratzinger pone l'accento sul fatto che il millennio appena finito ha segnato «tanti progressi in campo tecnico e scientifico... [ma] l'uomo dell'era tecnologica rischia di essere vittima degli stessi successi della sua intelligenza e dei risultati delle sue capacità operative, se va incontro a una atrofia spirituale, a un vuoto del cuore».[251]

La condanna dell'idea che l'uomo possa trovare la salvezza grazie alla scienza è stata infine resa ancora più esplicita da

---

[249] Benedetto XVI, *Omelia di Sua Santità Benedetto XVI. Solennità dell'Immacolata Concezione della Beata Vergine Maria*, vatican.va, 8 dicembre 2005.

[250] Ibidem.

[251] *Monito all'uomo tecnologico. Uomo contemporaneo stai attento, perché stai rischiando l'atrofia spirituale*, «la Repubblica», 25 dicembre 2005.

Benedetto XVI nell'enciclica *Spe Salvi*, dove è indicato in Francesco Bacone il capostipite di questo movimento filosofico e scientifico. Scrive, infatti, il Pontefice: «Francesco Bacone e gli aderenti alla corrente di pensiero dell'età moderna a lui ispirata, nel ritenere che l'uomo sarebbe stato redento mediante la scienza, sbagliavano».[252] Ergo: il transumanesimo è un errore, proprio perché assume che la speranza di redenzione, di salvezza, sia da riporre nella scienza, piuttosto che nella fede.[253]

9.3. Gli attacchi dei giornali cattolici

Mentre parlano gli esponenti delle gerarchie ecclesiastiche, fanno loro eco i giornalisti e gli editorialisti dei giornali di orientamento cattolico. Prima interviene Pier Giorgio Liverani su *Avvenire*, a commento di una mia intervista rilasciata a Cristiana Lodi su *Libero*.[254] Parlando dei transumanisti, l'autore stigmatizza la loro tecnofilia "fuori tempo", un atteggiamento positivista e tecno-ottimista che non avrebbe più ragione d'essere. Afferma, infatti, sconsolato che, «nonostante l'atomica e l'inquinamento, i transumanisti non si sono ancora ricreduti, anzi aspettano ancora il "postumano", ossia "il naturale sbocco della cultura occidentale"».[255]

Per inciso, il già direttore di *Avvenire*, mi attacca personalmente, attribuendomi però un pensiero che non è mio. Scrive, testuali parole:

Coloro che «difendono insieme la crescita economica e i valori cristiani sono stupidi». Parola di Riccardo Campa, pre-

---

[252] Benedetto XVI, *Lettera enciclica Spe Salvi del Sommo Pontefice Benedetto XVI ai vescovi ai presbiteri e ai diaconi, alle persone consacrate e a tutti i fedeli laici sulla speranza cristiana*, vatican.va, 30 novembre 2007.

[253] Allo studio di questa enciclica ho dedicato un saggio: R. Campa, *Ratzinger contra Bacone*, «MondOperaio», № 2, Marzo-Aprile 2008.

[254] C. Lodi, *Le biotecnologie ci salveranno. Parla il leader del movimento nato per migliorare la specie*, «Libero», 18 febbraio 2005.

[255] P. G. Liverani, *Transumanisti e darwiniani estremisti*, «Avvenire», 20 febbraio 2005.

sidente dei «transumanisti», associazione in cui si ritrovano «futuristi, tecnofili, tecnognostici, prometeici e altro ancora», che «vivono di tecnologia» e «rifiutano l'ipocrisia antiscientifica che si sta diffondendo in Occidente». Premesso che «non c'è una sola morale», il presidente (intervista a Libero, venerdì 18) precisa che loro «sposano un'etica eudemonistica che tende alla massimizzazione della felicità» e si rifanno a Bacone, il quale «sosteneva che i due scopi della scienza sono trovare la verità sul mondo e sconfiggere invecchiamento e morte».[256]

Liverani si riferisce alla seguente mia affermazione: «Ted Kaczynski, l'Unabomber, il bioluddista per eccellenza, nel suo manifesto fa una critica serrata della sinistra progressista americana. Liquida invece i conservatori con una sola frase: sono stupidi, perché difendono insieme la crescita economica e i valori cristiani, ma è ovvio che il progresso tecnico distrugge la tradizione».[257]

Come si può vedere, non Campa, ma Kaczynski l'ha detto. Io non ho né sottoscritto né criticato quest'affermazione. Mi sono limitato a riportare il suo pensiero, che tra l'altro rappresenta l'antitesi del transumanesimo, per illustrare una gamma di posizioni. Evidentemente, l'evoluzione autodiretta è un'idea tanto dirompente che fa perdere lucidità a chi non la ama.

Sempre sul giornale dei vescovi, fa seguito l'articolo di Fornari, cui si è già accennato sopra. Qui si legge che, con l'idea di Jongen che l'uomo sia il suo proprio esperimento, «l'individualismo e l'eugenetica liberale mostrano il loro vero volto totalitario. In questo caso, è il totalitarismo dell'evoluzione della specie».[258] L'autore collega questa visione alla cultura New Age, anch'essa analizzata dal documento del Pontificio consiglio. La differenza è che l'approccio non è più in chiave ecologica, come nell'ipotesi di Gaia, ma incentrato sull'ingegneria genetica e la tecnologia informatica. In entrambi i casi, l'uomo è visto come parte di un tutto. Nella prima prospettiva,

---

[256] Ibidem.

[257] Cfr. C. Lodi, *Le biotecnologie ci salveranno*, cit.

[258] P. L. Fornari, *C'è una nuova cavia, si chiama uomo*, cit.

Gaia, la terra, il pianeta vivente, sarebbe nostra madre e ogni individuo può essere visto come un neurone del suo sistema nervoso centrale, mentre nella seconda prospettiva la fusione delle menti sarebbe il punto d'arrivo dell'intero processo evolutivo.

Jongen, i transumanisti, i profeti e i realizzatori delle nuove tecnologie convergenti rappresentano non una posizione etica diversa che può essere discussa, ma una vera e propria minaccia totalitaria che deve essere combattuta. I toni sono ancora una volta apocalittici e bellicosi. Fornari afferma che «Jongen, purtroppo, non è isolato in questa linea. Il "post-umano" è stato preparato dai filosofi della decostruzione come Jacques Derrida, Gilles Deleuze, Félix Guattari, Michel Foucault. È sostenuto dalle femministe radicali del tipo di Donna Haraway e Rosi Braidotti. Alimenta il movimento cyborg, che teorizza organismi in parte biologici (ottenuti anche con ibridazione) e in parte meccanici ed elettronici».[259]

Non manca, poi, un riferimento esplicito al transumanesimo e alla sua presenza sul suolo italico. A proposito, scrive ancora Fornari: «Il "trans-umanismo", che tra i propri seguaci raccoglie anche studiosi italiani, è considerato la terra promessa dai californiani dell'"Extropy Institute" (Max More, Ray Kurzwell e Marvin Minsky), nella quale secondo Jongen "si articola l'avanguardia di un'umanità impegnata a ergersi da soggetto a progetto", [ma tutto ciò avverrebbe] come sempre in maniera provvisoria e ingenua».[260]

Il pronunciamento è sempre apodittico. Non si spiega mai perché sarebbe un male ergersi da soggetto a progetto, guidare la propria evoluzione, decidere il proprio destino. Si dà per scontato che questo sia un abominio, un'aberrazione, senza produrre ragioni. Fornari conclude con queste parole:

> se ora entra in crisi la teoria dell'evoluzione che fa a meno di un "disegno intelligente", nessun problema: sarà la

---

[259] Ibidem.
[260] Ibidem.

specie umana ad avviare un'evoluzione "compatibile" e "intelligente", grazie alle biotecnologie. «Inverare se stessi»: per Jongen e i transumanisti, sarebbe questa la nostra essenza. Questo tratto fondativo dell'auto-trascendenza rappresenterebbe, a parere del filosofo tedesco, il nocciolo della «dottrina di Nietzsche del superuomo, che soltanto oggi, nell'orizzonte della sua realizzabilità tecnica, raggiunge il suo pieno potenziale profetico». D'altra parte, fu lo stesso Nietzsche a scrivere: «Mi si potrà leggere circa intorno all'anno 2000»[261].

A parte il fatto che il darwinismo è in crisi solo nelle speranze dei creazionisti e non certo nella comunità scientifica (Dawkins *docet*), qui si assume che basti associare il transumanesimo a Nietzsche o a un nietzschiano per squalificarlo. In realtà, questa connessione – agli occhi di un transumanista – potrà al massimo rivalutare Nietzsche per le sue, finora insospettate, capacità profetiche.

Sullo stesso numero di *Avvenire*, a firma di Andrea Galli, appare anche una presentazione del movimento italiano. Si tratta di una ricostruzione spassionata, scevra da toni eccessivamente polemici. Innanzitutto, Galli riconosce che «in fondo è il loro momento. Era inevitabile che la discussione accesasi a livello internazionale sull'impatto etico e antropologico delle biotecnologie – alimentata anche da filosofi come Peter Sloterdijk – li vedesse alla ribalta. E che la chiamata in causa da parte di nomi di prestigio, come il politologo americano Francis Fukuyama, regalasse loro l'attenzione della stampa, dopo anni di attivismo più o meno underground».[262]

Poi, li (ci) chiama per nome: «Si tratta dei "transumanisti", esponenti di quella galassia che riunisce futuristi, alfieri della tecnoscienza e "tecnologisti" attorno ad alcuni assi fondamentali di lavoro... un gruppo guidato dal mantovano Riccardo

---

[261] Ibidem.

[262] A. Galli, *Transumanisti di casa nostra*, «Avvenire», 3 novembre 2005.

Campa, docente di Sociologia della scienza e della tecnologia a Cracovia».[263]

Galli sottolinea che dai transumanisti «sono riconosciuti gli influssi del superomismo nietzschiano, del marxismo trotzkista, del futurismo italiano e russo, della futurologia e della letteratura fantascientifica» e si limita, in chiusura, a rimarcare ironicamente che si tratta di «una bella compagnia, non c'è che dire».[264]

Ben più polemico l'articolo di Mario Iannaccone dell'11 luglio 2007, *Transumanismo: il nuovo incubo*, apparso sempre sul quotidiano dei vescovi. Visibilmente scosso, Iannaccone rileva che, «nei testi transumanisti si legge che presto si potrà allungare drasticamente la vita umana nell'attesa di scoprire il segreto dell'immortalità; che i bambini dovranno essere progettati; che l'uomo ha il dovere di autotrascendersi come specie, ora che i segreti del genoma sono a portata di mano; che elettronica, nanotecnologie e soprattutto ingegneria genetica renderanno l'umanità attuale del tutto obsoleta. Stiamo per essere introdotti, dunque, alla post-umanità, all'"umano postdarwiniano" potenziato da impianti neuronali, organi artificiali, genoma manipolato».[265] Tutto questo – come indica il titolo – è visto come un incubo, più che un sogno. Ma, ancora una volta, non si spiega perché. Lo si dà per scontato. E questo sembra davvero testimoniare che esistono in Italia, in Europa, forse nel mondo, due modi radicalmente diversi di intendere la vita nel suo rapporto con la tecnica. Due modi che non si comprendono più. Ciò che fa gioire un cuore, ne terrorizza un altro. Ciò che stimola un cervello, ne ottenebra un altro.

Iannaccone spiega che «dopo un periodo di dubbi, lo scientismo libertario torna a radicarsi con tenacia nelle università e nei laboratori della ricerca scientifica come "coraggio laico", libertà di ricerca e di applicazione, difesa dell'eugenetica

---

[263] Ibidem.

[264] Ibidem.

[265] M. Iannaccone, *Transumanismo: il nuovo incubo*, «Avvenire», 11 luglio 2007.

"buona", punta avanzata della battaglia per le libertà laiche contro "l'oscurantismo monoteistico"».[266] L'autore aggiunge che i filosofi che combattono l'oscurantismo monoteistico «salutano tutto questo come un ritorno del vecchio paganesimo, con la sua difesa dei diritti del corpo. Il richiamo al paganesimo e alla sua nobiltà appare di continuo nei testi transumanisti».[267] Non so se questo sia vero per tutti i filosofi transumanisti, ma è senz'altro vero per quanto riguarda i miei scritti.[268] In ogni caso, sulla connessione culturale fra transumanesimo e paganesimo, Iannaccone non concorda. E nemmeno Ratzinger, il quale nel suo libro *Il sale della terra* ricorda che «il paganesimo precristiano aveva ancora una certa innocenza e il legame con gli dèi rappresentava ancora dei valori originari, che ponevano dei limiti al male».[269] Il transumanesimo ci porta invece a vivere «sotto cieli meno benigni».[270] È un po' come dire che il paganesimo era un male minore, mentre il transumanesimo rappresenta "il Male", *tout court*.

Illuminante la metafora utilizzata dall'autore. L'umanità è come una nave al cui timone stanno i valori cristiani. Se questi venissero a mancare, la nave andrebbe alla deriva. E il transumanesimo? In questa metafora, non ha nulla a che fare con la nave, con l'umanità. Esso sarebbe come un oggetto alieno, un iceberg che vaga minaccioso sulle acque. «Ecco, il transumanismo e le sue promesse sono uno di quegli iceberg, gelidi,

---

[266] Ibidem.

[267] Ibidem.

[268] Per esempio, ho scritto: «La società moderna è laica, libertaria e scientificamente avanzata, nella misura in cui ha saputo recuperare le proprie radici pagane». Cfr. R. Campa, *Ratzinger contra Bacone*, «Mondoperaio», № 2, Marzo-Aprile, 2008, pp. 48-61. Esploro la questione, in modo ancora più dettagliato, nel saggio: *Le radici pagane della rivoluzione biopolitica*, in R. Campa (a cura di), *Divenire. Rassegna di studi interdisciplinari sulla tecnica e il postumano*, Volume 4, Sestante Edizioni, Bergamo 2010, pp. 93-159.

[269] J. Ratzinger, *Il sale della terra. Cristianesimo e Chiesa cattolica nel XXI secolo. Un colloquio con Peter Seewald*, San Paolo Edizioni, Cinisello Balsamo 2005.

[270] M. Iannaccone, *Transumanismo: il nuovo incubo*, cit.

splendidi, che rendono insidiosissime le acque della navigazione futura».[271] Solo su un punto Iannaccone concorda con i transumanisti: di tutto questo occorre parlare. Da subito.

E, infatti, *Avvenire* non demorde. Il giorno successivo apre le proprie pagine a un editoriale di Lucetta Scaraffia che rincara la dose: «La realizzazione del paradiso in terra viene oggi promessa dalla tecnoscienza: attraverso la conquista dell'immortalità, della felicità perenne, di sanità, bellezza e intelligenza per tutti grazie alle nuove scoperte scientifiche. È questa la nuova utopia che anima gli adepti della "World Transhumanist Association", una utopia altrettanto falsa e pericolosa – anzi, ancora più pericolosa – di quella socialista che è costata tante vite e tanta sofferenza a donne e uomini del secolo scorso».[272] Per Scaraffia, il transumanesimo è ancora più pericolo del socialismo perché, mentre il secondo agiva soltanto sull'organizzazione della società, «questa nuova utopia agisce sull'essenza dell'essere umano, sulla profonda identità di ciascuno, proponendo mutazioni irreversibili e, per molti versi, spaventose».[273]

I toni si fanno addirittura apocalittici. Il comunismo sovietico, che è stato negli anni della guerra fredda il "Male Assoluto" per la Chiesa e per l'Occidente, ha bisogno di un degno erede. Ora che lo spauracchio di Al Qaeda sembra ridimensionato o perlomeno evanescente, ecco che si presenta su un piatto d'argento il transumanesimo che, perlomeno, è rappresentato da filosofi e scienziati in carne ed ossa. Uomini che non mandano misteriosi video o messaggi in codice registrati, come l'ectoplasma di Bin Laden, ma che parlano a conferenze, pubblicano libri e scrivono sui giornali. E poi, attaccare l'integralismo islamico è pericoloso per la Chiesa cattolica, poiché si tratta di un monoteismo fratello, che condivide credenze e profeti con il cristianesimo, nonché le stesse radici culturali giudaiche. Molto meglio accanirsi contro un movimento seco-

---

[271] Ibidem.

[272] L. Scaraffia, *Transumanisti: la nuova utopia dei "mutanti"*, «Avvenire», 12 luglio 2007.

[273] Ibidem.

larizzato e laicissimo che, apparentemente, non ha nulla a che fare col cristianesimo e sembra piuttosto trovare le proprie radici nel superomismo nietzschiano e nel paganesimo greco-romano.

Il nemico non è più sfuggente. Il nemico è reale. Il nemico è spaventoso. Scaraffia sembra addirittura terrorizzata dal fatto che «il corpo viene trattato come un aspirapolvere, la cui efficienza è sempre da migliorare, o come la carrozzeria di un'automobile, da riparare con pezzi di ricambio e da rendere sempre più bella secondo l'ultima moda».[274] Ovviamente, non glielo auguriamo, ma se dovesse perdere un arto o un suo organo vitale dovesse ammalarsi, che farebbe Lucetta Scaraffia? Mai e poi mai procederebbe all'innesto di una protesi o al trapianto dell'organo, perché lei è un essere umano, non una macchina che si ripara sostituendo pezzo a pezzo? Meglio perire, che mutare? Aspettiamo al varco i nemici delle nuove tecnologie, per vedere se sono coerenti con i loro anatemi.

Scaraffia, a differenza dei transumanisti, sembra anche avere delle certezze sulle caratteristiche degli esseri postumani: «Questi uomini nuovi auspicati dai transumani – bellissimi, felici, sani e potenti, e soprattutto immortali – saranno privi di sentimenti e di creatività artistica».[275] Come faccia a saperlo, non è dato di sapere. Forse basa l'affermazione su un'originalissima lettura dei trend evolutivi, per cui gli esemplari di Homo habilis – all'insaputa dei paleoantropologi – erano di gran lunga più creativi sul piano artistico e scientifico di noti esemplari di Homo sapiens come Leonardo Da Vinci, Salvador Dalì, Marcel Proust o Albert Einstein. Il trend dell'evoluzione, al prossimo salto di specie, dovrebbe confermare lo spegnimento della creatività e del sentimento.

Altrettanto polemico un intervento di Adriano Pessina contro «l'eugenetica e il pensiero liberale», apparso sull'*Osservatore Romano*. Nell'articolo, il filosofo dell'Università Cattolica, improvvisato psicologo, sostiene che «spesso il desiderio

---

[274] Ibidem.
[275] Ibidem.

del figlio perfetto è la copertura dette frustrazioni psicologiche e fisiche di chi è insoddisfatto della propria umanità e cerca un surrogato ai propri insuccessi».[276] Lui, invece, è uomo di successo, pienamente soddisfatto della propria condizione umana, appagato dal decadimento fisico e psichico, dalla senescenza e dalla morte corporale. Probabilmente crede nella resurrezione della carne e questo fa di lui una persona equilibrata. Coloro che, invece, non credono nei dogmi della religione e cercano di migliorare la condizione umana con l'uso della ragione, o che semplicemente non vogliono mettere al mondo degli infelici, ma dei figli sani, sarebbero per Pessina dei frustrati, dei falliti.

Naturalmente, vano sarebbe cercare una prova empirica, dati osservativi, uno straccio di statistica a conferma di tale sorprendente generalizzazione. Si potrebbe invocare a scusante di Pessina il fatto che è filosofo e non sociologo, per cui le verità le attinge direttamente dal mondo Iperuranio. Sennonché, oltre all'inadeguatezza scientifica, ossia al mancato rispetto delle più elementari norme del metodo e dell'ethos scientifico, si aggiunge anche la pochezza filosofica. Sembra quasi che Pessina non abbia mai letto la *Repubblica* di Platone o la *Politica* di Aristotele, dove i massimi filosofi dell'Antichità affrontano in modo dettagliato il modo di produrre una prole migliore, più sana, più forte, più intelligente. Non perché fossero frustrati o falliti, ma *per il bene della comunità*. Evidentemente, Pessina non riconosce come importanti il bene dell'individuo o della comunità, e poiché *inventa* (afferma senza dimostrare) la sua curiosa tesi pseudo-psicologica, diventa legittimo chiedersi quali interessi lo spingano a giungere a tale conclusione.

Una prima possibilità è semplicemente che quella tesi *gli piace*, di là dalla sua verità. Una seconda possibile spiegazione è che, in luogo degli interessi dell'individuo e della comunità, l'autore difenda gli interessi della Chiesa cattolica. Per verificare questa seconda ipotesi sarebbe però necessario uno studio empirico dettagliato, al fine di ricostruire gli interessi materiali

---

[276] A. Pessina, *Il miraggio della perfezione*, «Osservatore Romano», 29 maggio 2008.

o psicologici che avrebbe la Chiesa in relazione alla nascita di bambini disabili o deformi, piuttosto che sani. Nell'impossibilità di svolgere la ricerca empirica in questa sede, ci limitiamo a sperare che detta ipotesi sia destituita di ogni fondamento.

Pessina ci dispensa un'altra pillola di saggezza quando avverte che «se si vuole governare seriamente il nostro accresciuto potere tecnologico dobbiamo osare di più in termini di pensiero e uscire dal piano delle metafore per affrontare in termini razionali le questioni ultime dell'esistenza, anche sfidando il dogmatismo antimetafisico e antireligioso che ci impedisce di cogliere la bellezza della stessa finitezza umana, chiamata a perfezioni che resistono al fascino dell'immediato».[277] Il dogmatico ora non è più chi crede ciecamente nei dogmi più inverosimili delle religioni – come ogni dizionario della lingua italiana attesta – ma chi esprime legittimi dubbi verso queste affermazioni indimostrate e indimostrabili. Le ragioni che ispirano questo tentativo di ingarbugliare le carte sono ovvie, ma questi giochi di prestigio con le parole non possono ingannare lettori usi a ragionare secondo logica. Al massimo, Pessina può convertire i convertiti.

Se il dibattito deve essere razionale e comprensibile a tutti, come del resto sostiene lo stesso Pessina, bisogna innanzitutto fare piazza pulita delle tossine metafisiche e religiose che lui vorrebbe resuscitare.[278] Se una norma etica deve risultare con-

---

[277] Ibidem.

[278] L'uso della perentoria espressione "tossine metafisiche" ha indotto qualcuno a pensare che io ritenga filosoficamente insensato ogni postulato metafisico, alla maniera dei neopositivisti, il che sarebbe però in contraddizione con quanto affermo in altre parti di questo libro e in altre mie opere. Urge pertanto un chiarimento di rinforzo. Come si evince dal contesto, io sto parlando dell'*uso* di argomenti metafisici in un dibattito volto a stabilire norme etiche o giuridiche valide *erga omnes*. Se uno iniziasse a dire «Dio è così e vuole che ci comportiamo in questo modo» e l'altro rispondesse «No, Dio è colà e vuole che ci comportiamo in quel modo», il dialogo sarebbe condannato allo stallo. Le credenze metafisiche, che possono essere opportune in altri discorsi, intossicano il dibattito bioetico. Se dobbiamo stabilire che cosa dobbiamo o possiamo fare o non fare, in quanto comunità, dobbiamo ragionare *etsi Deus non daretur*, anche se crediamo nell'esistenza di entità

vincente per tutti – cattolici, ebrei, musulmani, atei, agnostici, buddisti, pagani, ecc. – e non semplicemente trasformata in legge e imposta con la minaccia del carcere, allora deve prescindere da speculazioni metafisiche che variano nelle diverse filosofie e religioni. Questa regola elementare viene riconosciuta valida dagli stessi esponenti del clero, che insistono spesso sulla razionalità delle proprie proposte etiche, di là delle giustificazioni soprannaturali. Pessina sembra invece voler mettere in discussione proprio questa regola. Se così è, se non altro, gli si deve dare atto di un certo coraggio.

Paradossalmente, appaiono più profonde, informate e garbate le analisi degli esponenti delle gerarchie ecclesiastiche – Camillo Ruini e Benedetto XVI in primis – rispetto a quelle dei tanti "laici" che corrono in loro soccorso, scagliandosi contro l'infedele a spada sguainata. Per dirla in una formula, meglio il clero dei clericali.

9.4. *L'apertura del Cardinale*

L'esempio più lampante di apertura al dialogo da parte del clero è un nuovo intervento sul tema delle tecnologie potenzianti e del divenire dell'uomo da parte del cardinale Camillo Ruini. L'intervento si registra durante un seminario dal titolo *La sfida antropologica*, tenutosi a Norcia il 25 ottobre 2009.[279]

Pur mantenendosi su posizioni critiche rispetto alla filosofia transumanista, il più recente discorso di Ruini si è distinto per il rispetto mostrato verso detta dottrina e per la conoscenza approfondita dell'argomento. In particolare, il cardinale è sembrato più attento a presentare la posizione cristiana come *uno dei punti di vista in campo* e non come l'unico possibile di fronte a un abominio da estirpare con ogni mezzo. Ovviamente, Ruini continua a considerare il cristianesimo un punto di vista privilegiato e da privilegiare, ma d'altronde questo è le-

divine.

[279] C. Ruini, *Scienza e tecnica, divenire dell'uomo e cristianesimo*, «L'Occidentale», 25 ottobre 2009.

gittimo e vale per tutti i soggetti culturali, politici e religiosi. Si sposa una dottrina perché si considera migliore.

Sia ben chiaro che l'alto prelato non ha cambiato idea, rispetto al discorso del 2004 sulla questione antropologica. Rifiuta sempre e coerentemente il riduzionismo materialistico e sostiene che solo in apparenza le scienze naturali e le nuove tecnologie informatiche e robotiche dimostrano "scientificamente" la non attendibilità della filosofia dualistica (che vuole l'uomo costituito da due sostanze distinte: anima e corpo). Tuttavia, ora Ruini riconosce la fecondità euristica della metafisica materialistica o naturalistica nello sviluppo delle scienze, affermando che vedere l'uomo come un *oggetto naturale* «è certamente lecito, anzi indispensabile per il progresso scientifico e tecnologico, con i grandi benefici che esso apporta, ad esempio nella cura delle malattie».[280] Ciò che importa, secondo Ruini, è che ci si ricordi che l'uomo è anche *soggetto* e perciò non può essere compreso soltanto da un punto di vista fisico-biologico. Su questo possiamo senz'altro convenire. Siamo i primi ad ammettere che l'uomo deve essere compreso *anche* da un punto di vista storico, filosofico, sociologico. Non siamo, però, così convinti che lo si debba comprendere necessariamente anche da un punto di vista "teologico", ossia postulando il suo essere creatura di un essere soprannaturale.[281] Ma non si può essere d'accordo su tutto.

---

[280] Ibidem.

[281] Chiarisco, a scanso di equivoci, che ritengo perfettamente lecito *credere* che l'uomo sia creatura di un essere soprannaturale. Sto semplicemente dicendo che non possiamo *saperlo*, possiamo soltanto *crederlo*. Sebbene metta in campo anche argomenti razionali, la teologia cattolica parte comunque da postulati indimostrabili che, oggi, non sono più universalmente condivisi. Ciò significa che rappresentare la natura umana mettendo in campo argomenti teologici e non solo empirici (biologici o sociologici) – in un dibattito che coinvolge credenti, non credenti e diversamente credenti – rischia di creare barriere, più che facilitare il dialogo. Per essere ancora più chiaro, io stesso *credo* nell'indimostrabile, ma sono altresì convinto che nel discorso pubblico la fede personale vada maneggiata con discrezione e non come una clava.

D'altro canto, pare difficilmente contestabile l'affermazione del cardinale che «una simile interpretazione [materialistica] ha dei precisi presupposti, anzitutto a livello teoretico, che non hanno alcun rapporto necessario con gli sviluppi delle scienze».[282] È vero, infatti, che sviluppi impetuosi delle scienze tecniche si notano anche laddove il dualismo è molto radicato nella cultura. Si pensi alla crescita tecnologica di paesi asiatici come India, Cina e Giappone, la cui cultura è intrisa di filosofie e religioni dualistiche come l'induismo, il taoismo, il giainismo e il buddismo. Concepire il corpo come strumento intercambiabile e non legato all'identità individuale (secondo il postulato della reincarnazione) potrebbe addirittura facilitare, sul piano strettamente psicologico, la sua radicale trasformazione biotecnologica.[283]

Coerentemente con la propria impostazione cristiana, Ruini mette anche in risalto i limiti dell'approccio evoluzionistico e antimetafisico della scienza contemporanea, rivalutando la visione filosofica classica dell'unicità dell'uomo. Unicità che emerge da specifiche "prestazioni", come l'attitudine ad assumere responsabilità etiche, il rigore e l'efficacia del pensiero logico, la creatività estetica, che potrebbero essere ricondotte al fatto che Dio ha creato l'uomo a propria immagine.

---

[282] C. Ruini, *Scienza e tecnica, divenire dell'uomo e cristianesimo*, cit.

[283] La storia dimostra che le dottrine dualistiche, svalutando il corpo e la materialità, hanno paradossalmente ispirato comportamenti lussuriosi e licenziosi, non meno che comportamenti ascetici. Il paradosso è solo apparente, perché è comprensibile che ci si conceda senza remore morali ciò che si ritiene poco importante – un bicchiere d'acqua come un rapporto sessuale. Un esempio storico è la Gnosi, o Gnosticismo, una tendenza filosofica dell'età imperiale romana che tendeva a leggere il mondo come un campo di battaglia tra due forze cosmiche: il bene (lo spirito, la conoscenza) e il male (il corpo, la vita quotidiana). «Questo rigoroso dualismo etico che escludeva ogni forma di compromesso condusse a una svalutazione della morale corrente e delle forme codificate, considerate inferiori rispetto alla Gnosi, e finì col giustificare *comportamenti eccentrici o socialmente riprovevoli*, come gli eccessi sessuali». U. Nicola, *Atlante illustrato di filosofia*, Demetra, Colognola ai Colli 1999.

Il cardinale sottolinea poi un paradosso. La "fine della metafisica" che caratterizza la filosofia del Novecento ha portato non solo alla negazione di Dio ma anche alla negazione della trascendenza dell'uomo rispetto alla natura. Questo è *paradossalmente* avvenuto in corrispondenza con una maggiore richiesta di libertà individuale dell'uomo, in tutti i campi (politico, religioso, economico, ecc.). Si chiede allora Ruini come ciò sia possibile, dal momento che la trascendenza dell'uomo – la sua somiglianza al Creatore – si pone alla base della sua intelligenza e della sua libertà.

Qui possiamo girare la domanda allo stesso Ruini, facendogli notare che il paradosso vale anche al contrario: com'è possibile che proprio quando la Chiesa cattolica deteneva il potere temporale – in particolare durante il Medioevo (l'Era cristiana *par excellence*!) – pur affermando essa la natura trascendente dell'uomo e la sua somiglianza con Dio, l'uomo era ovunque in catene? Come si spiega lo stato di minorità intellettuale denunciato da Immanuel Kant? Com'è possibile che la rivendicazione del diritto all'istruzione (l'intelligenza) e dei diritti civili e politici (la libertà) siano nati proprio in seno a movimenti postcristiani e talvolta anticristiani, come l'Illuminismo, il Positivismo, il Socialismo, la Rivoluzione Francese, la Rivoluzione Americana, il Risorgimento Italiano?

Materia per gli storici, naturalmente, ma qualche ipotesi può essere formulata anche in questa sede. Forse perché il cristianesimo non ha il monopolio della trascendenza? Ovvero, perché dietro molti dei movimenti sopracitati c'era la massoneria, che comunque fa riferimento a una visione mistica ed esoterica dell'uomo? Oppure, perché l'uomo ha imparato a concepire la propria unicità in termini diversi, vedendo le proprie facoltà come uniche, pur nella loro natura di proprietà emergenti della materia? O addirittura è stata proprio la "naturalizzazione dell'uomo" a liberarne il desiderio di libertà, dato che piante e animali – ove non sono assoggettati dall'uomo – nascono, vivono e muoiono liberi, pur nel periglio del mondo? In quest'ultimo caso, il paradosso sarebbe del tutto risolto, perché sarebbe proprio l'appartenenza dell'uomo alla natura, la sua fedeltà alla Terra, piuttosto che al Cielo, a spingerlo a rivendicare la propria libertà, a porre in primo piano la propria volontà.

Ruini inquadra molto bene la prospettiva transumanista, appresa soprattutto dalla lettura di *Storia e destino* di Aldo Schiavone. Il prelato nota che, se guardiamo al presente e al futuro, piuttosto che al passato, l'accento si sposta di nuovo su ciò che appartiene esclusivamente all'uomo. Fra tutte le creature, solo l'uomo può pianificare razionalmente il proprio destino di specie. Invero, le capacità tecnologiche acquisite dall'uomo «sono giunte ormai ad una fase del loro sviluppo che parrebbe consentire un potenziamento radicale della nostra specie, il suo miglioramento e anche il suo superamento».[284]

Se il propulsore del processo evolutivo risiede ora nell'intelligenza umana e non più nei meccanismi della natura, segue che i ritmi di sviluppo non sono più quelli lentissimi dell'evoluzione naturale, ma quelli rapidissimi degli avanzamenti tecnico-scientifici. Sicché, «proprio quell'intelligenza che viene considerata frutto dell'evoluzione cosmica e poi biologica si sostituirebbe in certo modo alla natura stessa, affermando un suo totale primato e dominio sull'evoluzione futura, il cui esito positivo e non distruttivo resta affidato, in ultima analisi, soltanto a un uso corretto e ragionevole della nostra libertà».[285]

Alla luce di quanto è stato scritto in precedenza da *Avvenire* e *dall'Osservatore Romano*, stupisce soprattutto il seguente giudizio:

> Rimane vero che è incominciata, con l'applicazione all'uomo delle biotecnologie e con tutti gli altri sviluppi tecnologici connessi, una fase nuova della nostra esistenza nel mondo, della quale siamo solo agli inizi e che appare destinata ad accelerarsi e a produrre effetti estremamente rilevanti e potenzialmente pervasivi di ogni dimensione della no-

---

[284] C. Ruini, *Scienza e tecnica, divenire dell'uomo e cristianesimo*, cit.
[285] Ibidem.

stra umanità, effetti che oggi è ben difficile, per non dire impossibile, prevedere nei loro concreti esiti e sviluppi. È ugualmente vero che questa nuova fase non appare arrestabile: di più, essa, per quanto impegnativa e carica di rischi, va sinceramente favorita e promossa, perché rappresenta uno sviluppo di quelle potenzialità che sono intrinseche all'uomo, creato a immagine di Dio.[286]

Insomma, la Chiesa cattolica non intenderebbe semplicemente mettersi di traverso, tirare il freno, farsi *katéchon* o ciò che trattiene, vietare, ostacolare il processo di trasformazione umana – come ha lasciato intendere finora. Anzi, a certe condizioni, addirittura approverebbe il tentativo dell'uomo di trascendere se stesso attraverso la tecnica!

Parole sorprendenti, anche se, a ben guardare, non è il caso di abbandonarsi a facili entusiasmi. Sono proprio le condizioni poste dal cardinale che invitano alla cautela. Innanzitutto, Ruini sostiene che a guidare l'intero processo deve essere un'etica "forte". Ovviamente si riferisce a quella cristiana, ritenendo probabilmente "debole" quella che scaturisce dalle rivoluzioni liberali, giacché lascia un ampio margine di scelta ai singoli individui. Un'etica può essere forte per varie ragioni. Idealmente, un'etica è forte quando è sentita e praticata di là di ogni coercizione, quando è radicata nel cuore della quasi totalità degli uomini. Sappiamo però che non è facile trovare norme etiche forti in questo senso. Il solo fatto che Ruini senta la necessità di porre esplicitamente questa condizione dimostra che i cuori del popolo non lo rassicurano più di tanto. Un'etica può essere forte anche perché è sostenuta da un imponente apparato coercitivo e propagandistico, come quello edificato dai regimi fascisti e comunisti (ma anche quello "democratico" non è certo da meno). Infine – e forse è a questo che Ruini pensa in primo luogo – un'etica è forte quando gli uomini riconoscono che essa scaturisce direttamente dalla volontà di Dio e non dalla volontà dell'uomo.

---

[286] Ibidem.

Proprio questa condizione della forza dell'etica (e della bioetica) chiarisce che non siamo di fronte ad alcuna inversione di rotta. Le persone inclini ad accettare solo un'etica debole (libertaria) respingono a priori l'idea che si possa limitare la libertà di un uomo, nel caso in cui la sua azione non rechi danno ad altri esseri umani. Mentre chi è propenso ad accettare l'idea di un'etica forte, accetta l'imposizione solo a patto che a trionfare sia la *sua* etica: quella del *suo* partito, della *sua* chiesa, del *suo* dio, dei *suoi* dei. E siamo punto a capo.

Poiché non si può obbligare un uomo a credere a entità soprannaturali produttrici di etica forte, è evidente che l'unico modo per uniformare i comportamenti in presenza di opinioni diverse è la coercizione violenta. È quella che abbiamo già visto in azione quando alcune indicazioni dei comitati di bioetica di orientamento cristiano (in materia di fecondazione artificiale, clonazione terapeutica, eutanasia, eugenetica positiva, cellule staminali, contraccezione, ecc.) sono state trasformate in leggi dello Stato.

Diventa ancora più evidente che la condizione posta da Ruini è difficilmente in sintonia con il sentire dei transumanisti, quando la si analizza sul piano sostanziale. Per quanto riguarda i mezzi, la *nuova fase della nostra esistenza nel mondo* non può, infatti, affidarsi a fecondazione eterologa, clonazione terapeutica, staminali embrionali, modifica della linea germinale umana e altre biotecnologie messe al bando dalla bioetica cattolica. In mancanza di una parola esplicita, non possiamo infatti supporre che la Chiesa cattolica abbia cambiato posizione in questa materia. È vero però che, anche al di fuori di questi casi specifici che toccano l'embrione, c'è abbastanza tecnologia presente e futura per trasformare radicalmente il genotipo e il fenotipo umano.

Dunque, torniamo alla domanda iniziale: dobbiamo capire che va bene il potenziamento umano, purché non si tocchi l'embrione? A dire il vero, anche sul piano delle finalità il discorso di Ruini risulta piuttosto criptico. Dopo aver affermato che «la nuova fase va favorita e promossa», i due esempi laici da egli indicati come punti di riferimento per l'etica forte sono la quintessenza dell'anti-transumanesimo. Innanzitutto, il cardinale segnala una considerazione del filosofo francese Jean-Michel Besnier, contenuta in un'intervista ad *Avvenire* del 1° ottobre 2009: «È necessaria una massiccia presa di coscienza da parte della popolazione. Il fascino per le tecniche è il rovescio della medaglia di una disistima di sé e dell'umanità. Non si sopportano più la vecchiaia, la malattia e la morte, e tantomeno la casualità della nascita. Riconciliarci con la nostra finitudine, accettare le nostre debolezze… è il prerequisito per salvare l'umanità. In questo, le odierne filosofie, le spiritualità e le religioni hanno un ruolo da svolgere».[287]

Ruini giudica quest'osservazione «assai perspicace». Ma se la scelta etica giusta è accettare la vecchiaia, la malattia, la morte, la nostra finitudine, le nostre debolezze… a che serve procedere al potenziamento dell'uomo per via biotecnologica? Questa scelta sarebbe la pura e semplice negazione del transumanesimo. Non a caso, lo scopo di Bestier è *salvare l'umanità*, non superarla sul piano evolutivo.

Ancora più lampante il secondo esempio, giacché il pilastro dell'etica forte indicato da Ruini è, di nuovo, nientemeno che Francis Fukuyama, nemico pubblico numero uno del transumanesimo. Dice il prelato: «Vorrei ricordare in proposito un libro dello studioso americano Francis Fukuyama, *L'uomo oltre l'uomo. Le conseguenze della rivoluzione biotecnologica*, pubblicato in italiano da Mondadori nel 2002, che, partendo da presupposti culturali molto diversi dai miei, si impegna con grande serietà a indicare le vie per preservare anche nel futuro ciò che è essenziale per la nostra umanità».[288] Il problema è che Fukuyama indica proprio nella morte, nell'invecchiamento, nella malattia, nella debolezza, ecc., ciò che è essenziale per la nostra umanità. E indica il transumanesimo come l'idea più pericolosa del mondo, proprio perché lancia una sfida alla presunta essenza dell'uomo. Dunque, che vuole dire Ruini quando

---

[287] Ibidem.
[288] Ibidem.

afferma che il «vero umanesimo» è di matrice cristiana e «non può non essere aperto e sollecito nei confronti del progresso scientifico e tecnologico»?[289]

Probabilmente, ci sta dicendo che il transumanesimo non è vero umanesimo, perché intende superare e non salvare l'umanità, ma la Chiesa non è necessariamente contro la scienza e la tecnologia, se esse non vanno a intaccare l'essenza dell'uomo. Questa posizione è d'altronde già stata espressa da Paolo VI e da Giovanni Paolo II. Non siamo più ai tempi del Sillabo.

In definitiva, nulla di nuovo sotto il sole, ma il nuovo discorso di Ruini va almeno apprezzato per i toni pacati e la conoscenza approfondita della questione.

---

[289] Ibidem.

10. Le speranze minime di Paolo Rossi

> *La speranza che nutre il Transuma-*
> *nesimo è quella di trasformare radi-*
> *calmente la situazione umana, dando*
> *vita ad esseri che abbiano capacità*
> *più grandi e più estese di quelle che*
> *caratterizzano gli umani del presen-*
> *te. Lo scopo dichiarato è quello di*
> *«andare al di là nei nostri attuali li-*
> *miti biologici». Facendo ricorso alla*
> *medicina e alla tecnologia. Lo scim-*
> *panzé non ha gli strumenti cognitivi*
> *necessari a capire che cosa vuol dire*
> *essere un umano: allo stesso modo*
> *noi uomini possiamo essere privi*
> *della capacità di formarci una reali-*
> *stica comprensione di ciò che vuol*
> *dire essere un Transumano. Rispetto*
> *al quale, come chiaramente si evince*
> *dal contesto, siamo al livello di uno*
> *scimpanzé.*
>
> PAOLO ROSSI

A proposito di speranze e transumanesimo, ha voluto esprimere la propria autorevole opinione anche il filosofo Paolo Rossi. Nel novembre del 2008 ha dato alle stampe un volumetto intitolato appunto *Speranze*,[290] diviso in tre capitoli. Nel primo, intitolato *Senza speranze*, Rossi critica i catastrofisti e gli apocalittici, mettendo in luce il fallimento delle loro pessimistiche profezie e dunque l'infondatezza del loro sentimento antioccidentale o antimoderno.

10.1. Contro gli apocalittici

La prima vittima è Piero Ottone, giornalista di grido che si abbandona volentieri alla filosofia. Rossi gli rimprovera il cata-

---

[290] P. Rossi, *Speranze*, Il Mulino, Bologna 2008.

strofismo che caratterizza *Il tramonto della nostra civiltà*,[291] volume largamente ispirato al più noto *Il tramonto dell'Occidente* di Oswald Spengler del 1918, nonché più recenti articoli pubblicati su *la Repubblica*,[292] in cui Ottone aggiorna in toni ancora meno rilassati le stesse pessimistiche previsioni. Rossi riconosce la ragionevolezza di alcune preoccupazioni (calo demografico e declino dell'Occidente, crescita delle civiltà extra-europee), ma si chiede se il riferimento a Spengler e alle leggi della storia sia davvero necessario.

Ancora più critico si mostra nei confronti dell'ingegnere Roberto Vacca, autore di un noto testo futurologico, *Il Medioevo prossimo venturo*,[293] in cui si prospetta la fine a breve della nostra civiltà. Previsione clamorosamente sbagliata, nonostante l'autore vesta l'abito dello scienziato serio e spassionato. Qui, Rossi sembra rilevare che la sicumera con cui vengono fatte queste previsioni sugli sviluppi della società stride col fatto che gli autori sono raramente specialisti, ovvero scienziati sociali. A parlare di società e futuro sono giornalisti e ingegneri.

Vacca era talmente convinto della correttezza delle sue analisi di scenario che aveva anche progettato, con minuzia di particolari, gruppi clandestini pronti a darsi come missione la preservazione della cultura tecnico-scientifica. Come i monaci amanuensi del Medioevo, questi eroi civili avrebbero un giorno consentito il Nuovo Rinascimento. Rossi è duro: «Anche per chi, come il sottoscritto, ha letto con passione molta fantascienza, qui c'è davvero poco da divertirsi. Perché, a differenza di quegli autori, Roberto Vacca fantastica con sussiego e scrive in uno stile piatto. Racconta le sue favolette con l'aria, signorilmente distaccata, di uno che "dice cose serie", perché "sta facendo scienza"».[294]

---

[291] P. Ottone, *Il tramonto della nostra civiltà*, Mondadori, Milano 1994.

[292] Per esempio: P. Ottone, *L'Occidente*, «la Repubblica», 5 aprile 2008.

[293] R. Vacca, *Il Medioevo prossimo* venturo, Mondadori, Milano 1971.

[294] P. Rossi, *Speranze*, cit., p. 25.

In effetti, l'analisi di scenario di Vacca ricorda molto le vicende dello psicostoriografo Hari Seldon e della sua fondazione, nella celebre trilogia galattica (*Cronache della Galassia, Il crollo della galassia centrale, L'altra faccia della spirale*) di Isaac Asimov – il ciclo fantascientifico più famoso e più venduto nel mondo.

Quello che Rossi non dice è che Vacca rivolge le stesse accuse d'ingenuità e speculazione fantascientifica nei confronti del guru transumanista Ray Kurzweil. Così lo stronca senza appello: «Questa visione fantascientifica mostra che anche gli esperti sono talora ingenui. Infatti la complessità estrema implica problemi critici. L'impiego di software difettoso può causare disastri. La complessità che si riproduce da sola può condurre a errori imprevedibili. Se le macchine superassero di più ordini di grandezza la complessità del cervello umano, dovremmo temere le nevrosi o psicosi che potrebbero affliggerli».[295] Sembra un luogo comune tra i futurologi: chi è d'accordo con me fa scienza, chi non è d'accordo fa fantascienza.

Di seguito, Rossi critica il *Rapporto* sui limiti dello sviluppo, pubblicato nel 1972 dal Massachusetts Institute of Technology per conto del Club di Roma, poi tradotto e pubblicato da Est Mondadori con una prefazione di Aurelio Peccei.[296] Molte delle previsioni proposte da quegli illustri scienziati – per i quali saremmo dovuti rimanere senza petrolio nel 1992, senza mercurio e argento nel 1985, senza stagno nel 1987, senza zinco nel 1990, senza metano nel 1994, senza alluminio nel 2003 – si rivelano clamorosamente errate. Ciononostante, hanno un enorme influsso sulle politiche economiche dei governi e le elaborazioni teoriche di filosofi e scienziati, negli anni settanta e ottanta.

---

[295] R. Vacca, *I limiti del tecnosviluppo*, «Il Sole 24 Ore» (Nòva), 2 febbraio 2006.

[296] D. H. Meadows, D. L. Meadows, J. Randers, W. W. Behrens III, *I limiti dello sviluppo. Rapporto del System Dynamics Group Massachusetts Institute of Technology (MIT) per il progetto del Club di Roma sui dilemmi dell'umanità*, Mondadori, Milano 1972.

Sfidando il politicamente corretto, Rossi si chiede se anche tutte le apocalittiche previsioni sul riscaldamento globale, l'effetto serra e soprattutto l'ipotesi dell'origine antropica di detto fenomeno possano essere l'ennesima bufala. Magari a scopo di lucro, se si considera che la tesi è sostenuta dai soli meteorologi e la meteorologia non è una scienza esatta. In fondo, la Groenlandia era una terra verde, come lo stesso nome dell'isola ricorda, quando fu colonizzata dai Vichinghi tra il 985 e il 1300, mentre il Basso medioevo fu caratterizzato da una piccola era glaciale, coincidente con una grande carestia, e ancora nel Rinascimento tornò un periodo caldo. Non furono le emissioni delle ancora non esistenti società industriali a provocare questi mutamenti climatici.

La discussione di quest'argomento ci porterebbe troppo lontano.[297] Qui, ci limitiamo a riportare un commento di Rossi che ci servirà più avanti. Rischiando di attirarsi l'accusa di negazionismo climatico, lo storico nota che il Protocollo di Kyoto era meno perentorio nello stabilire il legame tra surriscaldamento della crosta terrestre e attività umane, rispetto a tutti gli articoli giornalistici apparsi dopo sul tema. In questi articoli scompaiono «tutte le affermazioni sfumate e tutte le dichiarazioni di incertezza».[298] Interessi, malafede, incompetenza possono essere alla base di questo travisamento di significato. Parole sagge. Sennonché, Rossi fa esattamente quello che predica di non fare. Lo vedremo tra poco.

10.2. *Contro il superomismo utopico*

Nel secondo capitolo dedica la propria attenzione alle *Speranze smisurate*, dove «si parla degli immaginari paradisi collocati in un altrove geografico, delle aspettazioni eccessive, del mito dell'uomo nuovo, dell'utopismo come ideologia diffusa, della

---

[297] Ho affrontato la questione successivamente in: R. Campa, *The Sociology of Global Warming: A Scientometric Look*, «Studia Humana», Volume 10, Issue 1, 2021, pp. 1-17.

[298] P. Rossi, *Speranze*, cit., p. 29.

recente crescita di un aggressivo Superumanesimo».[299] Proprio in questo capitolo, l'autore colloca il transumanesimo, in cattiva compagnia, a fianco a fianco con il comunismo sovietico e il nazionalsocialismo. Anzi, si ha quasi l'impressione che il transumanesimo sia visto come erede e sintesi delle grandi ideologie totalitarie del XX secolo.

L'autore espone dapprima le smisurate speranze del marxismo. Guarda sconsolato e incredulo al paradiso in terra annunciato nella formula: «Da ciascuno secondo le sue capacità, a ciascuno secondo i suoi bisogni». Vede l'origine di tutti i mali del comunismo nella credenza che la storia sia guidata da leggi bronzee e che Karl Marx, il Galileo delle scienze storiche e sociali, le abbia individuate con certezza. La sicumera, l'assenza di dubbi, la nettezza delle posizioni è all'origine del male.

Nel *Manifesto dei comunisti*, Marx sottolinea che la lotta di classe non è una teoria, un principio, ma un fatto storico, perciò l'azione politica comunista non fa che realizzare fatti in linea con le leggi della storia. E qui sarebbe nascosto il germe della violenza "futurologica", secondo Rossi. Infatti, Stalin vede tutte le sue politiche giustificate dal fatto che «la vita sociale e lo sviluppo della società sono pure conoscibili e che i dati della scienza sulle leggi di sviluppo della società sono dati validi, che hanno il valore di verità oggettive».[300] Lo stesso problema si riscontra nella Cina maoista, durante la rivoluzione culturale. Persiste, insomma, l'idea che sia possibile trovare la Soluzione Definitiva dei problemi del genere umano, grazie alla scienza.

Poi Rossi passa ad analizzare l'altra ideologia totalitaria del Novecento: il nazionalsocialismo. Cita Benedetto XIV e la sua definizione del nazismo come «un regime infausto che pensava di possedere tutte le risposte», un «mostro» che gli aveva rovinato la giovinezza.[301] Qui, l'autore non si risparmia una frecciatina al Pontefice, ricordandogli che anche la Chiesa cattolica

---

[299] Ivi, p. 9.
[300] Ivi, pp. 57-58.
[301] Ivi, p. 63.

si mostra convinta di possedere tutte le risposte. Perché mai qualcosa che è male in politica sarebbe bene in materia religiosa?

Muovendosi tra citazioni di Adolf Hitler tratte dal *Mein Kampf*, di Joseph Goebbels tratte da *Das Reich* e di Heinrich Himmler distillate dal suo "discorso segreto", pronunciato a Poznań nel 1943, Rossi arriva a sostenere che alla base dello sterminio nazista non c'è solo sadismo, ma anche «la pretesa di conoscere la logica profonda della storia, il suo senso».[302] È questa pretesa che fa vedere nemici inesistenti e che spinge alla eradicazione violenta degli ostacoli. «Ogni regime totalitario si attribuisce una Missione di Salvezza e ha di fronte un mortale Nemico».[303]

Rossi potrebbe avere anche ragione, ma l'ultima affermazione sembra calzare a pennello anche per certe democrazie, se solo si guarda ai proclami manichei di molti presidenti statunitensi, da un secolo a questa parte, che mettono tutto il bene da una parte e tutto il male dall'altra e Dio, invariabilmente dalla parte del bene, ossia degli Stati Uniti d'America. Ma, sottolineando questo dettaglio, si corre il rischio di essere immediatamente tacciati di antioccidentalismo o antimodernità.

Si arriva così al transumanesimo. Rossi lo fa sorgere per emanazione dal socialismo sovietico. Cita il superomismo propagandato dalle teorie di Lunačarskij, Trotzkij, Rozkov e Bogdanov. Ricorda che negli ambienti rivoluzionari bolscevichi era diffusa l'idea che la scienza avrebbe potuto sconfiggere anche la morte. Riporta, a proposito, una frase dello scrittore Andrei Platonov tratta dal romanzo *Kotlovan*: «Il marxismo può fare tutto. Perché credi che Lenin giaccia a Mosca perfettamente intatto? Attende la scienza, vuole risorgere dai morti».[304]

Il legame genetico con il comunismo sovietico è stabilito sulla base del fatto che «personaggi come quelli ora ricordati

---

[302] Ivi, p. 67.
[303] Ibidem.
[304] Ivi, p.71.

vengono citati come antenati o precursori del Transumanesimo».[305] Non si può, in effetti, negare che su diversi siti transumanisti compaiano articoli che riconoscono molti pensatori socialisti e comunisti come antesignani o fondatori del transumanesimo. Vi si trovano davvero gli ideologi del bolscevismo Aleksandr Bogdanov e Anatolij Lunačarskij, influenzati a loro volta dal filosofo N. F. Fedorov, fondatore del supramoralismo e del cosmismo russo; il rivoluzionario bolscevico Leon Trotskij, fautore esplicito del superuomo tecnologico, il genetista inglese J. B. S. Haldane, che pur essendo di origini aristocratiche aderì al comunismo e scrisse articoli sul *Communist Daily Worker*, lo scienziato irlandese J. D. Bernal, membro del *Communist Party of Great Britain* e grande ammiratore dell'URSS di Joseph Stalin, nonché il socialista fabiano Julian Huxley – inventore del termine "transumanesimo" – anch'egli grande ammiratore dell'economia di piano sovietica, nonché presidente della *British Eugenics Society*, primo direttore dell'Unesco e fondatore del WWF.

Tuttavia, per amor di precisione, va detto che i transumanisti contemporanei individuano precursori in diverse aree ideologiche, non soltanto in quella socialista. Alcuni guardano a destra e si riconoscono nelle parole di Friedrich Nietzsche e Filippo Tommaso Marinetti. Altri guardano al pensiero liberale e illuminista e si rifanno a Nicolas de Condorcet, Jean Baptiste Le Rond D'Alambert e Denis Diderot. Altri ancora trovano ispirazione nel positivismo e, in particolare, nelle idee di John Stuart Mill. Infine, c'è chi va ancora più indietro nel tempo e si ispira alla *Nuova Atlantide* di Francesco Bacone, trovando le proprie radici innanzitutto nella rivoluzione scientifica. Ma tutto questo Rossi non lo vede o non lo vuole vedere – forse perché non vuole ammettere che anche il suo "amato" Bacone era un transumanista ante litteram.

Rossi cita poi alcuni miei scritti. In particolare, il *Manifesto dei transumanisti italiani*,[306] anche se sorge il dubbio che non

---

[305] Ibidem.

[306] R. Campa, *Manifesto dei transumanisti italiani,* in Id. (a cura di), *Di-*

lo abbia letto con attenzione. Innanzitutto, mi mette nella scia dei sopra menzionati esponenti del socialismo bolscevico, sottolineando che ho pubblicato i miei primi articoli su *Movimento Operaio* (sic!). In realtà, ho scritto su *MondOperaio*, rivista socialista fondata da Pietro Nenni, che ha poco a che fare con il socialismo reale e molto con il socialismo libertario[307]. Chiarito questo, è pur vero che a me non viene l'orticaria se vedo una bandiera rossa. Piuttosto, trovo più incongruo il fatto che Rossi mi presenti come l'ennesimo profeta senza dubbi, affermando che nutro «salde convinzioni sulle possibilità di estrapolare dati dal presente».[308]

In realtà, i miei articoli o le mie dichiarazioni sono ricche di espressioni dubitative.[309] Rossi si premura di citare le mie frasi, tagliando le premesse dubitative, e facendole così apparire come profezie. Per esempio, in un'intervista apparsa su *Il Sole 24 Ore,* affermo quanto segue: «Io credo che la tecnologia dell'*uploading*, se mai diverrà una realtà, non potrà essere elitaria, se non per un brevissimo periodo».[310] E proseguo poi con speculazioni futurologiche su detta tecnologia, riportate in *Speranze*. Il professor Rossi rimarca ancora una volta che mi esprimo «con decisione», ma solo dopo avere accuratamente cancellato dalla citazione la frase: «se mai diverrà una realtà». Certo, era difficile inserire la citazione completa senza rovinare il senso complessivo del discorso.

---

venire. Rassegna di studi interdisciplinari sulla tecnica e il postumano, Volume 2, Sestante Edizioni, Bergamo 2009. Lo scritto è stato ripubblicato integralmente in questo volume, come capitolo dodicesimo.

[307] Cfr. P. Nenni, *Socialista libertario giacobino. Diari 1973-1979*, a cura di P. Franchi e M. V. Tomassi, Marsilio, Venezia 2016.

[308] P. Rossi, *Speranze*, cit., p. 74.

[309] Chiunque può verificarlo, oltre che in questo stesso volume, prendendo visione delle numerose interviste che ho rilasciato alla stampa e che sono state raccolte nel volume *Il Transumanismo. Cronaca di una rivoluzione annunciata*, a cura dell'Associazione Italiana Transumanisti, Lampi di Stampa, Milano 2008; oppure online nella rassegna stampa del sito transumanisti.it.

[310] Cfr. B. Davidson, *Fuori di testa*, «Il Sole 24 Ore» (Ventiquattro), 1 dicembre 2006.

Sarà stata una svista. Però, anche nel citato *Manifesto*, ribadisco che «per noi, il confine tra scienza e fantascienza è ben definito. Un conto sono le teorie scientifiche, un conto ben diverso sono le speculazioni futurologiche. Questi due ambiti hanno funzioni diverse. La ricerca serve a elaborare, arricchire e approfondire la concezione scientifica del mondo, mentre la futurologia (che scienza non è, perché si occupa di futurabilia, ovvero di fatti ed enti magari possibili, ma non ancora esistenti) ha piuttosto la funzione di esplorare possibili sviluppi futuri delle attività presenti. Senza certezza alcuna, senza fideismi».[311]

Prendere atto di questo avrebbe definitivamente rovinato il piano del libro. Non stupisce allora che, quando si è trovato in mano il *Manifesto dei transumanisti italiani*, Rossi abbia chiuso non solo un occhio, ma tutti e due.

L'autore non manca di manifestare stupore per il fatto che «in Italia i temi del Transumanesimo hanno lasciato del tutto indifferenti gli studiosi e i seguaci di Nietzsche nonché i filosofi variamente interessati al tema dell'*oltreuomo*».[312] Su questo ha ragione. Critica anche Aldo Schiavone perché, pur sostenendo le stesse idee dei transumanisti, non cita nemmeno un'opera riconducibile a questa corrente di pensiero.[313] Esistono anche le scoperte indipendenti e non si deve necessariamente pensare al plagio. Ma Rossi rileva che sono usciti almeno sessanta articoli sulla stampa nazionale, senza contare i libri e i

---

[311] R. Campa, *Manifesto dei transumanisti italiani,* cit., pp. 96-97.

[312] P. Rossi, *Speranze*, op. cit., p. 74.

[313] Così si esprime Rossi: «Schiavone parla delle prospettive "fantascientifiche" della scienza e della tecnica, ma non tiene minimamente conto (oppure non intende tener conto) della proliferante letteratura fin qui considerata. Fatta eccezione per il già citato libro di Roberto marchesini, che giudica "pionieristico", non parla né dei Transumanisti né degli Ectopici (sic), né delle presenze dei temi del Transumanesimo nella cultura della Destra e della Sinistra. Sembra non rendersi conto che uno scontro (dai toni aspri) è già iniziato e definisce il suo saggio come "il manifesto di un nuovo umanesimo". Ma il termine *Umanesimo*, all'interno di un contesto che fa riferimento al Transumanesimo, non perde quasi per intero il suo significato?». Ivi, p. 78-79. Cfr. anche A. Schiavone, *Storia e destino*, Einaudi, Torino 2007.

documenti online. Possibile che l'autore di *Storia e destino* non sia mai incappato in alcuno di questi scritti? Il lavoro di Schiavone è perlomeno incompleto sul piano delle fonti. E anche su questo Rossi ha ragione.

Lo storico menziona poi il dibattito attorno al libro di Roberto Marchesini *Posthuman. Verso nuovi modelli di esistenza*,[314] nonché il botta e risposta tra me e Marcello Veneziani su *Libero*.[315] Infine, rimarca il fatto che ora esiste anche una corrente transumanista di destra e, dunque, un conflitto ideologico all'interno del movimento.

Scrive Rossi: «Su Internet è presente una quantità imponente di materiale. Sui temi convergono esponenti della Destra e della Sinistra anche se, in più di un caso, la polemica si fa rovente. Campa scrive i suoi primi articoli su "Movimento Operaio" e definisce il Transumanesimo "una dottrina filosofica appartenente alla famiglia delle ideologie progressiste". Ma Stefano Vaj, in *Biopolitica. Il Nuovo Paradigma* si dichiara vicino all'eugenetica, il suo libro viene qualificato neonazista e viene recensito e intervistato su "La Padania". Adriano Scianca collabora al quotidiano di Alleanza Nazionale. Teorizza una battaglia identitaria, un Fronte dell'Essere "contro il non essere della omogeneizzazione, dello sradicamento, della dissoluzione nella mefitica brodaglia occidentale", vuole istituire un progetto storico e "la messa in forma di una comunità di destino"».[316]

È assolutamente vero quanto dice l'autore sul fatto che esistano transumanisti di diversa provenienza ideologica. È falso però che il conflitto segua la tradizionale linea Destra/Sinistra. Mi sento anzi di poter dire che non c'è affatto un conflitto tra la componente "di sinistra", della quale io sono forse l'esponente più conosciuto, e quella "di destra" che secondo

---

[314] R. Marchesini, *Posthuman. Verso nuovi modelli di esistenza*, Bollati Boringhieri, Torino 2002.

[315] Cfr. Associazione Italiana Transumanisti (a cura di), *Il transumanismo. Cronaca di una rivoluzione annunciata*, Lampi di Stampa, Milano 2008, pp. 53-59.

[316] P. Rossi, *Speranze*, cit., pp. 76-77.

Rossi sarebbe rappresentata dalle idee di Stefano Vaj e Adriano Scianca,[317] i quali – sia detto a chiare lettere – rifiutano e considerano squalificante ogni etichettatura "neonazista" o "neofascista" (e anche lo stesso termine di "destra"). Tanto più che, se è vero che Scianca scrive sul quotidiano ex-missino, Vaj oggi è per lo più oggi ospitato da stampa leghista o dell'area della cosiddetta "sinistra nazionale", mentre neonazista lo considerano solo alcuni "critici" di orientamento neoconservatore ossessionati da presunti complotti "rosso-bruno-islamo-sovrumanisti".

Il movimento transumanista italiano è impegnato a trovare una sintesi più alta, tesa a superare certe divisioni e steccati novecenteschi, secondo le modalità enunciate nel Manifesto. Genera polemiche chi non vuole accettare la logica della sintesi. Ossia, chi antepone la propria identità pregressa a quella transumanista. Ma queste controversie non toccano i quadri dirigenti. Toccano soltanto, e sporadicamente, elementi della base.

Molte forze politiche italiane si trovano ora in una fase di transizione, trasformazione, trapasso. In particolare, la destra e la sinistra tradizionali, figlie del fascismo e del comunismo, sono ormai in frantumi. Molti cittadini, rimasti senza punti di riferimento, cercano l'approdo a nuovi movimenti e partiti. C'è una componente post-missina che non vede di buon occhio l'idea di morire democristiana – come l'ingresso di AN nel PDL (e dunque nel PPE) fa presagire. Allo stesso tempo vuole liberarsi del fardello del passato, del fascismo storico, mantenendo però ferme alcune idee. Uno di questi frammenti è impegnato nella rielaborazione di un'ideologia laica, sovrumanista e futurista, e vede la possibilità di rigenerarsi all'interno del movimento transumanista. Simili processi si osservano a sinistra.

---

[317] Cfr. S. Vaj, *Biopolitica. Il nuovo paradigma*, SEB, Milano 2005; S. Vaj, *Dove va la biopolitica?*, a cura di A. Scianca, Settimo Sigillo, Roma 2008.

In queste fasi di transizione, ognuno prende qualcosa delle proprie radici e lascia qualcos'altro. Della propria eredità, Alemanno, Gasparri e Mantovano (o Borghezio nel suo rispettivo ambiente) hanno scelto il conservatorismo clericale, Vaj e Scianca hanno invece preferito il sovrumanismo laico, di matrice nietzschiana e marinettiana.

C'è anche chi, fra i transumanisti, cerca di tenersi lontano da posizioni radicali di varia natura (laiciste, comuniste, nazionaliste, anarco-capitaliste, ecc.) sperando di rendere così l'evoluzione autodiretta appetibile al cittadino comune. Questa prospettiva "perbenista" pare però scordare che il transumanesimo è criticato da Paolo Rossi, dal Vaticano, da Giuliano Ferrara, da Marcello Veneziani, da Pietro Barcellona e da altri avversari *soprattutto per quello che è* – a prescindere dalle idee politiche dei suoi attuali esponenti. Infatti, Rossi riconosce che Nick Bostrom si muove «nel solco del politicamente corretto», ma questo non lo salva per nulla dall'accusa di propagandare «speranze smisurate». Alla fine è l'idea stessa di alterare la natura umana che è ritenuta abominevole e pericolosa, per cui farlo in una cornice di dichiarazioni moderate e rassicuranti non cambia di molto la situazione. Anzi, rischia di creare un'immagine ipocrita del movimento.

10.3. Le speranze a-scientifiche di Rossi

Quando si guarda al terzo capitolo, *Ragionevoli speranze*, si scopre che Rossi spera nella riduzione della mortalità infantile e della violenza sui bambini nei paesi del Terzo Mondo, nella pace duratura tra gli Stati grazie a un processo di graduale rinuncia alla sovranità nazionale, nel consolidamento dell'Unione Europea, nella crescita della prosperità o diminuzione della povertà nel mondo, nella diffusione a livello globale della democrazia, nella lotta per i diritti delle donne (e contro le mutilazioni femminili) in Africa.

Speranze nobili. Tuttavia, si deve notare che nessuna di queste speranze o proiezioni future è legata a *nuove* scoperte scientifiche o tecnologiche. Rossi avrebbe potuto scrivere le stesse cose cinquant'anni fa. E, non a caso, per sostenere le sue speranze, cita Immanuel Kant, Giacomo Leopardi e Sigmund Freud, per dire: grandi pensatori, ma del passato remoto. Questo è tanto più sorprendente se si pensa che Rossi è uno storico della scienza! Possibile che non si aspetti più nulla dall'ingegno umano? Riconosce che il super-topo è una realtà[318] e quindi che il super-uomo è solo una questione di volontà e di tempo. Chiarito che Rossi non ritiene questi esperimenti eticamente accettabili, possibile che non *preveda* che queste tecnologie *ora esistenti* avranno giocoforza un impatto sul futuro? No. Dopo la constatazione della realtà, cala il sipario e si torna a pensare all'antica. Forse il nostro storico s'illude che tutti considereranno l'eugenetica liberale eticamente inaccettabile, per i secoli dei secoli a venire, rinunciando ai suoi frutti positivi per timore delle insidie. Ma se c'è una smisurata speranza è proprio questa.

Come sottolinea il già citato Vaj, in realtà, Rossi spera nella stasi, nella fine della storia, proprio come Fukuyama.[319] Tanto che, per esemplificare una speranza che non scade nell'utopia e non si nutre di violente filosofie della storia – dunque ancora ragionevole e moralmente accettabile –, Rossi indica nientemeno che il comprarsi una casa attivando un mutuo.[320] Insomma, la ricetta che propone è: vivere tranquilli e sereni, nella mediocrità più assoluta, in attesa della morte.

Considerando che Rossi appartiene al partito pro-scienza, ha evidentemente sprecato l'*assist* che gli hanno fatto gli "smisurati". In fondo le posizioni oltranziste, come quella transumanista, servono anche a questo: dare la possibilità ai progressisti moderati di negoziare al rialzo con i conservatori. Per analogia, se non esistesse una frangia di secessionisti radicali, gli autonomisti non potrebbero giammai ottenere il federalismo dai centralisti. O, analogamente, se non esistesse un'aguerrita

---

[318] Ivi, p. 90.

[319] S. Vaj, *Speranze di stasi. Risposta all'ultimo saggio di Paolo Rossi*, «H+ Webzine», 23 marzo 2009.

[320] P. Rossi, *Speranze*, cit., p. 8.

estrema sinistra pronta a socializzare i mezzi di produzione, i socialdemocratici non potrebbero ottenere dai capitalisti migliori salari e condizioni di lavoro per gli operai. Le ragionevoli speranze hanno bisogno delle smisurate speranze, per mettere all'angolo i senza speranze.

10.5. Filosofi e sciamani

In conclusione, Rossi è un Accademico Linceo di chiara fama, premiato anche con la Sarton Medal (massimo riconoscimento per gli storici della scienza negli Stati Uniti) e il fatto che si sia preso la briga di leggere e discutere, seppur criticamente, le tesi transumaniste è un fatto molto positivo.

Anche sul piano personale, devo ammettere che ho sempre letto Rossi con un certo piacere. Oltretutto, in *Speranze*, nonostante le critiche, non mi sento trattato poi così male. Anzi, sul piano filosofico mi fa un (involontario) complimento. Andando al succo del discorso, Rossi dice che esistono due categorie di intellettuali: i filosofi e gli sciamani.[321] I primi fanno un lavoro serio di ricerca antropologica (e qui cita, come esempio positivo, Ernesto De Martino), mentre i secondi incantano e incitano le folle indicando un orizzonte di speranze smisurate. Io vengo collocato nella specie sciamanica. Agli occhi dell'autore, rappresento forse l'ennesimo caso di filosofo-sciamano che si richiama «a Marx (o a Marx e Nietzsche insieme congiunti) teorizzando come insieme imminente e possibile l'avvento di un *uomo nuovo* oppure di un *superuomo* o *oltreuomo*».[322] Tuttavia, se gli esemplari della specie sciamanica so-

---

[321] Queste le sue parole: «I filosofi che vanno per la maggiore, in Italia e fuori, sono, da molto tempo, quelli che sdottoreggiano sulla storia universale, sul destino della civiltà, sul senso della tecnica in generale, sul globale significato del sapere scientifico, quelli che sanno come e quando sono cominciati i nostri guai e dove inevitabilmente andremo a finire. Quelli che parlano con sicurezza, a volte con sicumera, del Futuro come un Paradiso o come un Inferno. Credo che gli sciamani travestiti da filosofi o i pensatori per metà filosofi e per metà sciamani continueranno a godere di un ampio spazio nella cultura». Ivi, p. 13.

[322] Ivi, p. 132.

no due grandi pensatori come Marx e Nietzsche[323] (e non il Mago Otelma e Vanna Marchi), non so proprio se devo stracciarmi le vesti.

[323] Luca Tolazzi, recensendo *Speranze*, ha voluto scherzare sull'improbabile accostamento con un titolo roboante: *Dopo Marx e Nietzsche arriva Campa*, «La Voce di Mantova», 18 febbraio 2009.

Parte terza:
Apologia del transumanesimo

11. In difesa del transumanesimo

*Non ti ho fatto né di solo cielo, né di
sola terra, né mortale né immortale:
così, libero e creatore di te stesso, ti
costituirai secondo la tua forma pre-
ferita. Avrai il potere, fondato sul
giudizio dell'anima tua, di rinascere
in forme più alte, in forme divine.*
PICO DELLA MIRANDOLA

*Alla notizia che il "vecchio Dio è
morto", ci sentiamo come illuminati
dai raggi di una nuova aurora; il nostro cuore ne straripa di riconoscen-
za, di meraviglia, di presagio,
d'attesa. Finalmente l'orizzonte torna ad apparirci libero. E anche ammettendo che non è sereno, finalmente possiamo di nuovo sciogliere le
vele alle nostre navi, muovere incontro a ogni pericolo; ogni rischio
dell'uomo della conoscenza è di
nuovo permesso; il mare, il nostro
mare, ci sta ancora aperto davanti,
forse non vi è ancora mai stato un
mare così "aperto".*
FRIEDRICH NIETZSCHE

Francis Fukuyama, membro del Comitato di bioetica della Presidenza Usa, ha definito il transumanesimo l'idea più pericolosa del mondo.

Poiché dietro le idee ci sono persone, dietro i pensieri soggetti pensanti, dietro le azioni soggetti agenti, se ne deduce che gli intellettuali e i cittadini che sposano il transumanesimo – i transumanisti – sono considerati da questo filosofo il pericolo pubblico numero uno al mondo. Per Fukuyama, i pericoli di questo mondo non sono il fondamentalismo religioso, la rinascita dei nazionalismi, le azioni unilaterali della superpotenza americana, l'asse del male Iran-Siria-Nord Corea, le guerre in Medio Oriente, l'imponente crescita economica della Cina, il fenomeno terroristico, l'effetto serra, l'inquinamento, la povertà e l'ignoranza – per dire gli spauracchi cui fanno costante riferimento altri noti opinionisti. No, il vero pericolo è, in ultima istanza, il progresso tecnologico previsto dai futurologi, promosso dai filosofi e realizzato dagli scienziati di orientamento transumanista. Se non altro, con questo anatema, Fukuyama ha mostrato di essere un pensatore originale.

Capita però che io sia fondatore e presidente dell'Associazione Italiana Transumanisti, nonché uno dei leader del movimento transumanista mondiale.[324] E che non mi senta affatto pericoloso – se non per quegli esseri umani che rimpiangono i modelli di esistenza dei loro antenati cavernicoli. Per loro, io potrei certamente rappresentare un problema, ma non meno di quanto loro rappresentino un problema per me. È doveroso aggiungere anche questa considerazione. Siamo su questo mondo con idee diverse, sogni diversi, piani diversi, e non tutti possiamo avere ciò che vogliamo.

Ho perciò avvertito come un dovere, prima ancora che come un diritto, replicare in modo circostanziato all'attacco del filosofo nippo-americano. Con questo breve scritto prendo pubblicamente le difese delle idee transumaniste e delle persone che le fanno proprie.

11.1. Chi siamo, da dove veniamo

L'articolo "Transhumanism" di Fukuyama è apparso prima in inglese su *Foreign Policy*, nel numero tematico *The World's Most Dangerous Ideas*,[325] quindi è stato ripubblicato in italiano sulle colonne del *Corriere della Sera*, il 10 febbraio 2005, con un titolo tanto tragico quanto malinconico: "Biotecnologie, la fine dell'uomo". Nulla di nuovo, sul piano dei concetti. Il pen-

---

[324] Ho ricoperto la carica di direttore della World Transhumanist Association dal 2006 al 2008.

[325] F. Fukuyama, *Transhumanism*, «Foreign Policy», settembre-ottobre 2004.

siero di Fukuyama su questo tema era noto da tempo, perlomeno dalla pubblicazione del libro *L'uomo oltre l'uomo*.[326] Ora, però, il profeta mancato della fine della storia ha dato un nome alla sorgente del pericolo. Il pericolo siamo noi transumanisti. Ci ha accusati, senza troppi giri di parole, di essere lo spettro di una società illiberale.

Iniziamo allora dalle presentazioni. Chi siamo? Da dove veniamo? Noi ci consideriamo gli alfieri della tecnoscienza. Abbiamo una struttura mondiale, migliaia di associati, elezioni interne, incontri periodici, sezioni in quasi tutte le nazioni. Siamo giovani intellettuali: esperti di robotica, informatica, ingegneria genetica, filosofi e sociologi. Siamo bizzarri per qualcuno, inquietanti per altri. Fukuyama ci prende maledettamente sul serio.

Il nostro movimento nasce dalla fusione a livello mondiale di una galassia di gruppuscoli, sigle e circoli di futuristi, tecnofili, tecnognostici, prometeici e altro ancora. Va chiarito che esistono diverse organizzazioni transumaniste. La peculiarità della nostra – la *World Transhumanist Association* (WTA) – è che ambisce ad essere una sorta di organizzazione ombrello, un punto di riferimento per tutte quelle esistenti. La WTA è stata fondata nel 1998, negli Stati Uniti, ha sede nel Connecticut, ed è presente in cento Paesi. La sezione italiana esiste dal 2004. Alla guida del movimento ci sono filosofi come Nick Bostrom e Max More, sociologi come James Hughes e ingegneri come Jose Cordeiro. Tra i leader italiani, oltre al sottoscritto, ci sono Giuseppe Lucchini, Giulio Prisco e Fabio Albertario.

È difficile riassumere, in poche parole, l'ideologia del movimento transumanista, proprio perché si tratta di un movimento composito. Io lo caratterizzerei, innanzitutto, come una reazione all'ingenua idea del "ritorno alla natura", che da circa trent'anni imperversa in Europa e in Nord America.

Noi rifiutiamo l'ipocrisia antiscientifica che si sta diffondendo in Occidente. Viviamo di tecnologia, tanto che se regre-

---

[326] F. Fukuyama, *L'uomo oltre l'uomo. Le conseguenze della rivoluzione biotecnologica*, Mondadori, Milano 2002.

dissimo solo di pochi decenni, milioni di persone non sopravvivrebbero. Esistiamo grazie all'industria, alla chimica, alla meccanica. Eppure domina un ingenuo pensiero unico: ciò che è naturale è buono, ciò che è artificiale è cattivo o, nella migliore delle ipotesi, un male necessario. Noi invece accettiamo la cultura della razionalità scientifica e tecnologica. Che è la vera radice dell'Occidente.

11.2. La natura è madre e matrigna

Naturalmente, non neghiamo che la tecnologia porti con sé insidie. Basta pensare all'effetto serra, alle armi atomiche, alle droghe sintetiche, ai dubbi etici intorno alle biotecnologie. Tuttavia, non possiamo nemmeno essere troppo ingenui quando passiamo dalla *ricostruzione* dei fatti alla loro *valutazione*. Intanto, non c'è una sola morale. È forse etico fare morire o soffrire un ammalato che potrebbe essere curato con l'ingegneria genetica? Noi sposiamo un'etica eudemonistica che tende alla massimizzazione della felicità. Sappiamo perfettamente che la tecnologia non è sempre figlia, talvolta è figliastra. Ma allo stesso modo la natura non è sempre madre, spesso è matrigna. Spesso si dimentica che non è natura solo un prato in fiore o un uccellino che cinguetta. Natura è anche malattia, invecchiamento, morte. I transumanisti si impegnano per contrastare questi aspetti della natura. La medicina rigenerativa e gli innesti cibernetici sono solo l'ultima frontiera di una battaglia che l'uomo combatte da sempre contro la condizione umana. Già Ruggero Bacone, nel Medioevo, sosteneva che i due scopi della scienza sono trovare la verità sul mondo e sconfiggere invecchiamento e morte.

Perché Fukuyama ci attacca? Ci attacca perché ci prende sul serio. Sa che il nostro programma non è al di là della portata della scienza. Sistematicamente, la realtà supera la fantasia. Nel 1935, Whitehead sostenne che il progresso era talmente rapido che sarebbero bastati diecimila anni per sbarcare sulla Luna. Fu considerato un illuso. Soltanto tre decenni più tardi, un uomo posava il piede sul suolo lunare. All'inizio del progetto Genoma, si diceva che sarebbero serviti diecimila anni per portare a termine la mappatura. Pochi decenni più tardi il lavoro era completato. Gli scrittori di fantascienza degli anni Dieci prevedevano che nel Duemila sarebbero esistite aeromacchine in grado di volare alla stratosferica velocità di 150 chilometri l'ora! Già negli anni Quaranta, le V2 tedesche andavano a 5000 chilometri l'ora. E potrei continuare. Se erano ingenui loro, è ingenuo anche chi sostiene oggi l'impossibilità del progetto transumanista. Tra vent'anni questo mondo sarà irriconoscibile. Ma non perché ci siamo noi. Il mondo va in quella direzione, perché è lo sviluppo economico che tutti vogliono a portare verso la post-umanità.

Fukuyama afferma che il nostro progetto è illiberale, ma questa critica è semplicemente assurda. Noi siamo sinceramente libertari. Migliorare il proprio organismo resta una scelta individuale. Nessuno sarà obbligato a vivere più a lungo o a innestare microchip sottopelle. Illiberale è chi vuole negare all'individuo questa possibilità, ostacolando la ricerca. Ma non può vincere. Se i bioluddisti (i nemici delle biotecnologie) vinceranno in Occidente, saranno i cinesi, gli indiani, i brasiliani a guidare il mondo. L'immagine di un Nord ricco e sfruttatore contrapposto a un Sud povero e sfruttato è un concetto superato. Qualcuno non si è ancora accorto che le tre nazioni che ho citato, quasi metà della popolazione mondiale, stanno diventando potenze tecnologico-industriali. Chi si ferma è perduto e noi rischiamo di perderci, con i nostri dubbi e sensi di colpa immotivati. Ma non credo che saremo tanto stolti.

Non ho molti dubbi in proposito. Anche noi saremo cyborg e postumani, perché il postumano è il naturale sbocco della cultura occidentale. Fukuyama non vuole ammettere che lui, da buon liberale, ha inconsciamente favorito questo progetto. Libera iniziativa e democrazia portano in sé i germi del progresso. Ted Kaczynski, l'Unabomber, il bioluddista per eccellenza, nel suo manifesto fa una critica serrata della sinistra progressista americana. Liquida invece i conservatori con una sola frase: sono stupidi, perché difendono insieme la crescita economica e i valori cristiani, ma è ovvio che il progresso tecnico distrugge la tradizione. Credo che Fukuyama, che pure non è uno stupido, sia caduto vittima di questa contraddizione. Ha lavorato una vita per un mondo che ora non vuole accettare.

11.3. Sulla questione politica dell'uguaglianza

Il filosofo nippo-americano sostiene poi che miniamo il concetto di uguaglianza. Intanto, stupisce il fatto che un pensatore che combatte da sempre il socialismo, ora insista tanto sul concetto di uguaglianza. Nelle democrazie occidentali esiste solo un'uguaglianza formale e non sostanziale. E nessun transumanista ha mai messo in dubbio l'uguaglianza formale. L'uguaglianza sostanziale non è mai esistita. La lotteria genetica fa nascere intelligenti e stupidi, belli e brutti, sani e malati, forti e deboli, vivi e morti. Semmai, noi forniamo un supporto scientifico per creare pari opportunità.

Tuttavia, mi preme sottolineare che il movimento transumanista non ha una precisa connotazione politica. La nostra associazione è apolitica, perché nessuna delle forze tradizionali rispecchia pienamente la nostra ideologia. I membri hanno però preferenze: ci sono radicali, liberali, socialdemocratici. I confini della politica dovranno prima o poi ridisegnarsi su nuovi assetti. In Italia, per esempio, le due attuali coalizioni di centrodestra e centrosinistra sono alleanze innaturali, dal nostro punto di vista. Sugli OGM, per esempio, c'è un fronte contrario composto da Alleanza Nazionale, Verdi, Rifondazione Comunista e parte del mondo cattolico, e un fronte favorevole che unisce Forza Italia e i Democratici di Sinistra.

Alle critiche siamo comunque abituati. Quando un progetto è rivoluzionario, non si può certo aspettarsi che la sua ricezione sia tutto rose e fiori. Se Fukuyama ci attacca equivocamente in nome della libertà e dell'uguaglianza, i bioetici cattolici ci attaccano in nome della vita. Ma anche questa è una mistificazione. È portatore di una cultura di morte chi si oppone al miglioramento dell'organismo vivente e non chi vuole prolungarne indefinitamente la vita. Per capire basta il buon senso. È chiaro che la Terra ha una data di scadenza e solo il progresso tecnico può salvare la vita. Se vincerà il bioluddismo, l'umanità sarà prigioniera dei propri limiti e quindi destinata a finire.

Per concludere, Fukuyama dice che non accettiamo la natura umana, perché ci manca l'umiltà. Noi vediamo la situazione in modo diametralmente opposto. Innanzitutto, la premessa è sbagliata. Non esiste un'essenza umana, perché l'umanità attuale non è né il fine né la fine dell'evoluzione. Siamo una specie in divenire, come tutto ciò che ci circonda. La biologia evoluzionistica fa pensare che, così com'è stato superato l'Homo habilis, l'Homo erectus, l'Homo neanderthaliensis, sarà superato anche l'Homo sapiens. Si dice, per esempio, che i maschi siano destinati a scomparire o a cambiare radicalmente e, dunque, forse anche i modi di riproduzione subiranno modifiche. Questo è un particolare importante. La fecondazione in vitro e, in particolare, l'eterologa scandalizzano molti, al punto che sono considerate contronatura. Tuttavia, la teoria dell'evoluzione insegna che certi ruoli e funzioni sono provvisori anche in natura.

In seconda istanza, a riguardo dell'umiltà, è vero l'esatto contrario. Manca di umiltà chi ritiene l'uomo il prodotto più alto e finale dell'evoluzione o della creazione, un essere insuperabile e non perfettibile, magari creato a immagine e somiglianza di Dio.

Noi transumanisti, più modestamente, riconosciamo i nostri limiti fisici e cognitivi e vogliamo migliorarci, potenziare la memoria con l'ingegneria genetica e la cibernetica, rafforzare le strutture scheletro-muscolari, acquisire nuovi sensi propri di altre specie viventi, come pipistrelli e delfini, o macchine come il sonar e il radar. Perché? Proprio perché non ci sentiamo perfetti.

Certo, all'umiltà di partenza, non segue rassegnazione. I nostri antenati non si sono mai rassegnati al loro misero destino e ci hanno portato fino a questo punto. Dobbiamo forse rassegnarci e fermarci proprio noi?

12. Manifesto dei transumanisti italiani

Quando le idee dell'Illuminismo hanno iniziato a diffondersi, a partire dal XVII secolo, hanno contestualmente innescato le lotte per la tolleranza religiosa, la libertà di indagine scientifica, la democrazia e la libertà individuale. La battaglia per l'Illuminismo, per il progresso stesso, è ancora in corso, e ora il fronte della lotta ha raggiunto i nostri neuroni e gameti. L'idea che si debba utilizzare la tecnologia per trascendere i limiti del corpo umano e del cervello è stata ribattezzata "transumanesimo" dal biologo
JAMES HUGHES

Il transumanismo non riflette una singola posizione ideologica, giacché mentre alcuni auspicano un controllo sociale o globale sul futuro potenziamento fisico e mentale dell'uomo altri favoriscono posizioni libertarie.
ANGELO MARIA PETRONI

Noi transumanisti ci siamo dati un obiettivo chiaro e ambizioso sin dal momento della nascita dell'*Associazione Italiana Transumanisti*: creare nel nostro paese le condizioni per una rivoluzione morale e intellettuale di orientamento prometeico; una rivoluzione capace di produrre cambiamenti radicali nel mondo della cultura e della vita quotidiana.

Noi vorremmo vedere l'Italia e l'Europa protagoniste di una nuova fase di sviluppo tecnologico, scientifico, industriale, culturale, ma anche biologico – dal momento che tra i nostri valori fondamentali c'è anche l'allungamento della vita, il rallentamento del processo di invecchiamento, la salute dei cittadini e il potenziamento fisico e psichico dei disabili e dei normodotati, anche oltre i limiti imposti dalla nostra attuale struttura biologica. Riteniamo un valore fondamentale anche l'autodeterminazione degli individui e dei popoli e perciò non intendiamo imporre a nessuno i nostri valori, ma semplicemente proporli. Analogamente, non tolleriamo che ci venga imposta con la forza o la minaccia una diversa visione del mondo e della vita. Mettiamo subito in chiaro che, elaborando questo manifesto, non intendiamo affatto fondare un nuovo partito, del quale – nell'attuale già troppo frastagliato arcipelago della politica e della partitocrazia italiana – non si sente assolutamente il bisogno. L'organizzazione transumanista è e resta un movimento transpartitico e agisce con gli strumenti tipici del movimentismo: pubblicazioni, prese di posizione, pubbliche manifestazioni, boicottaggio di certi prodotti, resistenza passiva, campagne referendarie, raccolta firme, solidarietà morale e materiale a soggetti meritevoli, istituzione di borse di studio, appoggio elettorale a determinati candidati, sulla base dei programmi e a prescindere dal colore politico. Lo scopo di questo manifesto è semplicemente quello di indicare più chiaramente i princìpi e la linea d'azione del movimento.

L'idea cardine del transumanesimo può essere riassunta in una formula: è possibile e auspicabile passare da una fase di evoluzione cieca a una fase di evoluzione autodiretta consapevole. Noi siamo pronti a fare ciò che oggi la scienza rende possibile, ovvero prendere in mano il nostro destino di specie. Siamo pronti ad accettare la sfida che proviene dai risultati delle biotecnologie, delle scienze cognitive, della robotica, della nanotecnologia e dell'intelligenza artificiale, portando detta sfida su un piano politico e filosofico, al fine di dare al nostro percorso un senso e una direzione. Si badi che questo progetto non ha molto a che fare con l'eugenetica negativa e autoritaria predicata nel XIX secolo e messa in pratica dagli Stati Uniti d'America, dalla Germania nazionalsocialista e dalle socialdemocrazie scandinave nel XX secolo. La sterilizzazione dei portatori di malattie ereditarie è una risposta primitiva e brutale a un problema che le nuove tecnologie permettono di superare lasciando intatta la libertà di procreazione degli individui. In altre parole, è pura mistificazione identificare l'eugenetica negativa e autoritaria del passato con l'attuale modello transumanista di evoluzione autodiretta, che è proteso a garantire in positivo la salute e il potenziamento degli individui e della loro prole, tenendo sempre ferma la libertà di scelta e il diritto alla felicità del nascituro.

Nonostante solo oggi si renda possibile affrontare il problema in questi termini, sarebbe altrettanto sbagliato vedere il superamento dei limiti biologici dell'uomo alla stregua di un piano formulato nottetempo da improvvisati apprendisti stregoni. Si tratta, al contrario, di un'idea che ha una tradizione solida nella storia del pensiero europeo e che – anche prima della nascita del movimento transumanista propriamente detto – ha espresso pensatori del calibro di Francesco Bacone, Tommaso Campanella, Nicolas de Condorcet, Friedrich Nietzsche, Filippo Tommaso Marinetti, Leon Trotskij, Julian Huxley, Jacques Monod e Jean-François Lyotard, per citare solo i nomi più noti. Noi, ora, stiamo semplicemente riannodando i fili del discorso, al fine di elaborare una filosofia unitaria e coerente.

I fautori dell'evoluzione autodiretta, più che sfidare la natura, intendono agevolarne il dispiegamento delle possibilità. Il senso e la direzione di cui parliamo sono in fondo quelli che stanno alla base dell'emersione della nostra specie – che ha rappresentato l'affermazione di organismi più intelligenti rispetto ai loro immediati progenitori. Ecco perché, se ragioniamo in termini evoluzionistici, piuttosto che fissisti, risulta chiaro che il transumanesimo non è né può essere contronatura. Noi stiamo piuttosto cercando di stabilire le linee di una nuova armonia tra cultura e natura. Non stupisce allora che coloro che ci vedono come un pericoloso nemico sono innanzitutto nemici dell'evoluzione e della conoscenza – che della nostra evoluzione come specie è stata il frutto finale.

L'accusa di *hybris* (tracotanza, infrazione del limite, superamento delle Colonne d'Ercole), che ci viene talora rivolta, è
espressione di visioni del mondo pre-darwiniane: il transumano non può andare contro-natura perché nulla di ciò che la tecnoscienza può fare si colloca fuori delle leggi della fisica e della biologia. E perché non si è mai data una natura umana che
non fosse già il prodotto di una auto-domesticazione, di una
coniugazione dell'umano con l'animale e con lo strumento
tecnico e quindi non fosse in definitiva già un'evoluzione autodiretta, seppure ancora non consapevole.

12.1. Un movimento polimorfo e multiculturale

Come il nostro Pantheon rivela, l'idea centrale del transumanesimo può sposarsi con diverse visioni politiche, religiose e filosofiche. Perciò, abbiamo registrato adesioni al movimento di
gruppi e individui di diversa provenienza. Come si può ben
capire, da un lato l'eterogeneità arricchisce il movimento di
stimoli e idee, ma dall'altro può comportare una paralisi dell'a-
zione, soprattutto quando ogni membro mette l'appartenenza
alla propria famiglia di provenienza in primo piano rispetto
all'appartenenza al movimento. Per ovviare a questo inconve-
niente, da anni, abbiamo avviato un dibattito volto a trovare
una sintesi tra le diverse anime. Questo manifesto programmatico, anche se elaborato da una sola persona, è il risultato di
lunghe discussioni con i membri dell'associazione ed è quindi
in debito con i contributi di molte menti. Si tratta di un manifesto dei "transumanisti italiani", ma non nascondiamo che è
nostra speranza riuscire a contaminare con queste idee altre
associazioni attive in nazioni estere. Nella *World Transhumanist Association* – alla quale siamo affiliati – permangono diversi orientamenti ideologici, com'è giusto che sia in un'organizzazione ombrello dichiaratamente apolitica e aconfessiona-
le. C'è tuttavia la piena consapevolezza del fatto che le singole
organizzazioni affiliate hanno la necessità di caratterizzarsi in
un senso preciso, a seconda nelle necessità geopolitiche, delle

diverse identità culturali e delle libere scelte ideologiche – ferma restando l'adesione ai princìpi generali.

Nel movimento transumanista, ci sono tre ambiti principali in cui si notano differenze ideologiche, tanto a livello planetario quanto a livello italiano: l'ambito politico, l'ambito religioso e l'ambito scientifico. Tracceremo le linee generali di queste divisioni interne, indicando poi in che modo intendiamo superarle nella nostra organizzazione.

Per quanto riguarda la politica, un recente sondaggio della WTA mostra che in termini qualitativi esistono transumanisti di pressoché ogni colore, dall'estrema sinistra all'estrema destra, e tutto ciò che si trova tra i due poli. In termini quantitativi, invece, si nota una netta prevalenza della sinistra (47% il dato aggregato), con una preponderanza di membri che si definiscono socialisti o progressisti e piccole frange più estreme di anarchici (2%) e comunisti (1%). È nutrito anche il gruppo dei liberali di destra (20% il dato aggregato), con frange liberiste radicali (randiani, minarchisti, anarco-capitalisti) intorno al 4%. Non mancano infine iscritti aderenti a forze di orientamento conservatore, confessionale o nazionalistico. Per dare qualche dato, i democristiani si attestano sullo 0,5%, esattamente come chi si definisce di estrema destra. Il 14% dice però di aderire già a una ideologia di sintesi, o upwing (non a destra né a sinistra, ma "verso l'alto"), mentre l'11% si dice disinteressato alla politica come oggi intesa. Da notare che la stragrande maggioranza dei transumanisti ritiene che il sistema democratico sia il migliore possibile, mentre – dato altrettanto interessante – i critici della democrazia si trovano più o meno in tutti gli orientamenti.

Per quanto riguarda la religione, i transumanisti sono per il 64% atei e agnostici, mentre il 31% dei membri aderisce a qualche forma di spiritualità o culto. Di questi, il 9% sono cristiani (cattolici, protestanti e mormoni), il 4% buddisti, il 2% pagani, l'1% ebrei osservanti e l'1% musulmani – per citare le religioni più note. Ci sono anche membri che, anche in questa categoria, si dicono transumanisti (1%), definendo così il transumanesimo stesso come una religione.

Per quanto riguarda l'immagine della scienza, abbiamo due tendenze principali. Da un lato, ci sono transumanisti attenti a rimanere nel solco della scienza ufficiale e accademica, e quindi orientati a considerare la fantascienza, le utopie, le previsioni futurologiche poco più che un divertimento o un utile esercizio ipotetico. Dall'altro, ci sono transumanisti pronti a trattare tecnologie ed eventi ancora non realizzati come articoli di fede, soltanto perché sono stati prognosticati da alcuni eminenti futurologi e scrittori di fantascienza. Le divergenze riguardano soprattutto il *mind uploading*, la Singolarità e l'immortalità. Si noti che il 19% dei membri ritiene che l'attuale linea della WTA (delineata in particolare dai princìpi generali e dalle F.A.Q. pubblicate dal relativo sito) e troppo orientata in senso utopico, futurologico e fantascientifico, mentre l'8% sostiene al contrario che è un programma troppo pragmatico e orientato su problematiche a breve termine. Il rimanente 73% ritiene invece che l'orientamento dell'associazione sia sufficientemente bilanciato tra le due prospettive. Ora, questo non dice molto, finché non si capisce come i rispondenti interpretano la linea della WTA. Il dato più significativo è dunque un altro: soltanto il 7% dei transumanisti aderisce all'immortalismo, ovvero all'idea che possa essere raggiunta l'immortalità terrena. Il restante 93% si attiene invece a un programma ben più pragmatico o realistico, definendo il transumanesimo in termini di life-extension, ovvero di massima estensione dell'aspettativa di vita e della longevità – nei limiti delle possibilità via via offerte dalle scienze biologiche e fisiche.

12.2. La reazione dei media e i pregiudizi più diffusi

Questi dati sono molto significativi, perché ci fanno capire che c'è una comunicazione non ottimale fra il movimento transumanista e il mondo esterno. Diverse persone che vengono a contatto con le idee transumaniste si fanno infatti un'idea sbagliata del movimento, un'idea spesso molto distante da quello che è il transumanesimo reale. Questo vale per il movimento americano, ma ancora di più per quello europeo – e in particolare per quello italiano.

Per quanto riguarda il nostro paese, abbiamo registrato una notevole attenzione da parte dei media. Hanno parlato di noi giornali, radio, televisioni, riviste telematiche e blog di ogni orientamento politico e culturale. Articoli a stampa sono usciti sulle principali testate nazionali, tra le quali *Il Corriere della Sera, la Repubblica, l'Espresso, Panorama, Libero, L'Unità, Linus, Il Foglio, il Sole 24 Ore, Avvenire, Il Tempo, Il Secolo d'Italia, Il Manifesto, MondOperaio, Rinascita, La Stampa, Agenda Coscioni, Letteratura Tradizione, la Padania* e *Il Federalista*, nonché su diverse testate locali come *Il Giornale di Bergamo, la Voce di Mantova, la Gazzetta di Mantova, la Cronaca di Mantova, la Libertà di Piacenza* e *la Gazzetta del Mezzogiorno*. Non è mancata all'appello la televisione che, con *Rai 2*, ha dedicato alle nostre tematiche il documentario *Il Mutante: il futuro postumano che ci aspetta* e, con *Rai 3*, ha addirittura trasmesso un documentario monografico sulla nostra associazione: *Nascita del superuomo*. Hanno inoltre affrontato l'argomento del transumanesimo numerose testate digitali, tra le quali *Notizie Radicali, Fondazione Bassetti, LibMagazine, Resistenza Laica, Futuroprossimo, Enterprise, Fantascienza, l'Uomo Libero, Ulisse, Bioetiche, Aprile, La Destra, Cuorelettrici, Digitalifè, Indymedia, ECplanet, Luogocomune, Punto Informatico*, e ancora tanti blog personali che, se solo provassimo a citarli tutti, riempirebbero la pagina. Sono centinaia anche i libri dedicati al transumanesimo e al postumano, per i quali rimandiamo alla bibliografia del nostro sito Internet (www.transumanisti.it), probabilmente la più completa al mondo.

In questo turbinio di pubblicazioni, c'è chi ha mostrato di condividere le nostre idee, chi si è semplicemente limitato a produrre un resoconto lucido e distaccato, chi infine ha avanzato critiche e sollevato dubbi. Se la maggior parte di questi organi di informazione ha prodotto un'immagine nel complesso accettabile del nostro movimento, non sono mancate distorsioni e mistificazioni. Dalle colonne del *Corriere della sera*, Francis Fukuyama – consigliere di George Bush per la bioetica – ci ha definiti l'organizzazione più pericolosa del mondo. *Avvenire* non ha lesinato sull'uso dell'inchiostro per presentarci come pericolosi estremisti, a volte di sinistra e a volte di destra, secondo le convenienze. Giuliano Ferrara, attraverso le colonne de *Il Foglio* ci ha dedicato molte attenzioni e commenti al vetriolo, quasi che fossimo diventati l'ago della bilancia della politica italiana. La Fondazione Rebecchini ha addirittura organizzato un convegno anti-transumanista, invitando a parlare Fukuyama, Ferrara e monsignor Fisichella. Marcello Veneziani ci ha bollato come nemici della specie umana e della religione. Non sappiamo se Joseph Ratzinger e Camillo Ruini stiano pensando di riattivare la Santa Inquisizione per prendersi cura di noi, ma i commenti finora uditi non sono sembrati rassicuranti. E gli attacchi non vengono solo dal centrodestra. Diversi blog di sinistra si sono ingegnati nell'elaborare le più sofisticate teorie cospirazioniste, presentandoci come una sorta di *Spectre* o di organizzazione massonica che guida segretamente le sorti del mondo. Tanto hanno detto, tanto hanno scritto, che le nostre orecchie ancora fischiano. Siamo stati stigmatizzati come «folli futur-scientisti materialisti», «umanoidi tecnologicamente avanzati e spiritualmente putrefatti», «talebani delle biotecnologie», «estremisti della manipolazione dell'umano», «fautori di un mondo asettico senza emozioni», «nemici della specie umana», «un culto strano», «totalitaristi eugenetici», «agenti del demonio», «idealizzatori di mostri», e in molti altri modi altrettanto cortesi.

Sebbene queste voci non siano unanimi, sono nondimeno molto rumorose. Perciò urge una risposta chiara e risoluta per sgomberare il campo da alcuni stereotipi negativi. Visto lo straordinario parallelismo della situazione, non resistiamo alla tentazione di parafrasare l'incipit di un famoso manifesto dell'Ottocento, quello di Marx ed Engels...

C'è uno spettro che s'aggira per il Mondo – lo spettro del transumanesimo. Tutte le potenze del vecchio Mondo si sono coalizzate in una sacra caccia alle streghe contro questo spettro. Di qui due conseguenze. Il transumanesimo viene ormai riconosciuto come una potenza da tutte le potenze mondiali. È ormai tempo che i transumanisti espongano apertamente al mondo la loro prospettiva, i loro scopi, le loro tendenze, e oppongano alla favola dello spettro del transumanesimo un manifesto del movimento stesso.

I falsi pregiudizi che circolano sono almeno tre e riguardano proprio i tre ambiti di divisione interna del movimento, questo per dire che sarebbe sterile limitarsi al vittimismo, attribuendo tutte le colpe ai nostri avversari e alla cattiva stampa. Le nostre divisioni giocano obiettivamente un ruolo negativo, perlomeno nel momento in cui ostacolano una risposta chiara e unitaria a queste accuse infondate.

1) Il pregiudizio dell'élitarismo plutocratico

I transumanisti sarebbero un'élite di ricchi borghesi senza scrupoli, che intendono potenziarsi a livello psicofisico, diventando semidei immortali, una nuova specie superumana, nel migliore dei casi disinteressandosi del resto della gente, e nel peggiore dei casi, al fine inconfessato di ridurre in schiavitù il resto dell'umanità. Farebbero tutto questo senza utilizzare violenza in modo palese, ma semplicemente operando affinché l'unica legge universale diventi la legge del mercato. La strategia dei transumanisti sarebbe dunque tutt'uno con la globalizzazione delle multinazionali e la progressiva realizzazione dello stato unico mondiale, che altro non sarebbe se non un mercato unico planetario dominato dagli USA, il nuovo poliziotto del mondo, il nuovo Impero. In questo quadro, una volta smantellati tutti i servizi sanitari nazionali, e le nazioni stesse con le loro politiche sociali, si verificherebbe la presa indolore del potere di questa malvagia élite. Se le biotecnologie potenzianti saranno costose, e nulla fa pensare che non lo saranno, considerando quanto costa oggi in Italia solo rifarsi la dentatura, solo i ricchi potranno potenziarsi e, così, quella che oggi è lotta di classe, diventerà un giorno lotta di specie. E la lotta non può che finire con la vittoria totale della specie superumana sulla più debole specie umana. Un ulteriore strumento per raggiungere l'obiettivo consisterebbe nella costruzione di uno stato orwelliano. I transumanisti cercherebbero di convincere i cittadini a utilizzare farmaci o a installare microchip sottopelle, al fine di controllarli meglio. In altre parole, lancerebbero nuove mode, dopo i computer in rete e i telefonini cellulari – che detto tra parentesi già permettono alle autorità di spiare e controllare pensieri e spostamenti dei cittadini – al fine di perfezionare questa nuova schiavitù inconsapevole. Il cittadino crede ancora di poter proteggere la propria privacy e di comunicare in modo sicuro con altre persone, spegnendo il telefonino o il computer e incontrandosi all'aria aperta. Ma è solo un'illusione. Siamo già entrati in una nuova fase di controllo e repressione grazie a nuovi dispositivi: una nube di satelliti in orbita, dai quali diventa possibile leggere la targa di un auto o il labiale di una persona; videocamere attivate a ogni angolo di strada e in ogni edificio, in nome della sicurezza; trattamenti farmacologici inutili che servono solo a creare dipendenza o a rendere meno irrequiete e perciò più accomodanti le persone, bambini inclusi; e insetti artificiali o *smart dust*, polvere intelligente, costituita da nanobot spia che possono controllarci in ogni ambiente, inclusa la nostra abitazione. Dunque, le tecnologie invasive, i microchip installati sottopelle o direttamente nel cervello, rappresenterebbero semplicemente la fase finale di questo machiavellico progetto. E i transumanisti non sarebbero altro che agenti al servizio del Grande Fratello.

2) Il pregiudizio del cultismo pseudoreligioso

I transumanisti sarebbero una nuova setta religiosa, che persegue gli scopi malvagi sopra esposti, anche al fine di sostituire le religioni ora esistenti con un nuovo culto universale. Elementi essenziali di questa teologia sarebbero l'esistenza di un dio spirituale del quale i suoi servitori preparano l'avvento, l'incarnazione, attraverso la costruzione di sempre più sofisticati computer e robot. Quando le macchine che supportano l'intelligenza artificiale saranno infinitamente più potenti e veloci di quelle attuali, e saranno tutte connesse in un'unica rete planetaria, questa entità soprannaturale farà il suo ingresso trionfale nella macchina, si farà carne sintetica, per realizzare il paradiso in terra. Allora, gli umani saranno invitati (o costretti) a scaricare le loro menti nella supermacchina e a vivere nella forma di avatar disincarnati (un po' come i nostri alter ego in Second Life). Anche i morti saranno resuscitati in questa forma. E la macchina si riserverà probabilmente la prerogativa di giudicare i vivi e i morti e di modificare leggermente gli umani più pericolosi (Adolf Hitler, Joseph Stalin, Saddam Hussein), affinché non rechino danno al sistema. È un evento che molti chiamano "la Singolarità", anche se questo concetto non ha una definizione univoca. Poi, la supermacchina sarebbe destinata a espandersi progressivamente nell'universo, convertendo la materia inerte in nuove macchine pensanti, fino a quando tutto l'universo non sarà altro che un'enorme macchina pensante. Così, il fine dell'essere sarà finalmente raggiunto: l'autocoscienza assoluta dell'universo. Per i critici atei, questo dio-macchina non è altro che il dio delle religioni monoteistiche. Per i critici cristiani, invece, il dio-macchina non può che essere il demonio.

3) Il pregiudizio della ciarlataneria

I transumanisti più che rifarsi alla scienza ufficiale e accademica crederebbero nelle favole della futurologia, delle utopie, della fantascienza. È infatti possibile credere nello scenario descritto sopra solo prendendo decisamente il volo rispetto a quanto ci insegnano non solo le scienze naturali, ma anche le scienze sociali. Una seria analisi di scenario deve prendere in esame tutte le conoscenze ora disponibili, e non semplicemente estrapolare un trend da qualche scoperta tecnica, assecondando i propri desideri. Ma secondo i critici, i transumanisti sono ingenui o ciarlatani. Essi ignorerebbero la scienza e la filosofia.

Perciò, dal fatto che il *Brain Gate* permette di trasferire segnali elettrici dal cervello alle macchine, si affretterebbero incautamente a concludere che tutta la coscienza sarà presto trasferita nei computer, risolvendo una volta per tutte il problema della morte. Dal fatto che la potenza dei calcolatori raddoppia ogni diciotto mesi, secondo la legge di Moore, inferirebbero poi che la Singolarità non solo è possibile, ma anche certa e vicina.

Ora, non c'è bisogno di dire che si nota un certo contrasto tra le statistiche sopra riportate e questi tre pregiudizi. E c'è anche una contraddizione tra i vari pregiudizi: o si è un gruppo di ciarlatani o si è un'élite pericolosa, delle due l'una. Tutto ciò accade perché le frange transumaniste inclini alle posizioni "più strane" o "meno plausibili", pur essendo assolutamente minoritarie, fanno più notizia. Il "pazzo criminale plutocrate" è un personaggio ben più appetibile per i media e per i blog rispetto al semplice "cittadino che vuole l'accesso alle tecnologie", per quanto radicale o rivoluzionario possa essere. Così, viene appiccicata al transumanista la prima immagine, piuttosto che la seconda.

12.3. *Una strategia per il movimento transumanista*

Noi siamo convinti che sia necessario e urgente codificare i princìpi e gli obiettivi del movimento italiano, al fine di trasmettere un'immagine più chiara e definita dello stesso. Ciò significa che si debbono fare delle scelte, si deve arrivare a un programma condiviso, innanzitutto per sgombrare il campo dai tre pregiudizi sopra elencati. Nel fare questo non intendiamo prendere le distanze dalla WTA e dal movimento mondiale. Noi intendiamo fare proprio il contrario, ovvero rendere palesi quelle che sono le linee dominanti del movimento, troppo spesso nascoste in nome di un malinteso pluralismo. È evidente che l'obiettivo primo del transumanesimo è favorire lo sviluppo scientifico e tecnologico e in ciò non ci allontaniamo per nulla dalla linea dei transumanisti e degli estropici di altri paesi, tuttavia le condizioni sociali e culturali in cui tale sviluppo si realizza non sono un problema marginale o secondario. Anzi, è proprio sul piano dell'impegno sociale e culturale che si dispiega la ragion d'essere del nostro movimento, dato che a generare direttamente sviluppo sono impegnati molti altri soggetti. Perciò, ci risolviamo ora di mettere nero su bianco i nostri tre obiettivi fondamentali:

1. lotta per il possesso delle conoscenze e delle tecnologie;
2. lotta per la laicità delle istituzioni e della cultura;
3. lotta per l'affermazione di una concezione scientifica del mondo.

Queste scelte, che verranno ora meglio qualificate, realizzano una sintesi ponderata tra le diverse anime del movimento – ovvero una sintesi che tiene conto della sostanza e del peso delle varie mozioni. Questo è il transumanesimo senza ulteriori qualificazioni.

1) Lotta per il possesso delle conoscenze e delle tecnologie

Se si considera: 1) che la maggioranza dei transumanisti è di sinistra (maggioranza relativa sul dato globale e maggioranza assoluta sulla percentuale che esprime una preferenza); 2) che anche la destra non liberale e il centro cattolico hanno in genere un orientamento sociale, in particolare in Italia; 3) che gli stessi liberali in Europa non sono pregiudizialmente contrari alle politiche sociali nell'ambito della ricerca, dell'istruzione e della sanità; segue che il pregiudizio dell'élitarismo plutocratico, ovvero il sospetto che il transumanesimo sia una cospirazione di un'élite di ricchi contro la massa dei cittadini comuni, è del tutto caricaturale. In pratica, si appiccica a tutto il movimento mondiale l'immagine involontariamente diffusa da una minoranza di minarchisti e anarco-capitalisti. Ebbene, dichiariamo a chiare lettere che l'obiettivo dei transumanisti italiani, in linea tra l'altro con il sentire della maggioranza dei transumanisti nel mondo, è *l'appoggio a tutti coloro che lottano contro l'esclusione dalle tecnologie attuali e future*, a livello sociale quanto a livello internazionale.

L'impegno dei transumanisti volto a garantire ai cittadini il possesso delle conoscenze e delle tecnologie può essere inquadrato su tre livelli d'intervento: libertà, sviluppo, accesso. Se lottare affinché siano destinate risorse umane e materiali alla scienza è un passo fondamentale, è altrettanto evidente che senza una reale libertà di ricerca scientifica, nonché rispetto delle norme minime dell'ethos scientifico, lo sforzo sarebbe vano. Le risorse sarebbero semplicemente sprecate. La priorità assoluta è dunque una battaglia antiproibizionista per ottenere la libertà di ricerca scientifica, nonché la libertà di evolvere, di mutare, di trasformare il proprio fenotipo e il proprio genotipo. Per entrare nello specifico storico, l'utilizzo ottimale delle risorse è ora seriamente ipotecato da leggi liberticide come la L. 40/2004 sulla fecondazione assistita e la ricerca sulle cellule staminali. L'abrogazione o la radicale modifica di questa legge è il primo impegno concreto dei transumanisti italiani.

A un secondo livello d'intervento si pone la questione dello sviluppo. Una volta ottenuta la libertà della scienza dalle ipoteche religiose, politiche ed economiche, si deve approntare un piano per dare impulso a una ricerca scientifica che, pur nella sua autonomia, non perda di vista la priorità di un miglioramento delle condizioni sociali e individuali, a partire da salute e longevità, fondamento di tutto il resto. In questo contesto, l'Italia, piuttosto all'avanguardia nel campo della robotica, non finanzia abbastanza lo sviluppo del settore biotech, a partire dalla ricerca pura in biologia e gerontologia, fino alle applicazioni mediche di punta. È d'altronde evidente che un impegno in questa direzione non avrebbe senso senza una riforma della ricerca italiana in direzione di maggiore trasparenza, meritocrazia ed efficacia.

Ma non ci fermiamo certo qui. Non ci bastano la libertà formale e il sostegno economico alla ricerca, noi vogliamo anche la libertà sostanziale. Il che significa pretendere e ottenere anche politiche solidali o sociali, affinché non sia solo il reddito a decidere chi ha l'opportunità concreta di potenziarsi, di rallentare l'invecchiamento, di allontanare la morte. Significa pretendere la distribuzione dei benefici della ricerca scientifica e dell'innovazione tecnologica. Significa pretendere l'accesso libero e generalizzato alle nuove tecnologie. Dovrà essere il singolo cittadino a decidere che fare della propria vita, ma con il sostegno della comunità cui appartiene. Tra l'altro, sarebbe miope non essere chiari su questo punto. Significherebbe gettare nelle braccia dei bioluddisti la massa dei cittadini esclusi.

Una politica dell'accesso alle tecnologie è perfettamente legittimata dal carattere collettivo della scienza. Ogni scoperta, teoria, invenzione deve la propria esistenza allo sforzo congiunto di molte menti, operanti in luoghi e periodi storici diversi. Quando siamo nati, la comunità ci ha fatto partecipi del linguaggio, delle informazioni, delle conoscenze. La nostra personalità non si è formata dal nulla. Questo vale per i cittadini comuni, come per gli scienziati. Un computer atomico prodotto, per esempio, da un'azienda giapponese, non sarebbe concepibile senza le idee di Democrito, di Galileo, di Leibniz e di molti altri pensatori. Inoltre, la ricerca scientifica è spesso finanziata da denaro pubblico. Sarebbe ingiusto prelevare denaro dalle tasche dei lavoratori, per finanziare una ricerca il cui risultato finale è la loro marginalizzazione sociale. L'inventore e lo scopritore finale meritano un riconoscimento, anche di tipo economico, utile anche a rendere anticipatamente possibile il relativo finanziamento, ma è sommamente inefficiente attribuire una proprietà incondizionata e monopolistica sulle nuove tecnologie attraverso la meccanica concessione di brevetti che eccedono tale finalità e che non riconoscono il contributo collettivo che c'è a monte di quella invenzione. Gli effetti collaterali negativi di questa errata percezione della scienza e della tecnica come prodotto del genio individuale è sotto gli occhi di tutti. È l'assurdità di un mondo in cui, nonostante i progressi della tecnica, gli esseri umani sono ancora costretti a lavorare lo stesso numero di ore dei loro antenati, in condizioni di maggiore precarietà e senza avere accesso a molti risultati dello sviluppo. In questo, individuiamo un difetto del sistema di produzione che deve essere corretto.

Quello che non vogliamo è una società che decida l'accesso alle tecnologie potenzianti esclusivamente sulla base del reddito. Noi non siamo contrari all'iniziativa privata nel campo delle nuove tecnologie. Anzi, l'incoraggiamo e riteniamo vada sostenuta con l'adozione tra l'altro di tutte le misure necessarie a consentine il dispiegarsi. Non esiste da parte nostra alcuna difficoltà a dare fiducia al mercato, dato che in vari settori ha mostrato di produrre risultati migliori a costi più bassi (si pensi soltanto ai voli *low cost* e all'elettronica digitale). È un dato di fatto che le liberalizzazioni vanno spesso a vantaggio del consumatore e quindi anche di quello che una volta si chiamava "il proletariato" e che oggi possiamo più sobriamente chiamare "la classe meno abbiente". Tuttavia, la nostra fiducia nel mercato non è incondizionata. Per noi il mercato non è una fede, è semplicemente uno strumento. Più di una volta ha storicamente dimostrato di non produrre i risultati desiderati. Per elettrificare capillarmente il paese si è dovuto attendere l'intervento risolutore dello Stato. Le infrastrutture fondamentali nel campo dei trasporti, dell'istruzione, della sanità, della ricerca esistono grazie al fatto che lo Stato è intervenuto direttamente. Le esplorazioni spaziali e le tecnologie nucleari si sono sviluppate in gran parte grazie all'intervento pubblico, del resto per ragioni di prestigio e potenza, più che di profitto. Dunque, ove le aziende private non si mostrino capaci di produrre lo sforzo necessario nei settori che reputiamo strategici, oppure se falliranno, e per fallimento intendiamo l'incapacità di fornire servizi a prezzi modici a tutti i cittadini che ne faranno richiesta o di sostenere la ricerca fondamentale nel relativo settore, sarà lo Stato a dover intervenire (quando non direttamente i cittadini, secondo modelli che è proprio la tecnologia a rendere possibili, come nell'esperienza dell'Open Source). Perlomeno, il nostro impegno sarà risolutamente orientato a provocare tale intervento.

Per quanto riguarda le biotecnologie, in Italia, possiamo fare un discorso chiaro, perché abbiamo già una struttura pubblica che può essere utilizzata per la sperimentazione e l'utilizzo di nuove terapie e tecnologie potenzianti: il servizio sanitario nazionale. Non funziona a perfezione, ci sono casi di malasanità, ci sono sprechi e nepotismo, ma diverse agenzie internazionali lo giudicano comparativamente uno dei migliori al mondo. Ogni qual volta si rendono disponibili nuove terapie per rallentare l'invecchiamento e allungare la vita, se il privato esita o fallisce o è in posizione di estrarre profitti speculativi, deve essere l'intervento pubblico a garantire che tutti i cittadini possano esercitare una scelta consapevole. Un impegno che inizia già da ora, affinché i disabili e i malati abbiano accesso alle migliori terapie, ai più efficaci farmaci, alle più sofisticate soluzioni protesiche. Il 21% degli iscritti al movimento transumanista ha una qualche disabilità. Sentiamo di dovere dare risposte concrete a queste persone e a tutte quelle che, pur non aderendo all'associazione, si trovano in simili condizioni. La mancanza di risorse non può essere una scusa accettabile, specialmente se si considerano i tanti sprechi che caratterizzano la spesa pubblica.

In alcuni paesi milioni di persone sono escluse dai servizi sanitari. Se ora gli esclusi tollerano questa condizione, forse consolati dal fatto che la sorte comune del genere umano, ovvero l'invecchiamento e la morte, è in fondo la loro vendicatrice, la situazione potrebbe cambiare decisamente quando terapie di rigenerazione dei tessuti a base di cellule staminali o nuovi trattamenti farmacologici dovessero davvero portare al ringiovanimento e alla radicale estensione della vita degli assistiti. In tal caso gli esclusi potrebbero prendere in considerazione anche l'ipotesi di un'azione violenta nei confronti di quegli individui abbienti che traggono vantaggio dal progresso medico, restando indifferenti alle sorti degli altri membri della comunità. Avere una casa o un'automobile più costosa non è esattamente come vivere in salute duecento anni, piuttosto che morire sulla soglia dei settanta a causa della progressiva e inesorabile degenerazione dei tessuti. L'ipotesi della ribellione degli esclusi deve essere sempre tenuta presente nell'analisi di scenario e richiede risposte preventive, rapide e concrete.

L'impegno per l'accesso alle cure deve iniziare subito, affinché al momento dell'emergenza delle nuove biotecnologie esista già un modello di intervento consolidato. Lo stesso discorso vale per i settori della robotica, dell'intelligenza artificiale e delle nanotecnologie. Finché i privati rendono ampiamente disponibili servizi di buona qualità a prezzi concorrenziali, le istituzioni statali e i cittadini possono limitarsi a vigilare, a controllare. Se invece in futuro si noteranno storture, iniquità, pericoli, allora i transumanisti sosterranno la tesi dell'intervento diretto dello Stato, quand'anche questo implicasse mettersi in conflitto con le multinazionali del settore. Per dirla in parole semplici, fiducia al privato, ma condizionata. Se non funziona, diventa inevitabile valutare l'ipotesi della socializzazione dei settori chiave del transumanesimo, ossia l'industria biotecnologica, robotica e nanotecnologica, per assicurare controllo e giustizia sociale.

Ma i transumanisti sono capaci di guardare più lontano rispetto alla politica tradizionale. La nascita e lo sviluppo di Internet e di comunità virtuali deterritorializzate invita a ripensare tutta una serie di questioni come la gestione dei brevetti tecnologici, le norme sul copyright, il fenomeno dell'Open Source, i sistemi di sorveglianza telematici e satellitari, la privacy del cittadino. Lo sviluppo tecnologico ci mostra tutta l'inadeguatezza di una classe dirigente ferma alla dicotomia pubblico-privato e che ragiona ancora nell'ottica limitata dello Stato-nazione. Senza volere cadere nel qualunquismo o nella sterile polemica antipolitica, è un dato di fatto che – a parte rare e meritevoli eccezioni – ci guida una classe dirigente che per età e formazione non ha ancora colto il significato rivoluzionario ed epocale di Internet e si limita ad associare la rete alla pornografia o alla prostituzione, sperando in questo modo di esorcizzarla o di giustificare censure e burocratizzazioni.

Che i transumanisti non abbiano molto a che fare con lo stato orwelliano delle censure e dei controlli, ma lo stiano piuttosto combattendo, è evidente per due semplici ragioni. Primo, il Grande Fratello era già qui prima della nascita del movimento transumanista. Secondo, se noi fossimo gli artefici dello stato orwelliano, perché mai saremmo qui a parlarne? Non sarebbe forse più conveniente rimanere nell'ombra a tramare? Diciamolo forte: la nostra presenza pubblica è la prova più lampante che chi confeziona e diffonde teorie cospirazioniste nei nostri confronti è fuori strada o in malafede. I nostri avversari sanno bene che noi siamo qui per mettere in campo una controffensiva contro ogni tentativo di ridurre la libertà degli individui e dei popoli. E una controffensiva possiamo metterla in campo soltanto appropriandoci delle tecnologie, piuttosto che cadendo vittime delle lusinghe luddiste. Se mai esistono delle élite malvagie (non possiamo nemmeno escluderlo), queste avrebbero piuttosto interesse a tenere la gente lontana dalla tecnica, dai saperi, dall'informazione. Perché la massima di Francesco Bacone è ancora valida: sapere è potere.

Noi non invitiamo nessuno a usare farmaci pericolosi o a installare microchip sotto pelle. Noi diciamo soltanto che è ingenuo e controproducente cercare di fuggire dalla tecnologia, o evidenziarne solo gli aspetti negativi, perché questa scelta significa lasciare il potere agli altri. Non bisogna cadere nella trappola delle sirene primitiviste. Chi diffonde la nostalgia di un passato idilliaco che non è mai esistito o il desiderio di un impossibile e filosoficamente infondato "ritorno alla natura" indebolisce i popoli e li consegna alla schiavitù. Bisogna invece conoscere il più possibile, essere aperti al futuro, accettare l'idea che la libertà si conquista giorno per giorno, a colpi di *update* e di *upgrade*.

Il fatto che "il sistema" abbia tecnologie più avanzate è vero solo in parte. Tutti vediamo che i tecnofili della rete sono molto più esperti della classe dirigente del paese. Ma anche ammettendo che le élite abbiano accesso a tecnologie migliori, a sistemi di comunicazione e di controllo più avanzati, non bisogna scordare che le conoscenze, le informazioni, le abilità giocano ancora un ruolo fondamentale. Un parallelo può aiutare a capire: se su una pista automobilistica mettiamo due concorrenti, un pilota di formula uno su un'utilitaria e un neopatentato su un bolide di formula uno, possiamo tranquillamente prevedere che vincerà il primo, nonostante l'inferiorità del mezzo. Questo perché la prestazione di una tecnologia dipende anche dalla nostra capacità di usarla. Lo vediamo tutti i giorni. Un esperto di computer sa ricavare da una macchina con sistema operativo e programmi obsoleti molto più di ciò che un inesperto può ottenere da un computer di ultima generazione. Dunque, sarà anche vero che "loro" (le famigerate élite che attentano alla libertà dei cittadini, attraverso tentacolari ramificazioni nell'amministrazione pubblica) possono spiare e controllare noi (i cittadini, il popolo), ma è anche vero che "noi" possiamo spiare e controllare loro, possiamo fare sentire il fiato sul collo a chi ci governa. Possiamo diffondere capillarmente notizie e informazioni importanti, anche al di fuori dei canali istituzionali. La conoscenza è tutto, l'informazione è tutto.

Gli sviluppi delle tecnologie della comunicazione sono perciò accolti con grande favore dai transumanisti, nonostante le numerose insidie, perché favoriscono la libera circolazione dell'informazione e della conoscenza, che prima erano monopolizzate da centri di potere pubblici e privati. Se, in relazione ai beni materiali e ai servizi, noi cerchiamo di andare oltre la tradizionale dicotomia Stato-mercato, mostrandoci flessibili, riguardo all'informazione e alla conoscenza abbiamo invece una visione decisamente più comunitaria. Non deve sfuggire la differenza sostanziale tra beni materiali, come la terra e gli immobili, e beni spirituali, come l'informazione e la conoscenza. Mentre il passaggio di un bene materiale da un possessore a un altro è a somma zero, nel senso che impoverisce un soggetto nel momento in cui ne arricchisce un altro, la libera circolazione dei saperi arricchisce chi li fa propri senza impoverire chi li ha prodotti. Ecco perché sosteniamo senza reticenze la più libera e ampia diffusione delle informazioni e della conoscenza, attitudine che caratterizza da sempre le comunità scientifiche.

In definitiva, il nostro approccio è caratterizzato da criteri di valutazione e d'azione provenienti da diverse componenti ideologiche del transumanesimo. A sostenere l'importanza del mercato e della società aperta sono in genere gli estropici, a sostenere l'importanza della giustizia sociale e dell'intervento statale sono in genere i tecnoprog, a sostenere l'importanza di un approccio comunitario e identitario sono in genere i sovrumanisti. Sia però chiaro che nella nostra visione sintetica perdono centralità i tre grandi feticci delle ideologie ottocentesche e novecentesche: il mercato, lo Stato, la razza. Perdono vigore in nome di un valore più alto, l'evoluzione autodiretta. E vengono ridotti a strumenti in relazione a questo valore. Non si dà sintesi autentica senza superamento. In tutta sincerità, dei settari che guardano indietro non sappiamo che farcene. Vogliamo menti aperte che guardano avanti e sono pronte a mettersi in gioco, a mettere in comune i propri valori, senza pretendere che debbano essere unici o dominanti.

2) Lotta per la laicità delle istituzioni e della cultura

Per quanto riguarda la religione, la situazione è analoga. Gli atei e gli agnostici sono quasi sette su dieci a livello mondiale, ma si deve anche considerare che è l'America ad alzare notevolmente la media dei "credenti". La percentuale dei non credenti cresce infatti notevolmente in Europa e in Italia, raggiungendo la quasi totalità degli iscritti. Non va infine scordato che buddisti, pagani e panteisti non credono nel dio personale dei monoteismi e anche loro potrebbero essere quindi aggiunti a questa categoria. Inoltre, solo l'1% pensa al transumanesimo stesso come una religione. In questo quadro, si capisce quanto sia infondato il pregiudizio cultista. La verità fattuale è un'altra: i transumanisti italiani ed europei non sono semplicemente tolleranti verso tutte le religioni, ma anche tendenzialmente indifferenti, se non diffidenti, verso le religioni dominanti. Questa indifferenza si traduce sul piano pratico in attivismo laico o laicista.

Va anche evidenziato che la scelta dell'orientamento si è fatta da sola. Poiché siamo stati duramente attaccati dalla Chiesa cattolica e dai politici e intellettuali filoclericali sin dalle nostre prime apparizioni pubbliche, abbiamo attirato volenti o nolenti soprattutto atei, agnostici e neopagani, con un orientamento generale di tipo laico o laicista. Ciò non significa che intendiamo chiudere le porte a chi aderisce a una religione. Il problema non sono i postulati metafisici che permangono nella nostra cultura, il problema è il costante tentativo di elevare questi postulati a posizione pubblica dominante. La presenza dei cosiddetti "atei devoti" dimostra tra l'altro che in Italia non sono solo i cattolici integralisti a non riconoscere la necessità di uno Stato veramente laico, vale a dire che non accorda preferenze o privilegi ad alcuna religione. Non stupisce allora che il transumanesimo, in questo quadro desolante, sia stato subito additato dai filoclericali come una minaccia. Ed è per questa ragione che, per noi, la laicità delle istituzioni pubbliche e in particolare di quelle strategiche per il nostro discorso – ovvero la scuola, l'università, i centri di ricerca, la sanità, i comitati di bioetica – è una priorità assoluta. Anzi, in una prospettiva pragmatica, siamo portati a preferire i cattolici laicisti agli atei devoti. Perciò la linea di demarcazione resta per noi sul fronte laicismo-clericalismo, piuttosto che sul fronte ateismo-teismo.

Ciò non implica negare che esistano problemi filosofici profondi che possono generare conflitti fra il transumanesimo e il cattolicesimo. È chiaro che abbiamo un'antropologia difficilmente compatibile con l'antropologia cristiana e, in special modo, con quella attualmente sottoscritta dal Vaticano e da molte sette evangeliche americane. Se per i cristiani l'uomo è fatto a immagine e somiglianza di Dio e noi vediamo nietzschianamente l'uomo come qualcosa che dev'essere superato, è evidente che il nostro discorso potrà integrarsi con il cattolicesimo solo con grande difficoltà. Il problema non è tanto l'embrione o il diritto alla vita, quanto l'idea che l'uomo possa cambiare se stesso e il mondo seguendo la propria volontà, che possa assumere il proprio destino impugnando la tecnoscienza, piuttosto che rimettersi alla fede e alla provvidenza. Solo con una riforma radicale della propria dottrina, il cattolicesimo potrebbe integrarsi con lo sviluppo in senso evolutivo dell'uomo e delle sue tecnologie. Al momento, pare però che la Chiesa stia semmai facendo macchina indietro, verso posizioni preconciliari e premoderne, piuttosto che riformarsi. Ma questo non è affare nostro. Ciò che a noi interessa sottolineare è che il pregiudizio cultista è falso. È del tutto fantasiosa l'idea di una religione o di un settarismo transumanista, e a maggior ragione di tipo teista. Il transumanesimo non è e non deve essere definito una religione, anche se nulla vieta di interpretarlo come un'alternativa alla religione, oppure come una visione che può trovare spazio all'interno di una dottrina religiosa.

Sebbene aperti al dialogo con chiunque, constatiamo al momento l'impossibilità di un accordo di principio con le gerarchie ecclesiastiche, in special modo su temi come la fecondazione assistita e la ricerca in campo biotecnologico. Tale apertura è stata invocata da alcuni italiani che dicono di ispirarsi all'estropianesimo. A noi non pare proposta ricevibile e, tra l'altro, nemmeno particolarmente in sintonia con lo spirito estropico, considerando che Max More, il fondatore dell'*Extropy Institute*, non ha mai fatto mistero delle sue posizioni non solo laiciste, ma addirittura anticlericali e antireligiose.

Ora, non può darsi negoziato con le gerarchie cattoliche, se non altro perché esse hanno dichiarato che i loro valori non sono negoziabili. Un negoziato presume l'ipotesi di un compromesso, di un incontro a metà strada, ma se la controparte assume di essere assolutamente dalla parte della ragione e non vuole compromessi, che si discute a fare? In pratica quello che vogliono è una resa incondizionata. E una resa incondizionata non ci sarà.

3) Lotta per l'affermazione di una concezione scientifica del mondo

I transumanisti aderiscono a diverse dottrine epistemologiche. Fra noi, si trovano empirio-criticisti e razionalisti critici, positivisti e pragmatisti, empiristi logici e costruttivisti, induttivisti e deduttivisti, strumentalisti e realisti, moderni e postmoderni. Ma quale che sia l'immagine della scienza che i militanti sposano, condividono tutti la fiducia nella scienza – intesa nel senso più ampio del termine, ovverosia come quella forma di conoscenza che si fonda sugli argomenti razionali e sull'evidenza empirica.

C'è chi concepisce la scienza come un valore in sé e chi come uno strumento, c'è chi ne esalta le possibilità cognitive e chi invece la definisce in rapporto alla sua capacità di fondare delle tecniche, ma fra i transumanisti non si trovano negatori o avversari della scienza. E quando si parla di scienza non si intendono ovviamente le pseudo-scienze, si fa riferimento a quella accademica e ufficiale, quella accolta dalla comunità scientifica internazionale attraverso i rigorosi processi di valutazione delle riviste specializzate e dei comitati di esperti. Ciò pur nella consapevolezza delle disfunzioni o del conservatorismo o del clientelismo che talora distorcono tali meccanismi, o rallentano indebitamente l'affermarsi di nuove acquisizioni teoriche, metodologiche e pratiche, soprattutto nell'ambito dell'accademia. La sintesi di tutte le nostre posizioni filosofiche ed epistemologiche al riguardo va dunque nel senso di una *concezione scientifica del mondo*.

Se così stanno le cose – e considerando anche che i leader del movimento transumanista lavorano nelle migliori università e centri di ricerca del pianeta – non si può non rimanere stupefatti di fronte alle accuse di ciarlataneria che a volte vengono mosse contro la nostra visione. Ancora una volta, c'è evidentemente un problema di comunicazione. A nostro avviso, il problema nasce perché gli intellettuali transumanisti si occupano spesso e volentieri di futurologia, cercano cioè di estrapolare gli sviluppi futuri dei trend ora osservabili. Quest'attività è del tutto lecita, ma l'effetto collaterale indesiderato è che i media tendono a mettere in primo piano gli aspetti più curiosi e sensazionali di dette speculazioni, piuttosto che tutto il lavoro serio di ricerca che caratterizza l'attività quotidiana degli esponenti transumanisti. Ecco perché è urgente dichiarare a chiare lettere che, per noi, il confine tra scienza e fantascienza è ben definito. Un conto sono le teorie scientifiche, un conto ben diverso sono le speculazioni futurologiche. Questi due ambiti hanno funzioni diverse. La ricerca serve a elaborare, arricchire e approfondire la concezione scientifica del mondo, mentre la futurologia (che scienza non è, perché si occupa di futurabilia, ovvero di fatti ed enti magari possibili, ma non ancora esistenti) ha piuttosto la funzione di esplorare possibili sviluppi futuri delle attività presenti. Senza certezza alcuna, senza fideismi.

Poiché il transumanista ha ben chiaro il carattere ipotetico e speculativo della futurologia e, ciononostante, sorgono continuamente equivoci, è necessario e urgente adottare una nuova strategia comunicativa. D'ora in poi, ci faremo premura di evitare le speculazioni troppo ardite nell'ambito di un discorso pubblico, per evitare di fuorviare i non addetti ai lavori. Ancora una volta, con questa scelta non facciamo altro che dare il dovuto risalto alla componente maggioritaria del movimento transumanista. Si consideri il caso della diatriba longevità-immortalità. Dai sondaggi emerge chiaramente che solo uno striminzito 7% degli iscritti crede nella possibilità dell'immortalità terrena, mentre il 93% crede nella ben più sobria prospettiva di un radicale allungamento della vita media (un trend che tra l'altro è già osservabile), o di un'alterazione dell'aspettativa di vita propria alla nostra specie. Come prima azione concreta, per mettere in pratica la linea espressa da questo manifesto, i transumanisti italiani si impegnano a limitare drasticamente l'uso della parola "immortalità". Noi non promettiamo l'immortalità, né la indichiamo come nostro obiettivo programmatico. Si allontana troppo dalle possibilità ora indicate dalla scienza ufficiale e accademica. Del resto, se anche allungassimo indefinitamente la vita, resterebbero comunque molte possibili cause di morte, a partire da un banale incidente stradale, per arrivare all'esaurimento del combustibile nucleare del nostro sole. Se anche l'umanità o la postumanità abbandoneranno il pianeta prima del suo collasso, non ci sono evidentemente certezze che ogni singolo individuo potrà sopravvivere, o addirittura risorgere. Lasciamo dunque alla fanta-scienza e alla fanta-teologia ipotesi come la trasformazione di tutta la materia dell'universo in un unico essere divino e pensante.

Se proprio dobbiamo avventurarci in speculazioni futurologiche, ci pare più plausibile lo scenario elaborato da Jean-François Lyotard in *Moralités postmodernes*, con i nostri successori costretti all'esodo per sopravvivere alla morte del pianeta Terra, ma molto più simili a una carovana spaziale di spauriti cyborg e mutanti, che a una supermacchina divina contenente tutte le coscienze e capace di espandersi trionfalmente oltre i confini della galassia. Per quanto più forti e intelligenti degli attuali umani, gli esseri senzienti del futuro resteranno comunque inevitabilmente più deboli delle potenze della natura. Il che rende solo più interessante e degna di essere vissuta la loro sfida a queste ultime.

Per riassumere, solo quando una tecnologia esiste ed è provata sperimentalmente entra a far parte della politica transumanista e ne caratterizza il programma d'azione – che in genere è teso a garantirne l'accesso ai cittadini. Fino a quel momento può essere solo un'ipotesi di lavoro degli scienziati nei loro laboratori o degli scrittori di fantascienza nelle loro opere letterarie. I transumanisti sono pronti a riconoscere l'importanza anche di queste speculazioni, perché aiutano a dare un senso e una direzione all'attivismo e propongono una visione a largo respiro che permette di inquadrare i problemi del presente in una prospettiva cosmica. Ma non possiamo basare le politiche del presente su mere ipotesi futuribili come il *mind uploading* o la Singolarità. Riteniamo questo poco conveniente, anche perché rischierebbe di trasformare il transumanesimo in un nuovo *opium populi*. Invece di lottare per ottenere l'accesso a tecnologie reali, come la fecondazione in vitro, la clonazione, gli arti cibernetici, gli organi artificiali, i farmaci genici, i cibi transgenici, nuove fonti di energia, la connessione a banda larga, e via dicendo, i militanti potrebbero limitarsi ad aspettare un'improbabile salvezza proveniente dal Dio-Computer del futuro o la sconfitta della scarsità grazie all'avvento degli assemblatori nanomolecolari. E, tra l'altro, senza preoccuparsi del contesto etico, sociale, politico, nazionale ed economico nel quale la tecnologia si sviluppa, ovvero del "quando" e del "dove" e del "per chi" degli sviluppi tecnologici futuri, che sono ciò che fanno tutta la differenza per le persone concrete.

12.4. Concludere, per tornare all'azione

Non ci illudiamo affatto che, avendo reso pubbliche queste tre linee programmatiche di lotta, cesseranno finalmente gli attacchi al transumanesimo. Prevediamo anzi che prenderanno forme nuove, altrettanto intrise di pregiudizi e falsità. Ma la cosa non ci preoccupa particolarmente. È la normale dinamica del dibattito politico e culturale. Con questa constatazione, infatti, non vogliamo assolutamente cadere nel vittimismo, atteggiamento che poco si accorda con il nostro atteggiamento gioioso e battagliero, ma semplicemente concederci un po' d'ironia. Per avere invitato il popolo a diffondere i saperi, a resistere alle censure, a combattere le esclusioni, adesso ci accuseranno di sovversione antisistema. Per avere invocato la neutralità dello Stato sulle questioni religiose, adesso ci accuseranno di laicismo fondamentalista. Per avere difeso le possibilità cognitive della scienza e l'utilità delle sue applicazioni, adesso ci accuseranno di scientismo ingenuo.

Scientismo è ormai diventata una brutta parola, quasi un'offesa, così come del resto laicista o sovversivo. In genere, tanto la parola "laicista" quanto la parola "scientista" sono seguite dall'aggettivo "ottocentesco". Per dire che non hanno più senso di essere, in quanto atteggiamenti superati. Peccato che chi sbrigativamente relega nel ripostiglio della storia queste idee, lo fa in genere in nome di idee ben più vecchie e ammuffite, come la dogmatica cattolica o il creazionismo. Insomma, se un'idea è da scartare perché nata nell'Ottocento, di un'idea che si è affermata nel quarto secolo che dovremmo fare?

Tra l'altro, mentre le religioni monoteistiche non possono cambiare in quanto "rivelate", le filosofie evolvono, si adattano ai tempi, alle nuove conoscenze, alle nuove sensibilità. Così, si è evoluta anche la concezione scientifica del mondo. Se prima era *ingenua*, nel senso che assumeva la scienza capace di arrivare a conoscenze certe e definitive che si accumulano nel tempo, ora è diventata *critica*. Lo scientista ingenuo o acritico sosteneva che la scienza è l'unica forma di conoscenza accettabile e che si deve necessariamente applicare il metodo scientifico a qualsiasi aspetto della realtà. Lo scientista critico afferma qualcosa di leggermente diverso, cioè che esistono tante forme di conoscenza, ma la scienza resta una forma legittima e anzi privilegiata di conoscenza e, perciò, è *lecito* (anche se non necessario) applicare il metodo scientifico a qualsiasi aspetto della realtà. Gli scientisti critici rispettano anche la filosofia perché – a differenza dei loro antenati ottocenteschi – sono consci che la stessa concezione scientifica del mondo è una filosofia, fa parte della filosofia. In altre parole, hanno fatto tesoro delle critiche postmoderne. Con i postmoderni di orientamento antiscientifico si sono talvolta scontrati, ma proprio queste "science wars" hanno consentito loro di raffinare il pensiero. Così, come un esercito dopo la battaglia può anche appropriarsi delle armi e delle insegne del nemico, molti "scientisti" odierni sono pronti a caratterizzarsi anche in senso critico e postmoderno. Se lo scientista acritico del XIX secolo era convinto che *possiamo sapere tutto con certezza* e lo scettico postmoderno del XX secolo era convinto che *non possiamo sapere niente con certezza*, ecco che questo improbabile ircocervo che è lo scientista critico del XXI secolo afferma semplicemente che *possiamo sapere qualcosa con sufficiente probabilità*. Ma, nonostante questa potrebbe idealmente rappresentare una sintesi nel campo metascientifico, è ben lungi da noi l'idea di appiccicare qualsivoglia etichetta preconfezionata ai transumanisti. Al contrario, è nostra ferma intenzione lasciare a ognuno la libertà di definirsi come meglio crede, purché aderisca ai tre punti cardine del programma e contribuisca alla loro realizzazione.

Ci limitiamo solo a un'ultima osservazione, prima di tornare all'azione. Se qualcuno vorrà divertirsi ancora nel gioco dell'attribuzione di presunte essenze al nostro movimento, sappia che piuttosto che essere tacciati di élitarismo plutocratico preferiamo passare per sovversivi antisistema, piuttosto che essere anche vagamente associati a un culto pseudoreligioso preferiamo passare per laicisti fondamentalisti, piuttosto che essere accusati di ciarlataneria preferiamo passare da scientisti duri e puri.

Sia però ben chiaro che noi restiamo sempre e soltanto transumanisti. [327]

---

[327] Estensore del manifesto è Riccardo Campa, presidente dell'Associazione Italiana Transumanisti. Tra gli esponenti del movimento che hanno contribuito alla stesura del documento, proponendo suggerimenti, idee e correzioni, figurano in particolare Giuseppe Lucchini, Alberto Masala, Giulio Prisco e Stefano Vaj. Il manifesto è stato approvato e sottoscritto dal Consiglio Nazionale dell'AIT in data 11 febbraio 2008.

13. La nostra bioetica e la loro

> *Le specie biologiche quasi mai so-*
> *pravvivono allo scontro con un com-*
> *petitore superiore. Dieci milioni di*
> *anni fa, il Sud e il Nord America*
> *erano separati da uno sprofondato*
> *istmo di Panama. Il Sud America,*
> *come oggi l'Australia, era popolata*
> *da mammiferi marsupiali, compresi*
> *marsupiali equivalenti di ratti, cervi*
> *e tigri. Quando l'istmo che connette-*
> *va Nord e Sud America emerse, ci*
> *sono volute solamente poche mi-*
> *gliaia di anni perché le specie pla-*
> *centali, con metabolismi, sistemi ri-*
> *produttivi e nervosi di poco più effi-*
> *caci, destituissero ed eliminassero*
> *quasi tutti i marsupiali del sud. In un*
> *mercato completamente libero, robot*
> *superiori sicuramente soppiantereb-*
> *bero gli umani come i placentali*
> *Nord Americani soppiantarono i*
> *marsupiali Sud Americani... C'è*
> *probabilmente ancora un margine di*
> *manovra, giacché non viviamo in un*
> *mercato completamente libero.*
>
> HANS MORAVEC

La Chiesa cattolica ha elevato un principio a pietra d'angolo di tutta la propria bioetica: è moralmente vincolante la difesa della vita umana dal concepimento alla morte naturale. I transumanisti, dal canto loro, sostengono un principio diverso: è moralmente ammissibile la trasformazione ed estensione artificiale della vita umana oltre ogni limite imposto dalla natura.[328]

---

[328] Faccio subito presente che il transumanesimo non è un monolite, come del resto non lo è il cattolicesimo. L'assetto dogmatico del secondo con-

Si potrebbe pertanto pensare che tutte le nuove terapie che permettono ai malati terminali di prolungare la propria esistenza (sondino nasogastrico, alimentazione artificiale endovenosa, macchina cuore-polmoni, ecc.), forzando il limite della durata naturale dell'organismo, siano automaticamente benedette dai transumanisti e maledette dai cattolici. Invece, capita paradossalmente di osservare che i transumanisti – coloro che non vedono nulla di moralmente ripugnante in una vita di durata indefinita – sono pronti a riconoscere il diritto all'aborto, al suicidio, al suicidio assistito, all'interruzione delle terapie salva-vita e all'eutanasia. Al contrario, i cattolici – i sostenitori della durata naturale della vita – sono diventati difensori estremi e intransigenti dell'accanimento terapeutico e della vita artificiale. I casi di Terry Schiavo, Luca Coscioni, Piergiorgio Welby ed Eluana Englaro sono, in tal senso, paradigmatici.[329]

L'apparente paradosso della posizione transumanista si supera se si interpreta il principio nel modo appropriato. Essi non dicono che *tutti devono* vivere il più a lungo possibile, ma che vada faustianamente affermata la libertà umana relativamente alla propria esistenza – a cominciare da quella più tradizionale e antica di porvi termine. Partono certo dal presupposto che sia possibile e desiderabile eliminare, ridurre o controllare meccanismi biologici che ci fanno invecchiare e morire. Ma il progressivo raggiungimento di tale obbiettivo non significa affatto che si sarà "immortali", semplicemente che si morirà soltanto di incidenti, malattie nuove e non (ancora) curabili, omicidio o suicidio. Questo potrebbe avvenire all'età di trent'anni come all'età di trecento, esattamente come oggi può accadere all'età

---

sente però di fare sicuro affidamento ai pronunciamenti in materia delle gerarchie ecclesiastiche. Per quanto riguarda il transumanesimo, cerco invece di interpretare la posizione maggioritaria del movimento, così come emerge dai periodici sondaggi realizzati dalla WTA, i cui risultati sono stati riassunti anche nel *Manifesto dei transumanisti italiani*. Esiste una minoranza di transumanisti cattolici che lavora per superare il contrasto presentato in questo saggio. Anche di questo bisogna prendere atto.

[329] Per un approfondimento, si veda: R. Campa, *Storie di fine vita. Saggio sull'eutanasia*, La Carmelina, Ferrara 2015.

di trent'anni come a quella di sessanta. Tuttavia, chi intraprende una radicale terapia di *life extension*,[330] potrebbe a maggior ragione, a un certo punto, cambiare idea. Perciò la disponibilità e adozione di queste tecnologie rappresenta semmai una ragione di più per lasciargli una "via d'uscita". Si noti che, quand'anche l'obiettivo della longevità illimitata fosse irraggiungibile, ma si riuscisse "soltanto" a triplicare o quadruplicare la lunghezza della vita media, tale conclusione resterebbe ugualmente valida.

Affinché la vita non diventi una prigione, e uno diventi prigioniero *anche* delle scelte volte a estenderne la durata potenziale, è ragionevole ammettere la liceità etica del suicidio volontario o assistito. Nella filosofia transumanista, quello che veramente conta è la *volontà*. Una volontà che si vuole tragicamente elevare al di sopra dell'idea che esista un obbligo morale di "arrendersi" al meccanismo biologico, tanto quello che ci fa morire, quando quello che ci fa vivere. Con la sola differenza che la soluzione al secondo problema, malgrado gli interdetti religiosi, ci è accessibile da sempre, mentre le capacità di incidere sul primo problema sono state sino ad oggi molto limitate (anche se la crescita dell'aspettativa di vita media non è certo un fenomeno recentissimo).

I cattolici integralisti sembrano non capire questa filosofia. Ma non ci si può illudere che persone abituate a pensare all'etica secondo la prospettiva del *tutti devono*, riescano a capire un'etica che invece si fonda sul principio del *tutti possono* — ossia sulla nietzschiana idea di volontà di potenza. Eppure, come il lettore avrà certamente capito, la posizione dei transumanisti è cristallina: la vita artificiale e le terapie salva-vita sono un bene perché accrescono il nostro potere sulla natura,

---

[330] Letteralmente "estensione della vita". In alternativa al termine inglese, diversi autori italiani utilizzano i neologismi "longevista" (aggettivo) e "longevismo" (sostantivo) per riferirsi al processo. Dunque, l'espressione "life-extension therapy" può essere tradotta con "terapia longevista", oltreché con la più macchinosa espressione "terapia di estensione della vita".

ma a condizione che arbitro unico e insindacabile sul loro uso sia sempre e solo il soggetto che le utilizza.

Il paradosso della bioetica cattolica appare invece più difficile da chiarire. Com'è possibile fare riferimento al concetto di "morte naturale" quando è evidente che essa è spostata nel futuro soltanto grazie a macchine e interventi del tutto inediti e artificiali? Di primo acchito, l'ateo o il "diversamente credente" hanno l'impressione che i cattolici mentano sapendo di mentire, oppure che seguano un ragionamento davvero contorto e incomprensibile.

In realtà, c'è una precisa logica in questa impostazione. Soltanto che gli intellettuali e i politici cattolici – quelli che scrivono sui giornali o prendono la parola in televisione – non la rendono troppo palese, perché li esporrebbe al ridicolo di fronte agli atei, ai diversamente credenti o anche agli stessi cattolici secolarizzati (quelli che vivono la fede come pura ritualità esteriore, senza crederci poi molto, o che riducono l'escatologia cristiana ad una vaga speranza, più che a una certezza dogmatica).

Qual è la "logica"? Ci si dimentica spesso che i cattolici tradizionalisti credono veramente nei segni, nei miracoli, nelle guarigioni, nella provvidenza, nel peccato, nella punizione divina, nella grazia, nella redenzione, nei vaticini profetici, nella forza delle preghiere, in un intervento continuo nelle vicende umane di Dio, di Gesù Cristo che è figlio di Dio ma anche Dio al contempo, dello Spirito Santo, di Maria che è contemporaneamente madre e figlia di Dio (nonché donna fecondata dallo Spirito Santo che coincide con Dio e con Gesù nella trinità), e naturalmente di tutti i santi, gli angeli, gli arcangeli e i guaritori mistici della tradizione, da Padre Pio a San Gennaro, da San Giorgio a Santa Filomena (tralasciando il dettaglio che molti di questi esseri dotati di poteri miracolosi altro non sono che dèi pagani retrocessi al rango di santi).

Quindi, i cattolici integralisti sono sinceramente convinti che la morte e la vita dell'individuo dipendano in ultima istanza da una decisione di questa pletora di entità soprannaturali, divine o semidivine. Che il medico attacchi il sondino nasogastrico o la macchina cuore-polmoni al malato terminale è un dettaglio secondario. La scienza ha un ruolo soltanto ausiliario. Se le entità soprannaturali vogliono fare morire il paziente e portarlo in cielo con loro, lo fanno a propria discrezione. La morte "naturale" dipende da una loro decisione, sondino o non sondino. Per i cattolici tutto questo è "naturale". Ecco spiegato perché essi parlano con nonchalance di vita naturale, anche quando è palesemente artificiale.[331]

Certo, la logica resta sempre un po' traballante. Infatti, stranamente, questi poteri magici e miracolosi non valgono più nel caso il sondino sia staccato o le macchine siano spente dall'uomo. In tal caso, l'uomo, ormai assassino, si ritrova improvvisamente più potente di tutte le entità soprannaturali cristiane. Dio, i santi e gli angeli non sono più forze capaci di sovvertire le leggi fisiche, ma esseri fragili e impotenti di fronte all'arroganza e alla malvagità dell'uomo scientifico, ormai alleato col demonio.

Vano porre un quesito più che lecito: se detti esseri hanno un potere infinito sulla natura, non dovrebbero essere in grado di esercitarlo in qualunque momento e in qualunque modo? Quando il malvagio medico stacca il sondino, autorizzato dagli altrettanto malvagi magistrati, dette forze soprannaturali non potrebbero intervenire compiendo un miracolo, ridando vita

---

[331] Nietzsche sosteneva addirittura che i concetti di peccato, grazia e redenzione sono stati inventati di proposito dai cristiani per distruggere la scienza, la più nobile delle imprese umane. Scrive, infatti: «Se le conseguenze naturali di un'azione non sono più "naturali", ma si fantastica che siano influenzate dai concetti-fantasmi della superstizione, da "Dio", da "spiriti", da "anime", come conseguenze puramente "morali", come premio, castigo, indicazione, mezzo di educazione, è distruttala premessa della scienza, — e si è commesso così il maggior delitto contro l'umanità. — Il peccato, ripetiamolo, questa forma per eccellenza di svergognamento di sé da parte dell'umanità, fu inventato per rendere impossibile la scienza, la civiltà, ogni elevazione e annobilimento dell'uomo; il prete domina in grazia dell'invenzione del peccato». F. Nietzsche, *L'Anticristo. Maledizione sul Cristianesimo,* in Id., *Opere filosofiche,* a cura di S. Giametta, Volume 2, UTET, Torino 2003, p. 568.

alla vittima del sopruso? Non potrebbero rendere il sondino miracolosamente inseparabile dal corpo, fondendolo con esso, o colpire con un maleficio ogni essere umano malintenzionato che osasse avvicinarsi al corpo del malato, con intento eutanasico? Nulla di tutto questo accade. La morte diventa, a piacimento delle gerarchie ecclesiastiche, un fatto divino o un fatto interamente umano.

Di fronte a questi strani ragionamenti il cittadino occidentale secolarizzato, ateo o diversamente credente, si spaventa. Così come si spaventa di fronte alle azioni e alle idee dell'integralista islamico. Non vede la differenza. Perché, in effetti, c'è poca differenza.[332] Anzi, almeno per quanto riguarda la bioetica, islamismo ed ebraismo si mostrano ben più tolleranti del cristianesimo cattolico ed evangelico, cui lasciano la palma dell'estremismo.[333]

13.1. Il corpo e l'anima

Se è nato un conflitto "spontaneo" fra cattolici e transumanisti, nonostante entrambi movimenti si presentino come ideologie della vita, è perché la questione antropologica va ben oltre la *durata* della vita. Alla base del conflitto c'è proprio una concezione filosofica diversa dell'essere e del divenire. Per il cattolico il corpo vivente non appartiene alla persona o alla comunità

---

[332] La leggenda di un cristianesimo irenico da contrapporsi a un islamismo bellicoso è contraddetta da molti fatti storici. Sul cristianesimo come sorgente d'intolleranza ha scritto pagine illuminanti Luciano Pellicani. La tolleranza religiosa era, infatti, un pilastro dell'Impero Romano, proprio perché il politeismo pagano faceva spazio a tutte le credenze, invece «il cristianesimo primitivo è stato una sorta di Giano bifronte: religione dell'amore universale e, contemporaneamente, religione dell'odio di tutti coloro – Ebrei, idolatri, eretici – che non accettavano l'interpretazione canonica delle Sacre Scritture. E lo è stato precisamente perché ha diviso l'umanità in due famiglie spirituali: i credenti... e i miscredenti». L. Pellicani, *Le radici pagane dell'Europa*, Rubbettino, Soveria Mannelli 2007, p. 15.

[333] Secondo Stefano Vaj, ciò accade per il carattere maggiormente "comunitario" di islamismo ed ebraismo. Cfr. S. Vaj, *Biopolitica. Il nuovo paradigma*, Società Editrice Barbarossa, Milano 2005. Si veda, in particolare, il capitolo "Bioetica, ambientalismo, biopolitica".

di cui questa è parte, ma a un essere soprannaturale che lo affida solo temporaneamente a mani umane, affinché lo utilizzino in un certo modo, e non in altro.[334] L'obbligazione etica cristiana, anche in materia sessuale, si regge su quest'assunto. Per il transumanista, invece, il corpo appartiene alla persona (è tutt'uno con la persona), e può essere usato e modificato a piacimento. Da questa impostazione segue un'amplissima libertà morale anche nei comportamenti quotidiani e non solo in materia di bioetica.

Qui incontriamo un secondo interessante paradosso. I cattolici, che credono nell'esistenza di un'*anima* immortale e sembrano dunque dualisti, difendono il diritto alla vita di corpi *inanimati*. Di qui le battaglie contro l'aborto, la selezione eugenetica degli embrioni, la ricerca sulle cellule staminali e l'eutanasia. I transumanisti, che per lo più non credono in un'anima personale e immortale così come immaginata dalla metafisica cristiana, identificano la persona innanzitutto con la personalità, la coscienza, il pensiero, l'informazione, l'azione. Tanto che, per il transumanista, in assenza permanente di coscienza e di atti volontari riferibili a un soggetto non c'è persona. Di qui la posizione favorevole a riguardo delle sopraccitate pratiche biomediche.

I cattolici sono così ossessionati dai corpi inanimati che non solo si sono opposti per secoli alla loro dissezione anche quando erano indiscutibilmente morti in qualsiasi plausibile senso del termine, ma scatenano oggi vere e proprie guerre politiche

---

[334] Le affermazioni in tal senso sono numerose. Paolo VI scrisse nella lettera enciclica *Humanae Vitae* che «se non si vuole esporre all'arbitrio degli uomini la missione di generare la vita, si devono necessariamente riconoscere limiti invalicabili alla possibilità di dominio dell'uomo sul proprio corpo e sulle sue funzioni; limiti che a nessun uomo, sia privato sia rivestito di autorità, è lecito infrangere». Paolo VI, *Humanae Vitae*, vatican.va, 25 luglio 1968, 17. Il concetto è stato ribadito da Joseph Ratzinger proprio in occasione del quarantennale dell'enciclica. Cfr. Benedetto XVI, *Messaggio del Santo Padre Benedetto XVI al Congresso Internazionale "Humanae Vitae: Attualità e profezia di un'Enciclica"*, ratzingerbenedettoxvi.com, 3-4 ottobre 2008.

e mediatiche se viene soppresso un embrione difettoso o se viene lasciato morire il corpo ormai incosciente di un malato terminale. Mentre si stracciano molto meno le vesti se un barbone muore di fame o un operaio muore sul lavoro. Insomma, pare quasi che per il cattolico la vita vegetativa, incosciente, sia più importante della vita intelligente, cosciente. I transumanisti, dal canto loro, sono invece così attaccati alla propria coscienza e distaccati emozionalmente dalla corporeità biologicamente data che prendono in considerazione persino l'ipotesi di "sopravvivere" in forma di avatar in un computer o quella di "reincarnarsi" in un robot grazie al *mind uploading* – che, se ci si pensa, corrisponde a una sorta di metempsicosi artificiale. Oppure prendono in esame l'idea di provvedere alla sospensione crionica (il congelamento in azoto liquido per eventuali future "rianimazioni") della sola testa, proprio perché il cervello è il luogo in cui sono stipate tutte le informazioni importanti relative alla nostra personalità.

Il paradosso transumanista si supera accettando l'idea che il corpo fisico ha parti più o meno importanti, in relazione all'identità e alla continuità dell'esistenza. Se ci tagliamo le unghie o i capelli, qualcuno potrebbe notare la differenza esteriore, ma la nostra persona sarebbe sempre la stessa. Nemmeno un trapianto di rene modificherebbe radicalmente la nostra identità, anche se si tratta di un organo vivente, con un diverso DNA. Se anche tutti e quattro i nostri arti e alcuni organi fossero sostituiti da congegni elettromeccanici, la nostra identità resterebbe all'incirca la stessa. Sarebbe certamente un trauma, ma non avremmo dubbi sul fatto che c'è una continuità identitaria della nostra persona. Quell'essere che prima camminava con gambe biologiche è lo stesso che ora cammina con gambe biomeccaniche, perché ricorda il primo evento e il secondo e li riconduce a unità. Invece, un ipotetico trapianto di cervello – contenente altri ricordi, idee, pensieri – determinerebbe una radicale e decisiva discontinuità identitaria. Anzi, se il cervello sostituito cessa le funzioni, si ha pure la cessazione dell'identità, la morte. Chi vive e continua in quanto individuo è semmai l'organo-cervello che ha trovato una nuova casa, non certo il corpo che lo ospita. Ecco perché, non si deve necessariamente essere dualisti per identificare la persona con la coscienza, il pensiero.

Veniamo ora ai cattolici. Qui, ancora una volta, la matassa sembra più difficile da districare. I cattolici sono dualisti o materialisti? Parlano di anima immortale che ascende al cielo, ma credono anche nella resurrezione dei corpi. Non si sa fino a che punto certi dogmi vadano intesi alla lettera o in senso figurativo. Restando comunque alla vita terrena, pare che l'anima non giochi più un ruolo decisivo in questa religione, che appare estremamente "carnale". L'attenzione ossessiva alla sessualità e alla riproduzione è una costante del cristianesimo. Ma perché questa strenua lotta in difesa dei *diritti civili* dei corpi inanimati e incoscienti, quando c'è una lunga storia documentata di lotta della Chiesa cattolica contro le *libertà civili* dei cittadini vivi e coscienti?[335]

In realtà, è proprio guardando alla genesi e alla storia di questa religione che possiamo capire tutta coerenza della sua attuale posizione in bioetica. L'attenzione alla coscienza e al concetto di anima che il cristianesimo ha avuto in certi frangenti della propria storia (l'opera di Tommaso d'Aquino nel Medioevo o dei teologi neoplatonici nel Rinascimento) è in realtà di derivazione pagana. Il cristianesimo, nella misura in

---

[335] *Il Sillabo* di Pio IX è tutt'altro che l'eccezione nella storia del cattolicesimo. Su questo vale la pena di citare ancora una volta Pellicani: «Non è certo un caso che la Chiesa Cattolica ha opposto un'accanita resistenza al processo di secolarizzazione, nel quale ha visto la *rivincita del paganesimo*, o addirittura un *progetto satanico* teso ad estirpare la fede dal cuore degli uomini e a spingere l'Europa tutta verso l'empietà. Donde la condanna – continuamente rinnovata per generazioni e generazioni – di tutti i principi costitutivi della civiltà moderna». E ancora: «Solo negli ultimi decenni la Chiesa ha attenuato la sua vocazione integralista sino a dichiarare che essa "si impegna per la tolleranza". Del resto, per evitare di diventare un fossile storico, non aveva altro rimedio che quello di uscire dal ridotto nel quale si era chiusa e aprirsi alle esigenze fatte valere dai modernisti e dai cattolici liberali...». L. Pellicani, *Le radici pagane dell'Europa*, cit., pp. 159-160.

cui è fedele alle proprie radici giudaiche, è una religione tutta carnale e anti-intellettualistica.

Adamo ed Eva sono buoni finché sono animali inconsapevoli. Quando acquistano coscienza della propria esistenza, mangiando dall'albero della conoscenza, diventano malvagi e vengono puniti. È interessante il parallelo che si pone sin dall'inizio tra conoscenza e coscienza – che è in fondo conoscenza e consapevolezza di sé. Gesù sembra confermare questa tradizione, quando afferma che i sapienti – gli uomini col più alto livello di consapevolezza – sono come sepolcri imbiancati, sono lontani da Dio, ossia impermeabili alle parole della religione.[336] Beati sono invece i bambini, gli ignoranti, i poveri di spirito, perché aprono il loro cuore ingenuo e puro alle parole dei preti e dei predicatori. Beati sono coloro che credono senza aver visto. Malvagi sono coloro che credono solo di fronte a prove empiriche o razionali. I sapienti, appunto, perché fanno professione di scetticismo sistematico, al fine di distruggere pregiudizi e superstizioni.

I Padri della Chiesa (San Paolo, Agostino, Tertulliano) si muovono ancora coerentemente nel solco di questa tradizione, quando scatenano una vera e propria guerra contro i filosofi pagani, per i quali la conoscenza è il bene supremo. Sempre coerentemente, la Chiesa cattolica si batte anche nell'Ottocento e nel Novecento contro l'istruzione obbligatoria e gratuita a

---

[336] Gesù si riferisce naturalmente a "scribi e farisei", vale a dire a rabbini, non a filosofi e scienziati. Tuttavia, i Padri della Chiesa non esiteranno ad attaccare i filosofi greci, utilizzando l'argomento evangelico che i semplici comprendono più dei sapienti. Tertulliano, per esempio, scrive: «I filosofi – falsificatori e corruttori della verità – per ostilità la simulano, e simulando la corrompono poiché cercano gloria. [...] Neppure riguardo alla scienza o alla condotta, come invece credete, [noi cristiani e voi pagani] siamo uguali. Infatti che cosa certo rispose Talete, quel principe dei fisici, a Creso che lo interrogava sulla divinità, eludendo con ripetuti rinvii la risposta? Un qualsiasi operaio cristiano trova Dio, lo mostra e prova coi fatti tutto ciò che si indaga su Dio; benché Platone affermi che non è facile conoscere l'artefice dell'universo e che è difficile, una volta conosciutolo, spiegarlo a tutti». Tertulliano, *Difesa del cristianesimo. Apologeticum*, Edizioni San Clemente, Roma 2008, p. 367.

tutti i cittadini, giustificando persino il lavoro minorile. Le gerarchie vaticane sono ancora una volta coerenti con la tradizione. Hanno dominato sul mondo finché hanno controllato l'accesso alla cultura e alla tradizione scritta e strutturata. Man mano che l'istruzione è cresciuta, la consapevolezza è cresciuta, la coscienza è cresciuta, hanno perso prima gli aristocratici, divenuti ghibellini, libertini o neopagani, poi la borghesia, divenuta illuminista e positivista, e infine il proletariato, divenuto socialista e rivoluzionario.

Non stupisce allora che le gerarchie ecclesiastiche non riescano proprio a vedere la conoscenza – e in particolare la conoscenza di sé, la coscienza – come un bene supremo, alla maniera dei pagani. Piuttosto sacralizzano la "vita umana", anche quando meramente inconsapevole.

Naturalmente, non si vuole con questo negare che siano esistite menti eccelse nella storia del pensiero cristiano. Basti menzionare filosofi e scienziati del calibro di Søren Kierkegaard o Blaise Pascal. Dovendo però conciliare un approccio razionale ed empirico con una tradizione fideistica e anti-intellettualistica, le grandi menti cristiane sono spesso di necessità anche *intelligenze sofferte*. Sofferte, perché divise. Quel metodo che usano con successo per comprendere il mondo, deve essere messo da parte ogni qual volta ci si addentra in questioni religiose o teologiche.

Scriveva, infatti, Pascal nel suo *Memoriale*: «Dio di Abramo, Dio di Isacco, Dio di Giacobbe. Non dei filosofi e dei dotti. Certezza. Certezza. Sentimento. Gioia. Pace. Dio di Gesù Cristo…».[337] Insomma, mentre il deista Cartesio rimaneva se stesso – un filosofo e un matematico – quando pensava al cosmo, alla natura, all'uomo, all'animale, e anche a Dio, indifferentemente, il cristiano Pascal entrava in conflitto con se stesso e con la propria categoria professionale non appena rivolgeva il pensiero a Dio. Ma, a riguardo di quest'aspetto, non c'è forse nulla di più emblematico del pronunciamento di Kierkegaard

---

[337] B. Pascal, *Memoriale*, in Id., *Pensieri, Opuscoli, Lettere*, introduzione e note di A. Bausola, Rusconi, Milano 1978, pp. 301-303.

in *Timore e tremore*: «La fede comincia appunto là dove la ragione finisce».[338]

13.2. *Divergenze a livello metaetico*

Il cattolico finisce dunque per identificare il soggetto morale – ovvero il soggetto al quale è richiesta una condotta morale o che si ritiene titolare di diritti – con la "vita umana", anche se del tutto priva di coscienza, includendo perciò embrioni, feti, e corpi umani in stato vegetativo irreversibile. Il transumanista tende, invece, a identificare il soggetto morale con "l'essere senziente", un concetto ben più ampio rispetto a quello di umanità e diverso da quello di *vita umana*. L'insieme degli esseri senzienti potrebbe, infatti, includere anche certe specie animali (nella loro natura attuale o in future versioni "potenziate"), nonché ipotetici alieni, computer pensanti, androidi, cyborg e oltreuomini. In questa prospettiva, il valore supremo non è la vita biologica, la mera esistenza, ma la volontà consapevole, l'intelligenza attiva.

Siamo dunque di fronte a due filosofie, dalle quali derivano due distinte bioetiche. Tuttavia, si notano delle differenze radicali fra transumanisti e cattolici anche a livello metaetico, vale a dire a livello della definizione stessa di etica e, quindi, delle regole del gioco.

Le dottrine etiche sono spesso un insieme interconnesso di giudizi di fatto e giudizi di valore. Mentre i primi sono oggettivi, ossia veri o falsi, i secondi sono soggettivi, ossia miei o tuoi. Alla domanda etica «come dobbiamo vivere?» si risponde facendo in parte riferimento alla conoscenza, ossia a fatti oggettivi, e in parte – e soprattutto – a valori e valutazioni soggettive. In linea di principio, i transumanisti potrebbero rispondere agli anatemi dei cattolici, appellandosi semplicemente ai principi laici e liberali su cui le costituzioni democratiche pretendono di fondarsi. Se il dilemma è mutare o perire – secondo

---

[338] S. Kierkegaard, *Timore e tremore. Aut aut (Diapsalmata)*, a cura di C. Fabro, BUR, Milano 2010.

questo paradigma – i cattolici sono in fondo liberi di perire e non mutare, mentre i transumanisti sono liberi di mutare e non perire. Sennonché, i cattolici sono sordi a quest'argomentazione. Cercano continuamente di tradurre in legge i propri precetti e di trasformare i "peccati" in "reati", scivolando così inesorabilmente dalla bioetica consultiva dei comitati alla biopolitica coercitiva dei governi clericali.

Ciò accade perché i cattolici sono convinti che la morale sia un fatto di *conoscenza* e non di libera scelta valoriale, sia che venga fondata sul volere di Dio (il cui volere si presume conosciuto dalle sole gerarchie ecclesiastiche) sia che venga fondata sulle leggi di natura (conosciute ovviamente dai soli cattolici, o ai limiti dai "laici" che restano integralmente nell'orizzonte assiologico cristiano, pur avendone perduto per la strada la fondazione metafisica). Dunque, chi non è d'accordo con i cattolici è *ipso facto* immorale. Lo è per ignoranza, se non è a conoscenza della verità della rivelazione e della ragione naturale, oppure per pura malvagità, se la conosce ma la rifiuta, se non apre a essa il cuore.

Su questo insiste in particolare Giuliano Ferrara, uno dei più acerrimi nemici del transumanesimo, nonché portavoce autonominato (e mai smentito) delle gerarchie ecclesiastiche. Nell'articolo *Mettere in dubbio il dubbio*, Ferrara arriva a paragonare il transumanesimo alla bomba atomica, paradigma di ogni malvagità umana: «La bomba di questo secolo non è distruttiva, al contrario: la nuova bomba è invece l'infinita capacità creativa del laboratorio».[339] Ma per Ferrara il transumanesimo è anche peggiore, perché «questa arma ha... una forza devastatrice infinitamente superiore a quella dell'atomica. La creatività genetica può infatti anche curare la vita, non solo farla o predeterminarla secondo i suoi principi. Si presenta cioè con benevolenza».[340]

Ovviamente, per il direttore de *Il Foglio* l'apparenza inganna, poiché il benessere nega *il vero bene*. Così esprime il con-

---

[339] G. Ferrara, *Mettere in dubbio il dubbio*, «Il Foglio», 12 ottobre 2005.
[340] Ibidem.

cetto: «Possiamo stare meglio, concetto relativo, solo a patto di rinunciare alla buona vita, concetto assoluto. È tutto qui il relativismo transumanista: avrai un sempre maggiore benessere, migliorerai la tua condizione esistenziale, ma solo a patto di rinunciare all'ultimo sedimento oggettivo, stabile, della vita buona».[341] Naturalmente, solo a Giuliano Ferrara è dato sapere che cos'è la vita buona. Il depositario della verità assoluta ci spiega anche che «non è una questione di morale, di valori, è una questione di conoscenza e di ragione».[342] E questo è il punto chiave.

La tesi viene immediatamente rigettata da Dario Antiseri, sullo stesso giornale, alcuni giorni più tardi: «No, qui non sono affatto d'accordo, giacché quel che dobbiamo essere e quel che dobbiamo fare è esattamente una questione di morale e di valori».[343] E rincara la dose ricordando che proprio «la "presunzione fatale" di essere in possesso di verità ultime e definitive, di considerarsi interpreti legittimati di valori esclusivi, di conoscere l'essenza del bene e quella del male, di sapere in che cosa consiste la società perfetta, è la prima tra le cause per cui la terra è inzuppata dal sangue di milioni e milioni di vittime innocenti».[344] Antiseri difende dunque il relativismo. Si dà il caso che il filosofo di Foligno sia anch'egli cristiano, anzi, certo più di Ferrara, visto che quest'ultimo è solo un "ateo devoto". Tuttavia, le prese di posizione del Pontefice e delle gerarchie ecclesiastiche sembrano più in linea con quelle di Ferrara, dato che indicano il relativismo etico come il male assoluto.[345]

---

[341] Ibidem.

[342] Ibidem.

[343] D. Antiseri, *Le mie obiezioni ai sostenitori della legge naturale*, «Il Foglio», 19 ottobre 2005.

[344] Ibidem.

[345] Già nell'omelia della *Missa pro eligendo Romano Pontefice*, l'allora Decano del Collegio cardinalizio Joseph Ratzinger aveva dichiarato guerra al relativismo: «Si va costituendo una dittatura del relativismo che non riconosce nulla come definitivo e che lascia come ultima misura solo il proprio io e le sue voglie». Benedetto XVI, *Missa pro eligendo Romano Pontefice*, Patriarcale Basilica di San Pietro, Città del Vaticano, 18 aprile 2005. Come termine di confronto, vedi anche S. Vaj, *Elogio del relativismo*, «L'Uomo

È mai possibile che i bioconservatori clericali non si accorgano che lo stile di vita che loro ritengono "buono", appare invece orrendo o insensato a milioni o forse miliardi di esseri umani su questo pianeta? Non si rendono conto che questa è solo *la loro morale*, la loro idea di buona vita? Torna alla memoria un noto saggio di Leon Trotskij, il cui titolo ben si presta anche a descrivere questo scritto: *La nostra morale e la loro*.[346] In esso, Trotskij pone lo stesso quesito alla borghesia. Si rendono conto i borghesi che quello che loro chiamano "morale universale" altro non è che la morale della borghesia? I borghesi sono abilissimi nel relativizzare storicamente la morale antica dello schiavismo o quella medievale del feudalesimo, ma poi dimenticano sorprendentemente di relativizzare la propria. La trattano come un fatto universale, una legge naturale vincolante anche per i proletari o gli aristocratici. Naturalmente – aggiungo io – anche i comunisti cadono nello stesso errore, perché ritengono ancora una volta la società senza classi uno stadio definitivo dell'umanità, sicché la morale del proletariato viene per ciò stesso innalzata a morale universale. Sono relative solo quelle precedenti.

Alla base di questa presunzione fatale, comune anche alla visione di Ferrara, c'è un errore filosofico che Antiseri non tarda a evidenziare: «Stabilito (...) che le concezioni etiche sono contenutisticamente diverse, l'ulteriore irreprimibile domanda è la seguente: abbiamo a disposizione un criterio razionale, valido erga omnes, per decidere quale etica sia migliore in quanto razionalmente fondata? Ebbene, un interrogativo del genere, nucleo di ogni teoria dell'etica, non può ricevere una risposta positiva, se regge la "legge di Hume". La legge di Hume ci dice che dalle descrizioni non sono logicamente derivabili prescrizioni, con la conseguenza che i valori di un sistema etico, i principi fondamentali, risultano fondati, in ultima analisi, sulle scelte di coscienza di ogni singola persona e non

libero», № 65, 1 marzo 2008.

[346] L. Trotsky, *La nostra morale e la loro*, in Id., *Letteratura arte libertà*, a cura di L. Maitan, Schwarz, Milano 1958, pp. 133-169.

su argomentazioni di natura razionale».[347]

Tra l'altro, nell'articolo di Ferrara queste ragioni oggettive e assolute contro il transumanesimo o a favore della vita buona cristiana non paiono così evidenti o ben argomentate. C'è solo un vago appello alla saggezza antica, alla tradizione, alla nostalgia di ciò che fu e che forse non sarà più. Ma nel mio libro *Etica della scienza pura*[348] ho mostrato in dettaglio che le radici del transumanesimo sono antichissime, in particolare nella storia europea. Certo non meno di quelle dell'attuale bioconservatorismo. Dunque, vi sono diverse "saggezze antiche", diverse idee di vita buona anche alle nostre spalle. Non si sfugge al relativismo rifugiandosi semplicemente nel passato, nella tradizione. Il passatismo, più che una scorciatoia è un vicolo cieco.

Ferrara dunque sbaglia sul piano filosofico perché non conosce (o scorda) "la Legge di Hume" e sbaglia sul piano storico perché non sa che si possono rintracciare le matrici ultime della mentalità transumanista nei miti greci, nell'alchimia, nel pensiero di Ruggero Bacone, nelle teorie del quasi omonimo Francesco Bacone, o nei successivi movimenti di emancipazione dall'egemonia della metafisica cristiana, e in particolare nell'illuminismo e nel futurismo.[349] Antiseri ha invece ragione

---

[347] D. Antiseri, *Le mie obiezioni ai sostenitori della legge naturale*, cit.

[348] R. Campa, *Etica della scienza pura. Un percorso storico e critico*, Sestante Edizioni, Bergamo 2007.

[349] Oltre al mio *Etica della scienza pura*, si vedano: R. Bacone, *La scienza sperimentale*, Rusconi, Milano 1990; F. Bacone, *Nuova Atlantide*, Berlusconi, Milano 1996; N. de Condorcet, *Quadro storico dei progressi dello spirito umano*, Rizzoli, Milano 1989; D. Diderot, *Il sogno di D'Alambert*, Rizzoli, Milano 1996. A proposito di quest'ultimo, si veda anche: J. Hughes, *Il sogno di Diderot,* in R. Campa (a cura di), *Divenire. Rassegna di studi interdisciplinari sulla tecnica e il postumano*, Sestante Edizioni, Bergamo 2009. Per quanto riguarda il futurismo, cfr. F. T. Marinetti, *L'Uomo moltiplicato e il regno della macchina* (25 giugno 1909) e, dello stesso autore, il *Manifesto tecnico della letteratura futurista* (11 maggio 1912). Entrambi in: L. Caruso (a cura di), *Manifesti Futuristi 1909 - 1944. Proclami, interventi e documenti teorici*, Coedizioni Spes-Salimbeni, Firenze 1980. Sul legame tra futurismo e postumano, risultano istruttivi anche due brevi saggi di R. Guerra, *Marinetti e il Duemila* e *L'Immaginario futurista*, entrambi pubblicati

quando dice che «la "legge di Hume" è la base logica della libertà di coscienza. La scienza sa e l'etica valuta; esistono spiegazioni e previsioni scientifiche, ma non esistono spiegazioni e previsioni etiche – esistono valutazioni etiche. L'etica non è scienza; l'etica è senza verità. Da tutta la scienza non possiamo estrarre un grammo di morale».[350]

Tuttavia, si può andare anche oltre il discorso di Antiseri. Non solo Ferrara viola una norma logica, costruendo il dover essere sull'essere. Ciò che è ancora più grave è che, in realtà, costruisce il dover essere sul *non essere*. Nel senso che le stesse premesse fattuali dalle quali invalidamente deriva le norme comportamentali sono frutto di fantasia, piuttosto che di osservazione scientifica.

13.3. *Critica ai fondamenti dell'etica bioconservatrice*

Vediamo la questione in dettaglio. Esistono molte dottrine etiche, ma esse possono essere riunite in due grandi famiglie: le dottrine consapevolmente relativistiche e le dottrine con pretese assolute. Chi accetta la relatività dell'etica non deve più supportarla con fatti e ragioni, deve solo affermarla – e possibilmente testimoniarla con la propria condotta. Ma chi intende proporre un'etica assoluta, valida per tutti in tutti i tempi e tutti i luoghi, *ha necessariamente bisogno di fondarla su fatti* (veri o falsi). Dire che una certa condotta umana coincide con il volere di Dio è un giudizio di fatto (vero o falso), non un giudizio di valore. Dire che una certa condotta è conforme alla natura umana è un giudizio di fatto (vero o falso), non un giudizio di valore. La legge di Hume riesce a spazzar via giudizi di valore (sul dover essere) fondati su giudizi di fatto (sull'essere), aldilà della verità o falsità di questi ultimi. Nella fallacia cadono proprio le argomentazioni tradizionaliste e passatiste acritiche, del tipo «facciamo così, perché si è sempre fatto così».

---

dall'editore ferrarese Schifanoia nel 2000.
[350] D. Antiseri, *Le mie obiezioni ai sostenitori della legge naturale*, cit.

Ma che succede se un integralista religioso risponde che Hume è solo un uomo, e la sua è perciò una legge umana, mentre il volere di Dio è al di sopra delle leggi umane? Che succede se un integralista religioso rivendica il diritto di derivare valori da fatti? Che succede se, oltretutto, l'integralista sbandiera come scientificamente incontestabili i fatti utilizzati per fondare i propri valori? Questa non è una possibilità astratta, ma un'osservazione sociologica, perché è esattamente quello che fanno gli integralisti religiosi. Tutte le dottrine etiche con pretese assolute mischiano giudizi di fatto e giudizi di valore, rivendicando la correttezza dei primi e dei secondi.

Se si accetta questa logica, la scienza non corre più parallelamente all'etica, senza mai toccarla. È vero che la scienza non può né supportare né annientare un'etica relativistica, vale a dire consapevolmente relativa, ma – se il richiamo alla logica cade nel vuoto – la scienza può ancora (e forse deve) demolire le etiche "assolute", pretesamente necessarie, eterne e universali, mostrando che i giudizi di fatto su cui si basano sono falsi o scientificamente infondati.

Nell'articolo di Ferrara si capisce che l'autore cerca di giungere per vie razionali alle stesse conclusioni alle quali la Chiesa cattolica è giunta in passato per vie teologiche. La nuova strategia è vitale, perché la via teologica, specie se "letteralista", può essere facilmente demolita per via scientifica. Se quest'etica della bioconservazione è *davvero* il volere di un essere soprannaturale, su chi lo afferma pesa l'onere di due prove: la prova dell'esistenza di detto essere e la prova della capacità esclusiva di certi esseri umani di farsi portavoce del volere di detto essere. Il metodo scientifico su questo è inflessibile. Per dirla con Euclide, «tutto ciò che è affermato senza prova, può essere negato senza prova». Dunque, in assenza di prove, le pretese assolutistiche dell'approccio teologico cadono di fronte a una legittima e metodologicamente fondata negazione di Dio, di ogni essere soprannaturale, nonché della credenza (anch'essa tutta da dimostrare) che qualcuno abbia accesso privilegiato alla volontà del supposto ente supremo. Per la scienza, l'esistenza di Dio è solo una speculazione, libera finché si vuole, ma non è "un fatto verificato" e nemmeno un'ipotesi, perché quest'ultima prevede almeno una possibilità teorica di verifica o smentita.

Più complessa è invece la confutazione della morale bio-conservatrice, se si pretende fondata su una non meglio precisata *natura umana* o sulla ragione, ritenuta capace di riconoscere con certezza detta natura. Non a caso anche la Chiesa cattolica segue sempre più spesso la strada della *morale naturale* e non parla quasi più di Dio, riconoscendo implicitamente la debolezza dell'argomento teologico in una società ormai secolarizzata.

A ben vedere, anche a riguardo di quest'approccio, la pretesa assoluta potrebbe essere rigettata facilmente... accettandone le premesse! Se è vero che detta morale è un fatto naturale, ovvero è fondata sulla *natura umana*, come si spiega il fatto che milioni di esseri umani *non la sentono propria, non la fanno propria*? L'unica conclusione logica è che tutti coloro che non la sentono propria, in realtà, *non sono esseri umani*. E, in effetti, frequenti sono le accuse dei moralisti cristiani agli immoralisti atei di *inumanità, disumanità, diabolicità, bestialità*. Su questo sembra non avere dubbi Don Giussani, il fondatore di Comunione e Liberazione, quando enfatizza «la lotta tra l'umano, cioè il senso religioso, e il disumano, cioè *la posizione positivista di tutta la mentalità moderna* [sic!]».[351]

Un nietzschiano coerente potrebbe del resto accettare per paradosso il ragionamento, portandolo alle estreme conseguenze. In sintesi: gli *uomini* hanno uno specifico codice etico, fon-

---

[351] Cfr. E. Bellone, *La scienza negata*, Codice edizioni, Torino 2005, p. 82. Giussani giunge a questa conclusione reinterpretando il mito di Ulisse, che per lui è «l'uomo intelligente che vuole misurare col proprio acume tutte le cose». Per il prete, è disumano l'atteggiamento di chi afferma: «L'unica cosa sicura è quella che tu costati e misuri scientificamente, sperimentalmente; al di là di questo c'è inutile fantasia, pazzia, affermazione immaginosa». Si chiede allora sarcasticamente Bellone: «Che cosa c'è di più alienante di una situazione in cui moltissimi organismi viventi sono formalmente classificabili come elementi di *Homo sapiens* ma sono, invece, disumani?».

dato sulla loro natura; detto codice, che la stessa ragione umana rivela, li vincola a una determinata condotta di sottomissione all'autorità, di credenza incondizionata ai dogmi religiosi, e di bioconservazione; detto codice non vincola però le *scimmie*, perché non sono parte del consorzio umano; allo stesso modo non vincola gli *oltreuomini*, che hanno una natura del tutto diversa, *postumana* o almeno postumanista, e dunque sono refrattari a una mentalità da schiavi nei confronti dell'autorità, pensano criticamente piuttosto che credere ciecamente, e – a differenza dei propri predecessori, della "corda tesa" che si sono lasciati alle spalle – sono pronti ad accettare la sfida dell'evoluzione autodiretta.

Si potrebbe obiettare che una simile risposta (una provocazione?) uccide il dialogo in partenza. Ma che dialogo è mai possibile con chi si ritiene depositario della verità assoluta, considera non negoziabili le proprie posizioni etiche e biasima come "disumani" i suoi critici?

Tuttavia, lo spirito scientifico invita a non fermarsi a questa scorciatoia argomentativa. L'etica bioconservatrice crolla di fronte a ben più consistenti fatti, perché è fondata su una concezione predarwiniana e dunque falsa dell'uomo. Quando Ferrara (facendosi interprete di un sentire comune nel mondo cattolico) dice che è immorale l'idea stessa della mutazione della natura umana, sembra dimenticare che siamo immersi da sempre in un processo di evoluzione e, dunque, la *natura umana* è qualcosa di difficilmente definibile e da sempre in costante mutamento.

Non solo. Dimentica anche che molte delle caratteristiche attuali dell'uomo derivano da *scelte* dei nostri predecessori di adottare determinati modi di vita, soluzioni, e tecniche, a partire dalla pietra scheggiata. Utilizzando strumenti da incisione, l'uomo ha avuto sempre meno bisogno di unghie forti. Controllando il fuoco e cuocendo il cibo, ha avuto sempre meno bisogno di una dentatura possente, dando la possibilità al cervello di occupare porzioni crescenti della scatola cranica a scapito della mandibola. Migliorando le armi da taglio è entrato in possesso di pellicce che hanno gradualmente reso superfluo il pelo per proteggersi dal freddo. Costruendo ripari, piuttosto che limitarsi a utilizzare quelli esistenti in natura, ha colonizzato ambienti diversi, con climi diversi, che hanno poi retroagito ulteriormente sul suo fenotipo e genotipo. Ogni nuova tecnologia ha retroagito sulla natura umana. Quindi, la natura umana non è un dato, ma *un prodotto della tecnica*, forse prima ancora che dell'ambiente.

È dunque scientificamente infondato quanto afferma Ferrara: non è vero che l'uomo di oggi, l'uomo postmoderno, piombato nel nichilismo dei valori, avendo rinunciato alle proprie radici cristiane, ha deciso di trasformare se stesso con la tecnica, seguendo un semplice capriccio, magari perché si annoia. L'uomo ha sempre mutato se stesso con la tecnica! Lo ha sempre fatto, negli ultimi quattro milioni di anni. La differenza è che ora ha preso coscienza del processo e si chiede se non sia più consigliabile farlo in modo razionale e consapevole.

Se l'uomo ha creato se stesso, se l'uomo è l'essere artificiale per natura, se è difficile o addirittura impossibile tracciare una linea di separazione netta tra il naturale e l'artificiale, affermare che l'etica transumanista è un errore, significa affermare che l'uomo stesso è un errore. Ma questo non è certamente ciò che credono umanisti e cristiani. Dunque, c'è piuttosto un errore fondamentale nella loro visione del mondo, che ci pare di avere svelato.

Naturalmente, i cattolici potrebbero sempre uscire dall'impasse affermando che la prova dell'esistenza di Dio è nella Rivelazione e che il darwinismo è solo un'"ipotesi".[352] Potreb-

---

[352] Ma dovrebbero perciò contraddire lo stesso Pontefice Giovanni Paolo II che, essendo più "illuminato" dei suoi seguaci, ha avuto prima il buon gusto di chiedere scusa per la condanna a Galileo Galilei e poi, sullo slancio, di impegnarsi una coraggiosa difesa del darwinismo con il *Messaggio ai partecipanti alla Plenaria della Pontificia Accademia delle Scienze* del 22 ottobre 1996. Se nell'enciclica *Humani generis*, Pio XII aveva affermato che l'evoluzione è un'ipotesi, quel giorno Karol Wojtyla si spinse oltre e affermò che «circa mezzo secolo dopo la pubblicazione dell'Enciclica, nuove conoscenze conducono a non considerare più la teoria dell'evoluzione una mera

bero, insomma, aggrapparsi alla fede e rinunciare alle vie razionali. Seguano pure questa strada, se preferiscono. In fondo, è la strada maestra indicata dalla destra cristiana americana. Seguendo questa via, però, non possono che tagliare ogni definitivo ponte con la modernità, ossia con il resto del mondo scientificamente e tecnologicamente avanzato, che include anche potenze non cristiane come la Cina, l'India e il Giappone, o almeno parzialmente "scristianizzate" come l'Europa.[353] Se la via della ragione non è percorribile, per la legge di Hume o per l'infondatezza dei giudizi di fatto su cui si costruisce la dottrina etica, quella della pura fede conduce alla marginalizzazione.

Si badi che i transumanisti non derivano la liceità etica dei propri comportamenti dalla costatazione che "si è fatto sempre così, seppur inconsapevolmente". Proprio perché, così facendo, violerebbero la Legge di Hume. E alla logica i transumanisti preferiscono non rinunciare. Tra l'altro, un movimento risolutamente futurista non può certamente cercare la propria fonte di autorità nel... passato, anche se il passato è davvero dalla sua parte. Quand'anche così non fosse, *oggi si può mutare semplicemente perché si vuole mutare*. Si torna dunque al primato della volontà e si accetta completamente la premessa metaetica del relativismo.

L'etica transumanista non è più "vera" di quella cattolica, nonostante tutte le difficoltà logiche ed empiriche di quest'ultima, dovute peraltro alle sue pretese assolutistiche. Non è più vera, perché i valori non sono né veri né falsi. Ma è la nostra. E questo ci basta.

---

ipotesi. È degno di nota il fatto che questa teoria si sia progressivamente imposta all'attenzione dei ricercatori, a seguito di una serie di scoperte fatte nelle diverse discipline del sapere. La convergenza, non ricercata né provocata, dei risultati dei lavori condotti indipendentemente gli uni dagli altri, costituisce di per sé un argomento significativo a favore di questa teoria».

[353] Pellicani afferma senza troppi giri di parole che «la "vera Europa" oggi è pagana, non già cristiana». Cfr. *Le radici pagane dell'Europa*, cit., p. 179.

13.4. *La questione dei diritti umani*

Noi abbiamo la nostra bioetica. I cattolici hanno la loro. *La nostra bioetica e la loro.* Non si potrebbe allora percorrere la via della tolleranza, del rispetto reciproco, accettando il relativismo dell'etica e le regole laico-liberali che dovrebbero consentire ai cittadini di procedere in direzioni diverse, o almeno quelle autenticamente democratiche che dovrebbero consentire alle comunità popolari di prendere decisioni rispetto al proprio avvenire?[354]

A quanto pare, i cattolici sono contrari. Al punto che usano ormai toni durissimi, quando parlano di bioetica. Mentre i "laici generici" si stupiscono di quest'atteggiamento, i "laici transumanisti" non si stupiscono affatto. Questo accade perché i laici generici, a differenza dei cattolici e dei transumanisti, hanno una visione meno radicale del futuro.

Tutto sarebbe più chiaro se i cattolici, invece di arrampicarsi sugli specchi di una presunta etica assoluta, raccontassero le loro vere paure. Personalmente, non credo certo che Karl Marx avesse sempre ragione. Tuttavia, ritengo che avesse ragione perlomeno quando invitava a cercare gli *interessi* dietro le dottrine etiche e morali. Detti interessi non sono necessariamente di classe, o materiali, come sosteneva Marx, ma sono nondimeno un fattore non trascurabile.

Il piano di Giuliano Ferrara non è un mistero. Traspare da una serie infinita di articoli apparsi su *Il Foglio*, in tema di "scontro di civiltà". Pare che, pur essendo ateo, il giornalista

---

[354] Risulta infatti da numerosi sondaggi che la posizione della Chiesa cattolica in materia di procreazione artificiale umana, testamento biologico, contraccezione, eutanasia, aborto, terapie geniche, ecc., è minoritaria nel paese. La bioetica cattolica si impone a norma di legge grazie alla compiacenza non proprio disinteressata di una casta politica eletta attraverso discutibili meccanismi, che non prevedono per esempio il voto di preferenza e non consentono il ricambio generazionale che si vede in altri paesi democratici. Anche il ricorso al referendum è vanificato dalla tattica ormai sistematica dei "sicuri perdenti" di boicottarlo affinché non si raggiunga il quorum dei votanti. Si veda, per esempio, I. Diamanti, *Biotestamento e preservativo: gli italiani bocciano il Papa*, «la Repubblica», 25 marzo 2009.

sogni di mandare in guerra i giovani europei nel segno della croce, nella speranza che mostrino un fervore non inferiore di quello che ha animato finora gli integralisti islamici. Ritiene insomma che per sconfiggere l'Islam, l'Occidente debba essere duro e fanatico come il nemico. Ritiene inoltre che la bioetica – con i suoi toni apocalittici e le sue questioni di vita o di morte – sia il miglior banco di prova, per tentare di ridare vigore alla fede cristiana e trasformarla in *instrumentum regni*. La fede cristiana e la fedeltà alle gerarchie cattoliche può, infine, rivelarsi un ottimo strumento per dare finalmente un'anima al centrodestra, altrimenti legato al carisma di un capo indiscusso, ma non immortale, e agli interessi gestionali di una casta di politici saltati a bordo per spartirsi le spoglie del sistema (problema identitario che del resto non lascia indenne neanche il centrosinistra).

Limitatamente al problema della bioetica, finora il popolo italiano, per stessa ammissione di Ferrara, ha risposto al grido di dolore «con una sonora pernacchia».[355] L'operazione di ricostruzione identitaria del centrodestra sembra invece avere maggiore successo.

Giochiamo allora a carte scoperte. Una volta accettata l'idea che l'etica è un fatto di interessi e sentimenti, più che di natura e ragione, i cattolici potrebbero mettere in evidenza, come fa Fukuyama meglio di Ferrara, che sussiste un pericolo oggettivo per la loro esistenza, se fallisce il loro tentativo di imporre a tutti la propria bioetica (in barba alla laicità degli Stati e alle libertà civili). Si badi che il pericolo riguarda i soli bioconservatori, dei quali i cattolici costituiscono una parte consistente, e non *l'umanità intera* come vorrebbero farci credere.

Questo i laici stentano a capirlo. I laici si chiedono: com'è possibile che un principio tanto chiaro come l'articolo 4 della *Dichiarazione dei diritti dell'uomo e del cittadino*, recepito anche dalla *Dichiarazione universale dei diritti umani*, che

---

[355] Cfr. C. Pasolini, *Ferrara tra delusione e ironia: L'Italia mi ha fatto una pernacchia*, «la Repubblica», 15 aprile 2008.

attribuisce all'individuo una libertà amplissima, limitata soltanto dal diritto alla libertà degli altri, sia de facto calpestato continuamente da cattolici e da laici conservatori che tra l'altro amano dirsi liberali? In realtà, i cattolici si richiamano ai diritti umani solo quando fa loro comodo, come vedremo più sotto. E, d'altronde, non si può nemmeno criticarli troppo per questo, dal momento che i diritti dell'uomo sono un prodotto storico, relativo a specifici luoghi, tempi e sensibilità, un precipitato di quella morale liberale e borghese di cui parlava Trotskij, che al pari di tutte le altre regole etiche non sfugge alla Legge di Hume e alla fallacia naturalistica.[356]

Nel frattempo, i "laici" insistono ossessivamente sul fatto che la laicità apre spazi di libertà (senza peraltro mai dirci che cosa ne vogliono fare, o cosa pensano se ne dovrebbe fare). All'interno di questi spazi, il cattolico è libero di rimanere attaccato a un sondino nasogastrico anche per l'eternità, se lo desidera, mentre un non cattolico, può decidere di rinunciare alla terapia, pur sapendo che tale rinuncia lo porterà alla morte. Ma i cattolici sembrano sordi al ragionamento. Come abbiamo già visto, sostengono che il corpo non appartiene all'uomo, ma a Dio, che le leggi di Dio sono superiori alle leggi dell'uomo, inclusa le dichiarazioni sui diritti umani, e che la Chiesa cattolica è l'unica interprete legittima della legge di Dio. Per questa via arrivano a capovolgere la realtà, spacciando un obbligo (di vita) per un diritto (alla vita).

Sono tutti impazziti? No. In realtà, le gerarchie ecclesiastiche hanno capito che la laicità non è più (o non è mai stata) una garanzia sufficiente per loro. Non vogliono la libertà di religione, ma la libertà di imporre a tutti la propria religione. C'è una serie impressionante di encicliche che conferma questa linea, anche se i "cattolici liberali" sembrano non vederle. Ora, però, lo ammettono candidamente anche i pubblicisti cattolici. Per esempio, Lucetta Scaraffia, in un articolo contro il transumanesimo apparso su *Avvenire*, dice che «la via seguita dai

---

[356] Si veda, a proposito: S. Vaj, *Indagine sui diritti dell'uomo. Genealogia di una morale*, LEdE-Akropolis, Roma 1985.

fautori della "libertà della scienza" a ogni costo sarà la difesa dei diritti civili, come già vediamo dall'allargamento dei diritti umani al piacere sessuale e alla possibilità di cambiare l'identità sessuale per motivi psicologici, tendenze che nascondono l'abbandono dei primi e più importanti diritti sanciti dalla dichiarazione del 1948: quello alla libertà religiosa e soprattutto quello che sancisce la dignità di ogni vita umana».[357] Dunque, Scaraffia ammette che i diritti civili possano trovarsi dalla parte dei transumanisti, non da quella dei cattolici, e che perciò vadano messi da parte quando necessario.

Tuttavia, erra clamorosamente quando afferma che esistono fantomatici "primi e più importanti" diritti umani che garantiscono la libertà religiosa, come lei la intende. La dichiarazione del 1948, in realtà, garantisce un diritto ad avere una propria religione e *a cambiare religione*, cioè un diritto all'apostasia, non certo una prerogativa degli stati clericali di imporre o privilegiare scelte religiose cristiane.[358] Ma ancora, possiamo chiederci: in che modo una persona che cambia sesso o ritiene di poter trarre piacere dal sesso limita la libertà religiosa di Lucetta Scaraffia?

Un laico fa fatica a capire, non vede la logica del ragionamento. Sembrano confrontarsi due visioni del mondo inconciliabili e incommensurabili. Ma Scaraffia è persona di riconosciuta intelligenza, sicuramente in grado di capire che il diritto all'apostasia è l'esatto contrario della prerogativa statale di imporre una religione. Perciò, la disonestà intellettuale diventa un legittimo sospetto. Anche perché i paesi islamici hanno rifiutato di firmare la *Dichiarazione universale dei diritti umani*,

---

[357] L. Scaraffia, *Transumanisti, la nuova utopia dei "mutanti"*, «Avvenire», 12 luglio 2007.

[358] Così recita l'articolo 18: «Ogni individuo ha diritto alla libertà di pensiero, di coscienza e di religione; tale diritto include la libertà di cambiare di religione o di credo, e la libertà di manifestare, isolatamente o in comune, e sia in pubblico che in privato, la propria religione o il proprio credo nell'insegnamento, nelle pratiche, nel culto e nell'osservanza dei riti». Assemblea Generale delle Nazioni Unite, *Dichiarazione Universale dei Diritti Umani*, 10 dicembre 1948.

sottoscrivendone una alternativa, proprio perché l'Islam coerentemente non ammette l'apostasia.

Allora torniamo alle obiezioni serie, quelle di Fukuyama, e capiremo forse qual è il timore reale dei bioconservatori (cattolici inclusi), quali sono gli interessi che sentono insidiati e perché si sentono in diritto di derogare alle libertà civili, anche quando provengono da una cultura liberale.

Il filosofo nippo-americano teme che, se alcuni umani evolveranno in esseri superiori, queste nuove creature potenziate rivendicheranno nuovi diritti o potrebbero non riconoscere più i diritti di chi resterà indietro. Inoltre, l'appello alla libertà di scelta è una burla, perché, se alcuni progrediscono, gli altri non potranno permettersi di non seguirli. Se anche si ammette che nelle società ricche e avanzate, più o meno tutti riusciranno a evolvere in una specie superiore, resta da considerare il fato dei cittadini dei Paesi più poveri. In tali paesi, le innovazioni della biomediche e biotecnologiche resteranno probabilmente fuori dalla portata delle masse. Tutto ciò, secondo Fukuyama, costituisce una minaccia all'idea di uguaglianza tra gli uomini.[359]

Nick Bostrom risponde alle preoccupazioni del politologo notando che la diseguaglianza sostanziale non implica necessariamente una diseguaglianza formale. Anch'io ho risposto in modo analogo su *Libero*, non appena è apparso l'articolo di Fukuyama sul *Corriere*. Le diseguaglianze esistono già: ci sono individui ricchi e poveri, belli e brutti, intelligenti e stupidi, colti e ignoranti, alti e bassi, felici e infelici, sani e malati, famosi e sconosciuti, forti e deboli, potenti e marginalizzati, e via dicendo. Ciononostante, riconosciamo *formalmente* a tutti i cittadini gli stessi diritti civili e politici. Dell'uguaglianza *sostanziale* (almeno a riguardo del reddito) si sono occupati in passato socialisti e comunisti, ma non certo liberali e conservatori, alle cui schiere Fukuyama appartiene. Dunque, ci siamo chiesti, di che si preoccupa Fukuyama?

---

[359] Cfr. F. Fukuyama, *Biotecnologie: la fine dell'uomo*, «Corriere della sera», 10 febbraio 2005.

Tuttavia, la risposta di Bostrom e la mia differivano su un punto importante. Mentre il filosofo svedese insisteva sulla necessità di riconoscere ai postumani gli stessi diritti che hanno gli umani, aggiungendo che così sarebbe andato tutto per il meglio,[360] io mettevo in luce il fatto che il transumanesimo avrebbe potuto consentire ai più svantaggiati sul piano sostanziale di colmare le distanze, di correggere i problemi. Questo perché non mi sfuggiva che il problema sollevato da Fukuyama era esattamente l'opposto di quello trattato da Bostrom. Se davvero emergerà una specie superumana, è improbabile che questa sia ridotta a elemosinare alla specie umana diritti civili e politici. Semmai, è molto più probabile che i "superumani" si rifiutino di farsi governare dagli umani, anche se questi ultimi sono legittimati dal numero e dalle regole democratiche. Perché mai governanti meno forti, longevi e intelligenti dovrebbero avere il diritto di decidere le sorti di esseri a loro biologicamente "superiori", dei quali potrebbero non capire neppure le esigenze?

Tra l'altro, potrebbero non servire affatto atti violenti. Anche in un quadro "pacifico e democratico", se i bioconservatori (cattolici inclusi) saranno coerenti e non si avvarranno delle terapie geniche per allungare la vita o nuove tecnologie per

---

[360] Scrive Bostrom: «L'affermazione che solo gli individui che possiedono l'essenza umana potrebbero avere un valore intrinseco è errata. Solo i più insensibili negherebbero che il benessere di alcuni animali non umani sia importante almeno in una certa misura. Se un visitatore dallo spazio arrivasse alla nostra porta e avesse coscienza e capacità morale come noi umani, sicuramente non negheremmo il suo status morale o il suo valore intrinseco solo perché non ha una qualche "essenza umana" indefinita. Allo stesso modo, se alcune persone modificassero la propria biologia in un modo che alterasse qualunque cosa Fukuyama giudichi essere la loro "essenza", vorremmo davvero privarle della loro posizione morale e dei loro diritti legali? Escludere le persone dal circolo morale semplicemente perché hanno un'"essenza" diversa da "tutti noi" è simile a escludere le persone in base al loro genere o al colore della loro pelle». N. Bostrom, *Transhumanism: The World's Most Dangerous Idea?*, nickbostrom.com, 2004. Per una risposta più articolata, si veda: N. Bostrom, *In Defense of Posthuman Dignity*, «Bioethics», Volume 19, No. 3, 2005, pp. 202-214.

riprodursi, perderanno in futuro peso politico, per questioni demografiche e socioeconomiche. Gli atei e i diversamente credenti, prolungando la propria esistenza e aumentando le proprie energie, potranno partecipare all'elettorato attivo e passivo in un numero maggiore di competizioni elettorali e tramite la riproduzione artificiale potrebbero, se lo desiderano, anche avere una prole più numerosa.

Inoltre, in una società basata sul mercato, la meritocrazia, la competizione autentica, è evidente che i superumani sarebbero avvantaggiati nelle attività imprenditoriali e professionali. Prenderebbero il sopravvento legalmente. Mentre, in un sistema bloccato, nepotistico o classista, se lasciati fuori dal potere o dalle élite economiche assistite dallo Stato, i postumani potrebbero usare la propria superiore forza e intelligenza per ribaltare il sistema con un atto rivoluzionario.

In un mondo interconnesso come il nostro, la buona vita dei transumanisti avrà necessariamente conseguenze sulla buona vita dei bioconservatori, cattolici inclusi. Per questo il filosofo nippo-americano si chiede: «Se alcuni vanno avanti, potranno gli altri permettersi di non seguirli?».[361]

La risposta onesta è la seguente: potranno certamente farlo, ma accettando la prospettiva di una probabile, se non certa, subalternità sociale, e a termine potenzialmente della propria estinzione.[362] È proprio perché sono ben consci di questo pericolo che i bioconservatori cattolici considerano la risposta dei laici sugli spazi di libertà come del tutto inadeguata. La libertà conduce dritta dritta alla mutazione postumana. Se il processo

---

[361] F. Fukuyama, *Biotecnologie: la fine dell'uomo*, cit.

[362] Si badi che la disuguaglianza sociale è sempre esistita e, dunque, è quantomeno curioso che gridi allo scandalo proprio chi non l'ha mai combattuta. Si potrebbe qui citare la giustificazione dello schiavismo di San Paolo in numerose lettere (agli Efesini, ai Corinzi, ai Galati, a Tito, ai Colossesi) o le critiche del socialismo contenute in molti documenti ufficiali della Chiesa, in primis nel *Syllabus complectens praecipuos nostrae aetatis errores* di Pio IX (1864). Lo ripetiamo: a preoccupare il conservatore è un possibile ribaltamento di equilibri di forza che parevano consolidati. Ma questo è un altro discorso.

si avvia, i cattolici dovranno rimangiarsi tutto quello che hanno detto contro le biotecnologie e avviarsi anche loro sulla strada dell'evoluzione autodiretta, oppure – per evitare di passare per l'ennesima volta da ipocriti – devono bloccare con tutti i mezzi possibili la mutazione antropologica, prima che la macchina si metta in moto. Se restano insieme "liberali" e coerenti fino in fondo con le proprie idee cristiane, hanno un'alta probabilità di soccombere.

Se la risposta dei laici appare inadeguata, la perorazione di Bostrom per garantire i diritti civili ai postumani appare ai cattolici una vera e propria presa in giro. Gli umani si preoccupano di essere un giorno dominati da un'élite di superumani, e qui si rivendicano "eguali diritti" per i superuomini? Come può un povero umano avere solo la speranza di poter discriminare un postumano molte volte più intelligente, forte e longevo di lui?

Insomma, io, che sono transumanista, riconosco per onestà intellettuale che la posizione illiberale dei bioconservatori è, dal loro punto di vista, sensata, anche se ovviamente non la condivido. Le libertà civili sono contro di loro. Peccato che *loro* non siano altrettanto onesti intellettualmente da ammettere una volta per tutte che sono illiberali e costretti a esserlo.

Come conseguenza della biopolitica aggressiva dei clericali e del fatto che essa ha una motivazione forte, io sono convinto che l'unica politica coerente per i transumanisti possa essere proprio quel "postumanesimo per tutti" che il filosofo Paolo Rossi irride come una speranza smisurata nel suo libro intitolato appunto *Speranze*.[363]

Proprio così: postumanesimo per tutti. Non biotecnologie per chi se le può permettere e magari senza sbandierare troppo la questione, ma accesso generalizzato alle biotecnologie e propaganda massiccia affinché se ne faccia uso. Forse ha ragione Rossi, l'obiettivo del salto di specie per tutti è utopico e forse irraggiungibile, ma l'alternativa che vedo all'orizzonte è una lotta di specie che si sovrappone a una lotta di classe. Per-

---

[363] P. Rossi, *Speranze*, Il Mulino, Bologna 2008, pp. 69-77.

ciò, sostengo che vale la pena di fare ogni possibile sforzo in quella direzione.

13.5. *Appello ai "laici"*

Le ultime parole non posso che rivolgerle ai "tremebondi laici" – un'efficace espressione che prendo in prestito da Marco Travaglio. Non serve a nulla rivendicare uno spazio di libertà, se poi non si cerca di riempirlo con dei contenuti positivi, con una proposta alternativa di "buona vita". I bioconservatori clericali avanzano a colpi di scimitarra, mettendo ora in dubbio anche i princìpi della Costituzione e libertà civili che in Europa esistono da tempo immemoriale, mentre i tremebondi laici rispondono a colpi di fioretto, riconoscendo perfino che la "sana laicità" è cosa del tutto diversa dal "cattivo laicismo". Qui invece bisogna mettere in campo una visione alternativa altrettanto vigorosa, affinché in quello spazio di libertà aperto dalla laicità ci siano davvero due (o più) contendenti, con progetti diversi, e non solo uno che spadroneggia e l'altro evanescente che parla timidamente delle regole del gioco, senza proporre alternative.

Se il laico è colui che pretende la neutralità dello Stato di fronte alle credenze religiose (il che implicherebbe del resto eliminare i crocefissi dagli edifici pubblici, le esenzioni fiscali alla Chiesa cattolica, i finanziamenti alle scuole private cattoliche, l'ora di religione nelle scuole pubbliche, i cappellani militari nelle forze armate, e molti altri privilegi), non possono certo dirsi laici personaggi come Giuliano Ferrara, Fabrizio Cicchitto, Marcello Pera e Maurizio Sacconi. Questi ex socialisti, in una forma di rigetto estremo dell'ideologia socialista – tradizionalmente laica e spesso anticlericale – sono ora diventati più clericali del Papa, forse per legittimarsi di fronte agli altri militanti del centrodestra, di sicuro pedigree democristiano o catto-tradizionalista.[364]

---

[364] Singolare il fatto che la palma della laicità nel centrodestra vada ormai assegnata a Gianfranco Fini, segno che si stanno sgretolando inesorabilmente i tradizionali confini della politica. Forse, questo fenomeno è causalmente ascrivibile *anche* al tumultuoso emergere delle biotecnologie.

Le voci critiche verso il progetto di uno Stato etico confessionale non mancano nel mondo cattolico, ma *de facto* le battaglie di laicità le fanno soprattutto gli atei o i diversamente credenti, proprio perché si sentono minacciati da quella che Aldo Schiavone ha ribattezzato «l'ondata neoguelfa»,[365] ma che in realtà non ha nulla di nuovo.

In uno Stato come quello italiano, in cui lo "svaticanamento" auspicato da Marinetti resta di là da venire, il rifiuto del clericalismo non può essere testimoniato a livello puramente verbale, ma deve tradursi in azione politica concreta e coerente. E se i "falsi laici" insistono con questa confusione terminologica, spacciando per laicità il più sfacciato clericalismo, si accomodino pure. Vorrà dire che tutti gli altri dovranno definirsi "laicisti", per evitare il contagio e la confusione. Ora che "laicismo" è diventata una brutta parola, sempre accompagnata dall'aggettivo radicale o intransigente, si può sperare che non se ne approprino ancora una volta gli usurpatori clericali.[366]

Ma veniamo al punto. Il motivo per cui i cattolici si intestardiscono su un sondino nasogastrico, una pillola contraccettiva, un'operazione chirurgica per cambiare sesso, una cura ormonale, una terapia genica, un'iniezione di cellule staminali, una procreazione in vitro, un suicidio assistito, a costo di buttare all'aria la costituzione democratica e la convivenza civile, è che sanno benissimo che *questo è solo l'inizio*. Riconoscere ai cittadini un diritto sul corpo, significa riconoscere anche il diritto alla mutazione postumana, con tutte le conseguenze che ciò comporta. Conseguenze tragiche per il cristianesimo, giacché sono convinti che Dio si riveli ai bambini, agli umili, ai poveri di spirito, agli ignoranti, e giammai ai sapienti, ai forti, agli spiriti liberi o – per dirla con Nietzsche – ai "benriusciti" (in senso spirituale, prima ancora che fisico). Ora, i postumani

---

[365] A. Schiavone, *Il pericolo dell'ondata neoguelfa*, «la Repubblica», 5 febbraio 2008. Il concetto è stato poi ripreso e ulteriormente drammatizzato da altri intellettuali progressisti: cfr. M. Mafai, *Il testamento biologico e l'ondata neoguelfa*, «la Repubblica», 3 gennaio 2009.

[366] R. Campa, *Laicismo*, «Mondoperaio», № 2, Marzo-Aprile 2006, pp. 153-156.

minacciano in questo senso di essere "più sapienti del più sapiente tra gli uomini". Come potranno questi esseri abominevoli credere ai miracoli, alle guarigioni, alle possessioni, alla grazia, alla provvidenza, alla rivelazione, alla redenzione? Come potranno i cattolici appellarsi alla natura umana, alle leggi di natura, quando la soggezione della natura stessa al divenire è sottolineata dal suo cambiare sotto i nostri stessi occhi?

C'è chi giura sulla compatibilità di transumanesimo e cattolicesimo, e certamente non mi dispiacerebbe se i cattolici abbracciassero in massa il transumanesimo, ma ciò implicherebbe una trasformazione radicale del loro credo. È davvero difficile immaginare un superuomo che recita il rosario in parrocchia, tormentato da sensi di colpa per il solo fatto che esiste, pensa, ama, lotta, gioisce. Se si verificasse questa convergenza tra le due dottrine, significherebbe che il cattolicesimo è diventato tutt'altra cosa da quello che ci ha consegnato la tradizione.[367] Non stupisce allora che i cattolici più tradizionalisti abbiano reagito istintivamente in modo negativo all'emergere di questa filosofia. Essi percepiscono il transumanesimo come un rovesciamento del cristianesimo, un vero e proprio anticristianesimo. Nel cristianesimo è Dio che si fa uomo per donare la salvezza alle sue creature, nel transumanesimo è l'uomo che si fa dio per salvarsi dal creatore (la natura, che l'ha creato intelligente e inquieto, ma anche debole e mortale).

Se i laicisti – come i transumanisti – vogliono davvero la libertà di poter disporre del proprio corpo, magari per rallentare l'invecchiamento e allontanare la morte, oppure per procreare artificialmente o darsi la dolce morte, non devono limitarsi a rivendicare a parole detta libertà, magari riconoscendo nel contempo la "superiore" autorità morale della Chiesa cattolica e quasi chiedendo scusa per la propria devianza. Il risultato di questa fallimentare politica è sotto gli occhi di tutti: stiamo

---

[367] Del resto, questo è esattamente ciò che auspicava Pierre Teilhard de Chardin. Si veda, a proposito: R. Campa, *Credere nel futuro. Il lato mistico del transumanesimo*, Orbis Idearum Press, Cracovia 2019.

gradualmente perdendo libertà che in fondo nessuno rimetteva davvero in discussione sino ad ancora pochi anni fa.

Ai laicisti – come ai transumanisti – ripugna talora l'idea di imporre le proprie idee urbi et orbi, proprio perché sono o dovrebbero essere relativisti. Tuttavia, essi possono pur sempre riempire il proprio spazio di libertà organizzandosi e facendo propaganda tra i cittadini, non meno di quanto fanno i clericali, per cambiare la loro visione del mondo, per prepararli alla sfida della mutazione postumana, se sono transumanisti, o per convincere i cattolici all'apostasia, se sono atei o diversamente credenti. È un diritto anche questo.

In altre parole, non solo certe pratiche biotecnologiche debbono essere libere, ma possono e debbono anche essere incoraggiate e finanziate, affinché davvero la mutazione postumana risulti alla portata di tutti. Non basta più una bioetica laica. Serve anche una risoluta biopolitica transumanista. Per dirla con Vegezio: *si vis pacem, para bellum*.

Ma i "tremebondi laici" hanno capito qualcosa di tutto questo? Hanno capito che il problema oggi non è più solo la difesa di un'astratta libertà di scegliere, ma la diffusione (attraverso la persuasione, la propaganda) di un'idea di "buona vita" alternativa a quella cattolica? Con un'abile mossa propagandistica, i cattolici riescono ora a passare come difensori della vita e a fare passare i laicisti per partigiani della morte, perché li hanno costretti, li costringono, a fare battaglie estenuanti a favore dell'aborto o dell'eutanasia. I laicisti si sono trovati a combattere quelle battaglie scomode, in nome dell'autodeterminazione, ma salvo "riconoscere" che in fondo le leggi permissive servirebbero per portare alla luce del sole e regolamentare fenomeni intrinsecamente "negativi" che già esistono a livello clandestino. In altre parole, finiscono per dare ragione ai cattolici sul piano dei princìpi e li contrastano solo sul piano del metodo. Lo scopo principale dei laicisti si riduce così alla *minimizzazione dei danni* – e magari dei danni del "caso singolo", come nelle vicende Welby o Englaro – che le scelte clericali comportano, ma non si spinge alla *messa in discussione dei princìpi*. La questione non è più parlare di eutanasia, ma negare – talora anche contro l'evidenza – che questo o quello sia "davvero" eutanasia. Non può allora stupire la debolezza del laicismo, di fronte all'opinione pubblica.

I cattolici si sono invece trovati spiazzati sin dall'inizio con i transumanisti, proprio perché gli alfieri della tecnoscienza pongono l'allungamento della vita come pilastro valoriale della propria bioetica, insieme all'intelligenza, al potenziamento, al ringiovanimento, alla salute. Sono allora i cattolici a essere costretti a fare una scomoda battaglia a favore della morte, della stupidità, della debolezza, della senescenza e della malattia, che il senso comune continua a percepire istintivamente come disvalori. Per liberare il mondo dal dogmatismo e dal fanatismo – ovvero da una religiosità insana che vuole imporsi con la forza e la violenza – è allora necessario raccogliere la sfida che ci pongono le biotecnologie. Se i laicisti riusciranno a fare questo passo, usciranno dall'angolo in cui si sono cacciati. La scelta che le biotecnologie ci chiamano a fare è tra mutare e perire. E la risposta che daremo sarà in grado di svelare, una volta per tutte, qual è, tra quella laicista e quella cattolica, la vera cultura della vita e la vera cultura della morte.

In Italia, c'è stata battaglia tra cristiani e pagani nell'antichità, tra guelfi e ghibellini nel medioevo, tra cattolici e anticlericali nell'era moderna. Una guerra incessante tra chi guarda al cielo e chi è nietzschianamente "fedele alla terra" e al sogno di grandezza umana di cui siamo eredi. Questa è la reale spaccatura politica del nostro Paese, viva e pulsante da duemila anni, di là di ogni altra surrettizia divisione. Con l'avvento della postmodernità, la nuova contrapposizione ideologica sta diventando, è già diventata, quella tra bioconservatori e transumanisti. Una contrapposizione nuova, ma dal sapore antico, perché non poteva che incanalarsi nei solchi già tracciati dalla storia.

Bibliografia

AA.VV., *The Transhumanist Declaration (2012)*, in M. More, N. Vita-More (a cura di), *The Transhumanist Reader: Classical and Contemporary Essays on the Science, Technology, and Philosophy of the Human Future*, Wiley-Blackwell, Oxford 2013, pp. 54-55.

Antiseri D., *Le mie obiezioni ai sostenitori della legge naturale*, «Il Foglio», 19 ottobre 2005.

Aramant R. B., M. J. Seiler, *Progress in retinal sheet transplantation*, «Progress in Retinal and Eye Research», Volume 23, Issue 5, 2004, pp. 475-494.

Assemblea Generale delle Nazioni Unite, *Dichiarazione Universale dei Diritti Umani*, 10 dicembre 1948.

Assemblée Constituante, *Déclaration des Droits de l'Homme et du Citoyen*, Extrait du Procès-Verbal de l'Assemblée Nationale, du Jeudi premier Octobre 1789.

Associazione Italiana Transumanisti (a cura di), *Il transumanismo. Cronaca di una rivoluzione annunciata*, Lampi di Stampa, Milano 2008, pp. 53-59.

Associazione Italiana Transumanisti, *Bibliografia*, transumanisti.it, 19 settembre 2024 (data di accesso).

Associazione Luca Coscioni, *Intervista a Giulio Cossu*, lucacoscioni.it, 8 aprile 2005.

Bacone F., *Nuova Atlantide*, Berlusconi, Milano 1996.

Bacone R., *La scienza sperimentale*, Rusconi, Milano 1990.

Balbi A., *Cani uccisi e riportati in vita. Incredibile esperimento negli Usa*, «la Repubblica», 28 giugno 2005.

Barcellona P., *L'epoca del postumano. Lezione magistrale per il compleanno di Pietro Ingrao*, Città Aperta, Troina 2007.

Bellone E., *La scienza negata*, Codice Edizioni, Torino 2005.

Benedetto XVI, *Messaggio del Santo Padre Benedetto XVI al Congresso Internazionale "Humanae Vitae: Attualità e profezia di un'Enciclica"*, ratzingerbenedettoxvi, 3-4 ottobre 2008.

Benedetto XVI, *Missa pro eligendo Romano Pontefice*, Patriarcale Basilica di San Pietro, vatican.va, 18 aprile 2005.

Bernal J. D., *The World, the Flesh & the Devil. An Enquiry into the Future of the Three Enemies of the Rational Soul*, Johnatan Cape, London 1929.

Blackstone E. A., M. L. Morrison, M. B. Roth, *Hydrogen Sulfide Induces a Suspended Animation-State in Mice*, «Science», 308(5721), April 2005, p. 518.

Boncinelli E., Sciaretta G., *Verso l'immortalità? La scienza e il sogno di vincere il tempo*, Raffaello Cortina, Milano 2005.

Bostrom N., *In Defense of Posthuman Dignity*, «Bioethics», Volume 19, No. 3, 2005, pp. 202-214.

Bostrom N., *Transhumanism: The World's Most Dangerous Idea?*, nickbostrom.com, 2004.

Braidotti R., *In metamorfosi. Verso una teoria materialistica del divenire*, Feltrinelli, Milano 2003.

Brockman J., *La terza Cultura. Oltre la rivoluzione scientifica*, trad. it. di L. Carra, Garzanti, Milano 1995.

Buzzati D., *Che accadrà il 12 ottobre?*, in Id., *Le notti difficili*, Mondadori, Milano 1971.

Campa R., *Creatori e creature. Anatomia dei movimenti pro e contro gli OGM,* Deleyva Editore, Roma 2016.

Campa R., *Credere nel futuro. Il lato mistico del transumanesimo*, Orbis Idearum Press, Krakow 2019.

Campa R., *Dal postmoderno al postumano: Il caso Lyotard*, «Il Giornale della filosofia», n. 21, 2007.

Campa R., *Etica della scienza pura. Un percorso storico e critico*, Sestante Edizioni, Bergamo 2007.

Campa R., *Il culto della Singolarità. Com'è nata la religione della tecnoscienza*, «Orbis Idearum. European Journal of the History of Ideas», Volume 6, Issue 2, 2018, pp. 95-110.

Campa R., *Il paradigma noocentrico: Dio, l'umano, il postumano e l'alieno nella visione cosmica di Teilhard de Chardin*, in A. Cesaro e G. Dioni (a cura di), *Breve sogno. Sull'orlo del futuro tra umano e post-umano*, Artetetra

Edizioni, Capua 2024, pp. 129-152.

Campa R., *Il superuomo del futurismo. Tra immaginario tecnologico e socialismo rivoluzionario*, in Id. (a cura di), *Divenire, Rassegna di studi interdisciplinari sulla tecnica e il postumano*, Volume 3, Sestante Edizioni, Bergamo 2009.

Campa R., *L'utopia di Trotsky: un socialismo dal volto postumano*, in Id. (a cura di), *Divenire. Rassegna di studi interdisciplinari sulla tecnica e il postumano*, Volume 1, Sestante Edizioni, Bergamo 2008.

Campa R., *La dimensione mistica della demografia nella futurologia di Teilhard de Chardin*, «Futuri», Anno III, № 7, 2016, pp. 56-66.

Campa R., *La pandemia, il ritorno del positivismo e la lezione dimenticata del razionalismo critico*, «Orbis Idearum», Volume 10, Issue 1, 2021, pp. 49-74.

Campa R., *La rivincita del paganesimo. Una teoria della modernità*, Deleyva editore, Monza 2013.

Campa R., *La scienza pura e l'orizzonte postumano*, ulisse.sissa.it, 9 marzo 2007.

Campa R., *Laicismo*, «Mondoperaio», № 2, Marzo-Aprile 2006, pp. 153-156.

Campa R., *Le radici pagane della rivoluzione biopolitica*, in Id. (a cura di), *Divenire. Rassegna di studi interdisciplinari sulla tecnica e il postumano*, Volume 4, Sestante Edizioni, Bergamo 2010, pp. 93-159.

Campa R., *Macchine a venire: spirituali e immortali, La Singolarità tecnologica nelle profezie scientifiche di Ray Kurzweil*, «Quaderni d'altri tempi», № 67, 30 ottobre 2017, pp. 1-8.

Campa R., *Manifesto dei transumanisti italiani*, «Letteratura Tradizione», n. 43, Heliopolis Edizioni, Pesaro 2008.

Campa R., *Manifesto dei transumanisti italiani*, in Id. (a cura di), *Divenire: Rassegna di studi interdisciplinari sulla tecnica e il postumano,* Volume 2, Sestante Edizioni, Bergamo 2009.

Campa R., *Mutare o perire. La sfida del transumanesimo*, prima edizione, Sestante Edizioni, Bergamo 2010.

Campa R., *Procreazione artificiale umana*, «Mondoperaio», № 3, Maggio-Giugno 2007.

Campa R., *Pure science and the Posthuman future*. In: S. Marsen (a cura di), *Becoming More than Human: Technology and the Post-Human Condition*, special issue of the «Journal of Evolution and Technology», Volume 19, issue 1, September 2008.

Campa R., *Ratzinger contra Bacone*, «Mondoperaio», № 2, Marzo-Aprile, 2008, pp. 48-61.

Campa R., *Storie di fine vita. Saggio sull'eutanasia*, La Carmelina, Ferrara 2015.

Campa R., *Tecnoetica*, Orbis Idearum Press, Krakow 2023.

Campa R., *Teilhard del Chardin e la ricezione del suo pensiero nella Chiesa cattolica*, «Orbis Idearum», Volume 5, Issue 2, 2017, pp. 73-106.

Campa R., *The Sociology of Global Warming: A Scientometric Look*, «Studia Humana», Volume 10. Issue 1, 2021, pp. 1-17.

Campa R., *Transumanesimo*, «Mondoperaio», № 4-5, Luglio-Ottobre 2006, pp. 148-153.

Campa R., *Trattato di filosofia futurista*, Avanguardia 21, Roma 2012.

Campa R., *Una spirale ascendente. Origine e sviluppo del transumanesimo*, «Pedagogia e vita», 75 (2), 2017, pp. 27-40.

Capone E., *Neuralink, effettuato il primo impianto di un chip nel cervello di una persona*, «la Repubblica», 30 gennaio 2024.

Caronia A., *Il cyborg. Saggio sull'uomo artificiale*, Theoria, Roma-Napoli 1985.

Caronia A., M. Pireddu, A. Tursi, *La filosofia del post-umano: nuova frontiera del soggetto*, «Liberazione», 21 aprile 2007.

Caruso L. (a cura di), *Manifesti Futuristi 1909 - 1944. Proclami, interventi e documenti teorici*, Coedizioni Spes-

Salimbeni, Firenze 1980.

Celi L. (con M. Motta), *AAA Nanoetica cercasi. Si accende il dibattito sulle implicazioni etiche e sociali delle nanotecnologie*, «Jekyll on line», Luglio 2003.

Cellot G., E. Cilia, S. Cipollone et al., *Carbon nanotubes might improve neuronal performance by favouring electrical shortcuts*, «Nature Nanotech», 4, 2009, pp. 126–133.

Chadwick R., *The Icelandic database – do modern times need modern sagas?*, «British Medical Journal», 319(7207), 14 August 1999, pp. 14441-4.

Condorcet N., *Quadro storico dei progressi dello spirito umano*, Rizzoli, Milano 1989.

Connor S., *Nobel scientist happy to 'play god' with DNA*, «The Independent», 17 maggio 2000.

Crick F., *Lettera privata a Jonh Edsall*, profiles.nlm.nih.gov, 10 giugno 1971.

Dang M., Y. Li, *Generation of Transgenic and Gene-Targeted Mouse Models of Movement Disorders*, in: M. LeDoux (a cura di), *Animal Models of Movement Disorders*, Academic Press, 2005, pp. 33-44.

Davidson B., *Fuori di testa*, «Il Sole 24 Ore» (Ventiquattro), 1 dicembre 2006.

Dennett D., *Consciousness Explained*, Little, Brown, and Company, Boston 1991.

Diamanti I., *Biotestamento e preservativo: gli italiani bocciano il Papa*, «la Repubblica», 25 marzo 2009.

Diderot D., *Il sogno di D'Alambert*, Rizzoli, Milano 1996.

Dizionario italiano De Mauro, *Umanesimo*, internazionale.it, 18 settembre 2024 (data di accesso).

Drexler E., *Engines of Creation: The Coming Era of Nanotechnology*, Doubleday, New York 1986.

Drexler E., *Unbounding the Future. The Nanotechnology Revolution*, Quill, Spokane 1993.

Dusi E., *Watson: usiamo il Dna per migliorare la specie*, «la Repubblica», 5 maggio 2009.

Dyson F., *Disturbing the Universe*, Harper and Row, New York and London 1979. Trad. it. *Turbare l'universo*, Boringhieri, Torino 1981.

Dyson F., *Imagined Worlds*, Harvard University Press, Cambridge MA 1997. Trad. it. *Mondi possibili*, McGraw-Hill Italia, Milano 1998.

Dyson F., *Infinite in All Directions*, Cornelia and Michael Bessie Books, New York 1988. Trad. it. *L'infinito in ogni direzione*, Rizzoli, Milano 1989.

Dyson F., *Time without End: Physics and Biology in an Open Universe*, in «Review of Modern Physics», 51, 1979, pp. 447-460.

Ettinger R., *Man into Superman: The Startling Potential of Human Evolution... and how to Be a Part of It*, William Morrow & Company, New York 1974.

Ettinger R., *The Prospect of Immortality*, Ria University Press, 2005 (1964). Trad. it. *Ibernazione. Nuova Era. La prospettiva dell'immortalità*, Rizzoli, Milano 1967.

Ferrara G., *Mettere in dubbio il dubbio*, «Il Foglio», 12 ottobre 2005.

Ferrara G., *Mi illumino d'incenso*, «Panorama», 6 giugno 2005.

Flamigni C., A. Massarenti, M. Mori, A. M. Petroni, *Manifesto di bioetica laica*, «Il Sole 24Ore», 9 giugno 1996.

FM-2030, *Are you a Transhuman?*, Warnerbooks, London 1989.

Fornari P. L., *C'è una nuova cavia, si chiama uomo*, «Avvenire», 3 novembre 2005.

Friedman N. L., *Autobiographical Sociology*, «The American Sociologist», Volume 21, No. 1, Spring 1990.

Fukuyama F., *Biotecnologie, la fine dell'uomo*, «Corriere della sera», 10 febbraio 2005.

Fukuyama F., *La fine della storia e l'ultimo uomo*, Rizzoli, Milano 1992.

Fukuyama F., *Our Posthuman Future: Consequences of the Biotechnology Revolution*, Farrar, Straus and Giroux, New

York 2002. Trad. it. *L'uomo oltre l'uomo. Le conseguenze della rivoluzione biotecnologica*, Mondadori, Milano 2002.

Fukuyama F., *Transhumanism*, «Foreign Policy», settembre-ottobre 2004.

Galli A., *Transumanisti di casa nostra*, «Avvenire», 3 novembre 2005.

Giovanni Paolo II, *Messaggio ai partecipanti alla Plenaria della Pontificia Accademia delle Scienze*, vatican.va, 22 ottobre 1996.

Giugliano M., M. Prato, L. Ballerini, *Nanomaterial/neuronal hybrid system for functional recovery of the CNS*, «Drug Discovery Today: Disease Models», Volume 5, Issue 1, 2008, pp. 37-43.

Giustozzi G., *Pierre Teilhard de Chardin. La «reinvenzione» dell'esperienza religiosa*, Edizioni Studium, Roma 2021.

Granieri G., *Umanità accresciuta. Come la tecnologia ci sta cambiando*, Laterza, Roma-Bari 2009.

Grattoni Y., *Ibernazione: dopo i maiali arrivano gli umani*, sapere.it, 6 aprile 2006.

Guerra R., *L'Immaginario futurista*, Schifanoia, Ferrara 2000.

Guerra R., *Marinetti e il Duemila*, Schifanoia, Ferrara 2000.

Habermas J., *Tempo di passaggi,* Feltrinelli, Milano 2004.

Hakimi P., J. Yang, G. Casadesus, D. Massillon, F. Tolentino-Silva, C. K. Nye, M. E. Cabrera, D. R. Hagen, C. B. Utter, Y. Baghdy, D. H. Johnson, D. L. Wilson, J. P. Kirwan, S. C. Kalhan and R. W. Hanson, *Overexpression of the Cytosolic Form of Phosphoenolpyruvate Carboxykinase (GTP) in Skeletal Muscle Repatterns Energy Metabolism in the Mouse*, «The Journal Of Biological Chemistry», Volume 282, No. 45, November 9, 2007, pp. 32844 –32855.

Haraway D., *Manifesto Cyborg. Donne, tecnologie e biopolitiche del corpo*, Feltrinelli, Milano 1995.

Hari J., *Dal super-topo al super-uomo. Che c'è di male?*, «L'Unità», 9 novembre 2007.

Haughey J. C., Delio I., *Humanity on the Threshold: Religious*

Perspectives on Transhumanism, Council for Research in Values & Philosophy, Washington 2014.

Hawking S., *Is the End of Theorethical Physics in Sight?*, «Physics Bulletin», January 1981, pp. 15-17.

Heidegger M., *Lettera sull'«Umanismo»*, Adelphi, Milano 1995.

Hochberg L. R., Serruya M. D., Friehs G. M., Mukand J.A., Saleh M., Caplan A. H., Branner A., Chen D., Penn R. D., Donoghue J. P., *Neuronal ensemble control of prosthetic devices by a human with tetraplegia*, «Nature», 442 (7099), July 2006, pp. 164–171.

Horgan J., *The End of Science. Facing the Limits of Knowledge in the Twilight of the Scientific* Age, Broadway Books, New York 1997.

Hughes J. (a cura di), *Report on the 2007 Interests and Beliefs Survey of the Members of the World Transhumanist Association*, academia.edu, January 2008.

Hughes J., *Citizen Cyborg: Why Democratic Societies Must Respond to the Redesigned Human of the Future*, Westview Press, Cambridge MA 2004.

Hughes J., *Il sogno di Diderot,* in R. Campa (a cura di), *Divenire. Rassegna di studi interdisciplinari sulla tecnica e il postumano*, Sestante Edizioni, Bergamo 2009.

Hughes J., *The compatibility of religious and transhumanist views of metaphysics, suffering, virtue and transcendence in an enhanced future*, «Global Spiral», 8(2), 2007.

Humanity Plus, *Transhumanist FAQ*, humanityplus.org, 18 settembre 2024 (data di accesso).

Huxley J., *New Bottles for New Wine*, Chatto & Windus, Londra 1957.

Iannaccone M., *Transumanismo: il nuovo incubo*, «Avvenire», 11 luglio 2007.

Ieranò G., *Belli e immortali: ecco chi vuole creare il superuomo*, «Panorama», Anno XLIII n. 10, 10 marzo 2005, pp. 174-178.

Il Papa: "Sogno una chiesa in mezzo alla gente e senza cleri-

calismo", «Agenzia Giornalistica Italia», 12 marzo 2023.

Jongen M., *L'uomo è il suo proprio esperimento,* «Die Zeit», nr. 33, 2001.

Joy B., *Why the Future Doesn't Need Us*, «Wired», Issue 8(4), Aprile 2000.

Kaczynski T., *Colpisci dove fa più male. Saggi per una rivoluzione a venire*, D Editore, Roma 2024.

Kaczynski T., *Il Manifesto contro la società tecnologica*, Società Editrice Barbarossa, Milano 1998.

Kaczynski T., *Il Manifesto di Unabomber*, Stampalternativa, 1997.

Kaczynski T., *La società industriale e il suo futuro*, a cura di E. J. Pilia e M. Pinna, D Editore, Roma 2024.

Kauffman S., *Self-replication. Even peptides do it*, «Nature», 382 (6591), 8 August 1996, pp. 496-7.

Kierkegaard S., *Timore e tremore. Aut aut (Diapsalmata)*, a cura di C. Fabro, BUR, Milano 2010.

Kuhn T., *La struttura delle rivoluzioni scientifiche*, Einaudi, Torino 1970.

Kurzweil R., *La singolarità è più vicina. Quando l'Umanità si unisce all'AI*, Apogeo, Milano 2024.

Kurzweil R., *Promise and Peril*, «Interactive Week», 23 ottobre 2000.

Kurzweil R., *The Age of Spiritual Machines: When Computers Exceed Human Intelligence*, Viking, New York 1999.

Kurzweil R., *The Human Machine Merger: Are we Headed for the Matrix?*, kurzweilai.net, 2003.

Kurzweil R., *The Singularity Is Near: When Humans Transcend Biology* Viking, New York 2005. Trad. it. *La singolarità è vicina*, Apogeo, Milano 2008.

Latella M., *Ruini: "Siamo pronti a qualsiasi guerra"*, «Corriere della sera», 28 settembre 2005.

Lebra A., *Clericalismo*, «Settimana News», 24 settembre 2020.

Lee D. H., J. R. Granja, J. A. Martinez, K. Severin, M. R. Ghadiri, *A self-replicating peptide*, «Nature», 382(6591), 1996, pp. 525-8.

Legge 19 febbraio 2004, n. 40. *Norme in materia di procreazione medicalmente assistita*, «Gazzetta Ufficiale», Serie Generale n.45, 24 febbraio 2004.

Liverani P. G., *Transumanisti e darwiniani estremisti*, «Avvenire», 20 febbraio 2005.

Lodi C., *Le biotecnologie ci salveranno. Parla il leader del movimento nato per migliorare la specie*, «Libero», 18 febbraio 2005.

Lyotard J. F., *Moralités postmodernes*, Galilée, Paris 1993.

Mafai M., *Il testamento biologico e l'ondata neoguelfa*, «la Repubblica», 3 gennaio 2009.

Makridakis J. L., G. D. Pins, T. Dominko and R. L. Page, *Design of a novel engineered muscle construct using muscle derived fibroblastic cells seeded onto braided collagen threads*, 2009 IEEE 35th Annual Northeast Bioengineering Conference, Cambridge MA, 2009, pp. 1-2.

Manfredi A., *Andrologo americano assicura: Posso clonare esseri umani*, «La Repubblica», 22 aprile 2009.

Manzocco R., *Esseri Umani 2.0 - Transumanismo, il pensiero dopo l'uomo*, Springer, Milano 2013. Trad. in. *Transhumanism – Engineering the Human Condition*, Springer, Cham 2019.

Marchesini R., *Il tramonto dell'uomo. La prospettiva postumanista*, Edizioni Dedalo, Bari 2009.

Marchesini R., *Post-human. Verso nuovi modelli di esistenza*, Bollati Boringhieri, Torino 2002.

Marchetti S., *Ecco il super-topo transgenico*, «Corriere della sera», 2 novembre 2007.

Meadows D. H., D. L. Meadows, J. Randers, W. W. Behrens III, *I limiti dello sviluppo. Rapporto del System Dynamics Group Massachusetts Institute of Technology (MIT) per il progetto del Club di Roma sui dilemmi dell'umanità*, Mondadori, Milano 1972.

Merton R. K., *Insiders and Outsiders: A Chapter in the Sociology of Knowledge*, «American Journal of Sociology», Volume 78, No. 1, Jul., 1972, pp. 9-47.

Merton R. K., *Teoria e struttura sociale. III. Sociologia della conoscenza e sociologia della scienza*, Il Mulino, Bologna 2000.

Merton R. K., *The Unanticipated Consequences of Purposive Social Action*, «American Sociological Review», Volume 1, no. 6, 1936, pp. 894–904.

Minsky M., *The Society of Mind*, Simon and Schuster, New York 1985.

Monito all'uomo tecnologico. Uomo contemporaneo stai attento, perché stai rischiando l'atrofia spirituale, «la Repubblica», 25 dicembre 2005.

Moravec H., *Mind Children: The Future of Robot and Human Intelligence*, Harvard University Press, Cambridge MA 1988.

Moravec H., *Robot: Mere Machine to Transcendent Mind*, Oxford University Press, Oxford 1998.

Moravec H., *The Age of Robot*, frc.ri.cmu.edu, 1993.

More M., *Transhumanism: Toward a Futurist Philosophy*, extropy.org, 1990.

Nenni P., *Socialista libertario giacobino. Diari 1973-1979*, a cura di P. Franchi e M. V. Tomassi, Marsilio, Venezia 2016.

Neuroni e nanotubi al carbonio: ecco il cervello ad alta velocità, «la Repubblica», 21 dicembre 2008.

Nicola U., *Atlante illustrato di filosofia*, Demetra, Colognola ai Colli 1999.

Nicolais M. M., *Papa Francesco: "autoreferenzialità malattia della Chiesa", no a "neoclericalismo di difesa". "Quando il clericalismo entra nei laici è pericoloso"*, «Agenzia Sir», 25 maggio 2023.

Nietzsche F., *L'Anticristo. Maledizione sul Cristianesimo*, in Id., *Opere filosofiche*, a cura di S. Giametta, Volume 2, UTET, Torino 2003.

Ognibene F., *Galantino (Cei). "La Chiesa? Sia esperta in postumanesimo"*, «Avvenire», 28 agosto 2014.

Ostberg R., *Transhumanism: social and philosophical movement*, in *Britannica*, 26 luglio 2024.

Ottone P., *Il tramonto della nostra civiltà*, Mondadori, Milano 1994.

Ottone P., *L'Occidente*, «la Repubblica», 5 aprile 2008.

Page R. L., S. Ambady, W.F. Holmes, L. Vilner, D. Kole, O. Kashpur, V. Huntress, I. Vojtic, H. Whitton, T. Dominko, *Induction of stem cell gene expression in adult human fibroblasts without transgenes*, «Cloning Stem Cells», 11(3), Sep 2009, pp. 417-26.

Paolo VI, *Humanae Vitae*, vatican.va, 25 luglio 1968.

Parmenide, *Sulla natura*, Bompiani, Milano 2001.

Pascal B., *Memoriale*, in Id., *Pensieri, Opuscoli, Lettere*, introduzione e note di A. Bausola, Rusconi, Milano 1978, pp. 301-303.

Pasolini C., *Ferrara tra delusione e ironia: L'Italia mi ha fatto una pernacchia*, «la Repubblica», 15 aprile 2008.

Pellicani L., *La scienza e la natura*, in E. Cadelo (a cura di), *Idea di natura*, Marsilio, Venezia 2008.

Pellicani L., *Le radici pagane dell'Europa*, Rubbettino, Soveria Mannelli 2007.

Pellissier H., Dal Santo T., *Transhumanists: Who are They, What do They Want, Believe and Predict?* «Journal of Personal Cyberconsciousness», Volume 8, Issue 1, 2013, pp. 20-29.

Pessina A., *Il miraggio della perfezione*, «Osservatore Romano», 29 maggio 2008.

Petroni A. M., *Liberalismo e progresso biomedico. Una visione positiva*, in R. Campa (a cura di), *Divenire. Rassegna di studi interdisciplinari sulla tecnica e il postumano*, Volume 2, Sestante Edizioni, Bergamo 2009.

Petroni A. M., *Liberalismo e progresso biomedico. Una visione positiva*, in R. Campa (a cura di), *Divenire. Rassegna di studi interdisciplinari sulla tecnica e il postumano*, Volume 2, Sestante Edizioni, Bergamo 2009, pp. 28-29.

Pio IX, *Syllabus complectens praecipuos nostrae aetatis errores*, papalencyclicals.net, 1864.

Pisarra P., *Midollo spinale riparabile con un trapianto*, «Le

Scienze», 10 dicembre 1999.

Prisco G., *Irrational mechanics: Narrative sketch of a futurist science & a new religion,* Independently Published, Seattle 2024.

Prisco G., *Tales of the Turing Church: Hacking religion, enlightening science, awakening technology,* Independently Published, Seattle 2020.

Quartana P. A., *La Big Science ed il reincanto postmoderno del mondo,* «Il Giornale della filosofia», n. 21, 2007.

Quartana P. A., *Tra postmoderno e post-umano: una 'favola' di Lyotard,* «Il Giornale della Filosofia», n. 11, 2004.

Ratzinger J., *Il sale della terra. Cristianesimo e Chiesa cattolica nel XXI secolo. Un colloquio con Peter Seewald,* San Paolo Edizioni, Cinisello Balsamo 2005.

Riotta G., *Gran ritorno dei luddisti contro l'odiato Computer,* «Corriere della sera», 18 agosto 1995.

Riotta G., *Il filosofo Fukuyama mette in guardia sui rischi di una ricerca senza limiti: "No a ingegneria genetica come a fascismo e comunismo",* «Corriere della sera», 10 ottobre 2005.

Rossi P., *Speranze,* Il Mulino, Bologna 2008.

Ruini C., *Il Vangelo nella nostra storia. Chiesa in stato di missione,* chiesa.espressonline.it, 29 novembre 2004.

Ruini C., *La questione umana tra etica e scienza,* «Avvenire», 24 novembre 2004.

Ruini C., *Scienza e tecnica, divenire dell'uomo e cristianesimo,* «L'Occidentale», 25 ottobre 2009.

Russo L., *La rivoluzione dimenticata. Il pensiero scientifico greco e la scienza moderna,* Feltrinelli, Milano 2006.

Sale K., *Rebels Against The Future: The Luddites And Their War On The Industrial Revolution: Lessons For The Computer Age,* Addison-Wesley Publishing, Boston 2005. Trad. it. *Ribelli al futuro: i luddisti e la loro guerra alla rivoluzione industriale,* Arianna Editrice, Casalecchio (Bologna) 1999.

Scalfari E., *Papa Francesco a Scalfari: così cambierò la Chie-*

sa. *"Giovani senza lavoro, uno dei mali del mondo"*, «la Repubblica», 1 ottobre 2013.

Scaraffia L., *Transumanisti: la nuova utopia del "mutanti"*, «Avvenire», 12 luglio 2007.

Schiavone A., *Il pericolo dell'ondata neoguelfa*, «la Repubblica», 5 febbraio 2008.

Schiavone A., *Storia e destino*, Einaudi, Torino 2007.

Scott R. (regista), *Blade Runner*, Stati Uniti d'America, 1982.

Shachtman N., *Pentagon Plan to Regrow Limbs: Phase One, Complete*, «Wired», 25 marzo 2009.

Snow C. P., *Le due culture*, Marsilio, Vicenza 2005.

Steinhart E., *Teilhard de Chardin and Transhumanism*, «Journal of Evolution and technology», Volume 20 Issue 1, December 2008, pp. 1-22.

Tabarroni G., *Fatti rilevanti di storia della scienza*, Giorgio Barghigiani Editore, Bologna 1990.

Teilhard de Chardin P., *Christianity and Evolution: Reflections on Science and Religion*, Harvest, San Diego 1969.

Teilhard de Chardin P., *L'avvenire dell'uomo,* Il Saggiatore, Milano 1975.

Terrosi R., *La filosofia del postumano*, Costa & Nolan, Milano 1997.

Tertulliano, *Difesa del cristianesimo. Apologeticum*, Edizioni San Clemente, Roma 2008.

Tipler F., J. Barrow, *The Anthropic Cosmological Principle*, Oxford University Press, New York 1986.

Tipler F., *La fisica del cristianesimo. Dio, i misteri della fede e le leggi scientifiche*, Mondadori, Milano 2008.

Tipler F., *The Physics of Immortality*, Doubleday, New York 1994. Trad. it. *La fisica dell'immortalità*, Mondadori, Milano 1995.

Tolazzi L., *Dopo Marx e Nietzsche arriva Campa*, «La Voce di Mantova», 18 febbraio 2009.

Trotsky L., *La nostra morale e la loro,* in Id., *Letteratura arte libertà*, a cura di L. Maitan, Schwarz, Milano 1958, pp. 133-169.

Vacca R., *I limiti del tecnosviluppo*, «Il Sole 24 Ore» (Nòva), 2 febbraio 2006.

Vacca R., *Il Medioevo prossimo venturo*, Mondadori, Milano 1971.

Vaj S., *Artificialità intelligenti: Chi ha paura della diffusione delle IA e perché*, Moira, Milano 2023.

Vaj S., *Biopolitica. Il nuovo paradigma*, Società Editrice Barbarossa, Milano 2005.

Vaj S., *Dove va la biopolitica?*, a cura di A. Scianca, Settimo Sigillo, Roma 2008.

Vaj S., *Elogio del relativismo*, «L'Uomo libero», n. 65, 1 marzo 2008.

Vaj S., *I sentieri della tecnica. Spirito faustiano, transumanismo, futurismo*, Moira, Milano 2021.

Vaj S., *Indagine sui diritti dell'uomo. Genealogia di una morale*, LEdE-Akropolis, Roma 1985.

Vaj S., *Ritorno sul promontorio dei secoli*, in R. Campa (a cura di), *Divenire. Rassegna di studi interdisciplinari sulla tecnica e il postumano*, Volume 3, Sestante edizioni, Bergamo 2009.

Vaj S., *Speranze di stasi. Risposta all'ultimo saggio di Paolo Rossi*, «H+ Webzine», transumanisti.it, 23 marzo 2009.

Valentini D., *Facciamo ricrescere le ali*, «Corriere della sera», 5 marzo 2007.

Veneziani M., *Attenti, l'uomo è fuori moda. La scienza prepara l'oltreuomo*, «Libero», 20 aprile 2005.

Verso il mondo nuovo. Estinzione degli sciocchi e figli forti, attraenti. Ecco il transumanismo, «Il Foglio», 8 marzo 2005.

Vita-More N., *Introduction to H+: Transhumanism Answers Its Critics*, metanexus.net, 5 febbraio 2009.

Wenfeng A., E. S. Davis, T. L. Thompson, K. A. O'Donnell, C. Lee, J. D. Boeke, *Plug and play modular strategies for synthetic retrotransposons*, «Methods», Volume 49, Issue 3, 2009, pp. 227-235.

World Transhumanist Association, *The Transhumanist FAQ*

1999, transumanisti.it, 18 settembre 2024 (data di accesso).

World Transhumanist Association, *The Transhumanist FAQ: A General Introduction*, Version 2.1, nickbostrom.com, Oxford 2003.

Zullo G., *Mutare o perire? Un'analisi critica del pensiero transumanista di Riccardo Campa*, Istituto Superiore di Scienze Religiose, Torino 2018.

Informazioni biografiche sull'autore

Riccardo Campa (Mantova, 4 maggio 1967) è Professore Ordinario di Sociologia e Direttore del Centro di Ricerche sulla Storia delle Idee dell'Università Jagellonica di Cracovia. Ha conseguito due lauree all'Università di Bologna, in Scienze Politiche nel 1990 e in Filosofia nel 1994, e il titolo di giornalista professionista presso l'Ordine dei Giornalisti di Roma nel 1995. Prima di intraprendere la carriera accademica, ha prestato servizio come ufficiale della Guardia di finanza nel biennio 1991-1992 e come redattore giudiziario de *La Voce di Mantova* nel quadriennio 1993-1996. Trasferitosi in Polonia nel 1996 con una borsa di studio del Ministero degli Esteri, ha conseguito il dottorato di ricerca in Epistemologia all'Università di Torun nel 1999 ed è stato poi assunto dall'Università Jagellonica di Cracovia, dove ha lavorato sotto la direzione del Presidente dell'International Sociological Association, Piotr Sztompka. Qui, ha anche svolto ricerche nel campo della sociologia della scienza grazie a una borsa di studio offerta congiuntamente da CNR e NATO. Interessato alla tematica delle nuove tecnologie e del loro impatto sull'evoluzione umana, nel 2004 ha fondato l'Associazione Italiana Transumanisti, di cui è attualmente presidente onorario, è stato eletto direttore della World Transhumanist Association per il biennio 2006-2008, ed è diventato Fellow dell'Institute for Ethics and Emerging Technologies. Nel 2009, ha ottenuto l'abilitazione in Sociologia all'Università di Cracovia e, nel 2010, ha iniziato una collaborazione con il Centro Militare Studi Strategici del Ministero della Difesa. Nel novembre 2020 è stato insignito dalla Commissione nazionale per l'Istruzione della Polonia della prestigiosa Medaglia Komisji Edukacji Narodowej (KEN), onorificenza istituita per premiare i più insigni docenti di scuola e università. Due anni più tardi, Giulio Tremonti l'ha invitato a far parte del network "Talenti italiani all'estero" dell'Aspen Institute. Il 24 luglio 2023, il Presidente della Repubblica di

Polonia, Andrzej Duda, lo ha elevato all'ordinariato accademico. Oltre ad essere autore di numerosi libri, pubblica regolarmente le sue ricerche in riviste scientifiche internazionali ed è attualmente direttore editoriale della rivista *Orbis Idearum: European Journal of the History of Ideas*, indicizzata in Scopus, e coordinatore scientifico di *Futuri: Rivista Italiana di Futures Studies*, che fa capo all'Italian Institute for the Future.

Paperback Edition
Independently Published
September 30th, 2024